熊月之 主编

上海简史

云 间 潮 涌

751—1843

叶舟 著

上海教育出版社

总　序

　　上海之于今日中国，为规模最大城市之一，为文化名城、旅游胜地，为全国改革开放排头兵、创新发展先行者，为最宜居城市之一、环境最优城市之一、人均期望寿命最高城市之一，亦为各类时彦俊杰放飞理想的首选地之一。上海之于近代中国，为特大城市，为经济中心、文化中心、政治重镇，为帝国主义侵华的桥头堡，为中国工人阶级集聚地、中国共产党诞生地，为近代中国光明的摇篮。这在一向重视国情教育、重视近代史教育的国度，早属常识。

　　但是，如果有人告诉你：上海在近代，城市人口在百多年间，从20来万激增至500多万；上海人口之多，民国时期几乎是北京、天津、南京三大城市人口的总和；上海工业产值、工厂数、工人数均曾占全国50%，外贸额曾占全国70%以上，外国金融投资额占全国80%以上，每年新出版物占全国70%以上。对于如此令人难以置信而又不得不信的数据，该如何解读？

　　如果有人问你：中国外贸窗口先前一直是广州，上海开埠以后不到十年就超过了广州，以后一直在全国遥遥领先，这是为什么？鸦片战争以后，中国对外开放的第一批通商口岸有五个，其

1

中广州、福州是省城，宁波是府城，而上海仅是县城，行政级别最低，为什么会是上海在日后的发展中遥遥领先？这与上海近代以前的文化传统有没有什么关联？如果有，那是一种什么样的关联？

上海地下无矿藏、地上无特产，既没有六朝古都、九朝古都那样辉煌的历史，没有做过一省甚至一府的政治中心，也不是六省通衢、三省交会那样的交通要道，更不是"一夫当关，万夫莫开"的军事重镇。那么多的工厂为什么要集聚这里？那么多归国留学生为什么会汇聚这里？那么多来自五湖四海的名人为什么要落户这里？

上海在计划经济时代的中国，曾以全国1/1 500的土地、1/100的人口，提供全国1/10的工业产值、1/6的财政收入。上海先后支援内地专业技术人才、熟练工人100多万，为国家重大项目的实施、内地的发展做出了难以估量的贡献。毛泽东一生来上海50多次，新中国成立后每到历史关键时刻都会特别关注上海，注重发挥上海的作用，曾特别指出"上海有前途，要发展"。邓小平在推动改革开放时强调"上海是我们的王牌，把上海搞起来是一条捷径"，连连夸赞"上海有特殊的素质、特殊的品格"。习近平从上海的自然环境、文化传统与社会现实出发，结合自己的亲身经历，精辟地论述了上海城市的品格，将其归纳为开放、创新、包容。他说："我曾经在上海工作过，切身感受到开放之于上海、上海开放之于中国的重要性。开放、创新、包容已成为上海最鲜明的品格。这种品格是新时代中国发展进步的生动写

云间潮涌
（751—1843）

照。"那么，上海的优势究竟在哪里？上海开放、创新、包容的城市品格是怎么形成的呢？

要回答这些问题，都离不开对上海城市历史的梳理，离不开对上海城市自然禀赋、城市结构与功能、上海与中国及世界联系等一系列问题的研究，离不开对上海文化的阐释，离不开对上海人素质的剖析。

百多年间，上海从一个普通的沿海县城，发展为中国特大城市，远东与世界最大城市之一，走的不是寻常道路。在相当长一段时间里，上海一市三治，一个城市有三个政治实体，有三套立法、行政、司法系统，官府行文分别使用中、英、法三种不同文字，法院开庭分别使用中、英、法三种不同语言，电车轨道宽度不一，甚至电压系统也不一样，有110伏（法租界）与220伏（公共租界、华界）之别。近代上海市面上流通的纸币，除了中国本国银行所发行外，至少还有18家外国银行与合资银行。各种面值、各种文字、各种颜色、各种图案的纸币都有，英国女王头像、孙中山头像、自由女神像、赵公元帅像同时出现在上海市面上。一个犯罪嫌疑人，在这一区域明显犯法，到那一区域则可能完全合法。诸如此类超乎常规、出乎想象的诡异局面的出现，不完全是某个或某些列强巧取豪夺、一手炮制出来的，不完全是某届中国政府腐败无能所致，更不是某个政治巨人坐在办公室里设计出来的，而是在特定的历史时空中由多种错综复杂的因素综合作用的结果。

近代上海意外地成为中外利益共同体、全球化先行区。来自亚洲、欧洲、南北美洲的移民在这里工作、学习、生活，中国文化、西方文化在这里都不占绝对统治地位。不同民族、不同文化在这块土地上，尽管也有矛盾和斗争，但总体上相对平静地交流、切磋、融合，出现了广泛而复杂的异质文化交织现象，诸如会审公廨、万国商团、多教混合、跨种族婚姻、洋泾浜外语等。西方侨民出于生活的需要，将西方各种先进的物质文明、制度文明与精神文明带到这里，使得上海在相当一段时间里成为与伦敦、巴黎、纽约同步发展的现代化城市。出于见贤思齐的中华传统，上海华人自觉地在多种方面仿效、学习西方，从市政管理、地方自治到追求自由民主。数量可观的外国侨民在与华人社会广泛而持久的接触中，认识到中华文明的博大精深与温良美善，从心灵深处涌出对中华文化的赞赏与服膺。

就红色文化而论，自1921至1949年的28年间，中共中央机关所在地有126个月设在这里，超过其他任何城市，这是为什么？出席中共一大的各地代表，毛泽东代表湖南、董必武代表湖北、王尽美代表山东，都是各地人代表各地党员，而上海的两名代表，李达是湖南人，李汉俊是湖北人，没有一个是上海本地人，且在上海定居都不超过三年，他们为什么会是上海的代表？在风云变色的二战史上，华沙、巴黎、柏林等城市，在气壮山河的抗日战争史上，南京、武汉、长沙等城市，论其命运，都是要沦陷则全沦陷，要保全则全保全，而上海呢，说沦陷又没有完全沦陷，说保全又没有完全保全。这才会演绎出人类战争史上绝无仅有的活剧：隔着一条河，一边炮火连天、血肉横飞，一边笙歌达旦、醉生梦死。诸如此类的社会现象,看似离奇、荒诞,却是事实!

任何不可思议的问题,都蕴含着可思可议的独特价值。任何不合常规的现象背后总有其规,任何不合常理的事情背后总有其理。尽管近代上海所住外国人最多时超过 15 万,来自 50 多个国家与地区,但外国人毕竟只占上海人口的不到 5%,换句话说,上海 95% 以上是中国人,是来自全国各地的移民,是各地移民的精粹部分。上海的一楼一舍、一路一桥,各种工厂、各类商店、各色报馆与书局,是以各地移民为主体的上海人建造、发展起来的。上海移民的存在是历史的存在,他们的生产方式、生活方式、社会网络、文化心理都是此前中华民族历史积淀的结果,他们所体现的文化都是中华文化在近代的体现。在这个意义上可以说,上海的奇迹,本是中华民族应对"三千年未有之变局"的时代产物,是中华文化历久弥新的特质在上海城市的具体表现,是中华文明无穷生命力在新的历史时期的闪亮展现。

要思考那么多不可思议的问题,要解读如此复杂纷繁的现象,要回答如此不合常规的问题,那就不是一般教科书提供的常识所能应付,也不是寻常的短篇单册所能胜任的。上海史早已是学术研究高地,也是备受国际学术界关注的领域,各类成果灿若繁花、目不暇接,《上海通史》《上海大辞典》《上海百科全书》也出了多部,但是,还是缺少一部合完整性、系统性、知识性、普及性为一体的,简明扼要、篇幅适中、脉络清晰、史料扎实的读物。于是,有了这部《上海简史》。

本书分三卷，第一卷《云间潮涌（751—1843）》，述近代以前上海地区历史，重点阐述上海资源禀赋、人文特点与开放传统；第二卷《海上繁华（1843—1949）》，述近代上海地区历史，重点阐述上海何以由一普通沿海县城，在百余年间跃升为国内最大城市与国际著名都市；第三卷《东方璀璨（1949—2019）》，述新中国成立以来到2019年上海地区历史，重点阐述上海在不同国际国内环境下持续发展，彰显开放、创新、包容的城市品格，成为全国改革开放排头兵、创新发展先行者。各卷作者都是长期从事上海历史研究的专业学者，也都是新修多卷本《上海通史》分卷主编。全书框架由我设计，时段划分与重要问题论述，与新修《上海通史》一致。在一定意义上也可以说，这部《上海简史》是《上海通史》的浓缩版或通俗版。

上海历史曲折多姿，上海文化丰富深邃，上海前景灿烂辉煌。本书的出版，如果能在梳理上海历史、阐释上海文化、弘扬上海城市精神、彰显上海城市品格、促进上海城市发展方面起一些微薄的作用，则编者荣莫大焉。

熊月之

2024 年 6 月 26 日

目　录

绪　言

　　清代著名官员靳辅曾说，江南的苏州、松江、常州、镇江、杭州、嘉兴、湖州等府，在汉唐以前不过是"一泽国"，直到五代宋以后才逐渐发展成为"财赋之薮"。[1] 的确如此，包括上海在内的江南地区的发展，经历了一个长期的过程。

　　从古代到今天，虽然时代不同，概念和地域发生了一定变化，但不变的是，上海始终是一片美丽富饶的土地，创造了一个又一个人间奇迹。要研究今天的上海是如何一步步走向繁华的历程，就必须从考察和厘清上海的历史进程入手。当然，上海的历史是整个中国史、江南史的一部分，其自然受到整个国家历史发展的影响。大如改朝换代、西风东渐、军事战争，小如科举政策，都深刻影响着上海历史的发展。然而另一方面，上海也有自己的区域特点，自有其发展的脉络。大致而言，古代上海的发展进程可以分为以下几个时期。

一、史前与先秦时期

　　中华文明源远流长，一体多元，是在漫长的岁月中由多种区

1.〔清〕靳辅：《生财裕饷第一疏》，〔清〕贺长龄等编：《皇朝经世文编》卷二六《户政》。

域文明缓慢发展、相互交流、相互融合而成的。[1]长江流域的江南文化与黄河流域的中原文化，是其中最为重要的两支。

　　远古时期，上海地区所在的长江三角洲地带就为人类的进化提供了条件。上海地区地处长江三角洲东缘，海水东退，陆地淡水化的时间较晚，至距今6000年前后才有了第一批先民定居于今天的冈身以西区域，进入新石器时代，此后，又历经了马家浜文化、崧泽文化和良渚文化三大阶段。在距今约4000年，以太湖流域为中心的良渚文化在即将跨过早期国家文明的门槛前突然消失，上海地区所在的太湖流域的文化发展出现了低谷，此后进入了一个逐步受中原文化影响的新时期，先后出现了受到中原文化影响的广富林文化和马桥文化。

　　在商周之交，"太伯奔吴"，关中的周文化一支向东南迁移，在太湖流域建立了勾吴政权。周灭商后，随着周初分封，吴国成为周王朝在东南地区重要的诸侯国，上海也从此属于吴王国的一部分。春秋至战国时期，诸侯纷争，上海地区先后隶属于吴、越、楚三个诸侯国，直至最后秦统一中国。这一阶段上海所在的吴文化地区先后吸收了中原文化、越文化、楚文化的精华，逐渐将之融合为一体，对中华文明的形成做出了一定的贡献，对以中原地区为中心的夏、商、周三代文明也产生了不容忽视的影响。[2]

1. 考古学界认为，新石器时代，即从公元前4000年起，黄河下游的大汶口龙山文化、长江下游的崧泽—良渚文化、长江中游的屈家岭—石家河文化、燕辽地区的红山文化、中原地区的仰韶文化及其后续龙山时代的各考古学文化，在中国文明进程过程中都发挥过重大作用。
2. 董楚平：《古代太湖地区对开创中华文明的贡献》，《浙江学刊》1987年第4期。

二、秦汉魏晋南北朝时期

秦汉魏晋南北朝时期，上海地区接受中央集权体制统治，秦代属于会稽郡，东汉以后属于吴郡，是上海历史进程中具有重要意义的时期。

三国以前，上海地区虽经多年开发，但仍处于较落后的状态，"火耕水耨"，"田多恶秽"，属于边缘地区。东汉末年，天下大乱，统一的中央政权瓦解，取而代之的是曹魏、蜀汉、孙吴三足鼎立的局面。其中，孙吴政权立足江东，定都建业（今南京），占据了包括上海在内的广大南方地区，客观上促进了江南的开发和经济发展。陆逊初封华亭，"华亭"一词最早见于正史，陆机、陆云也成为上海的人文始祖，上海地区文化开始肇兴。

东晋、南朝时期，北方连年战争，大批北人流亡南迁。北方移民不仅带来了大量财富，也带来了先进的文化和生产技术。唐代杜佑在名著《通典》中曾说，"永嘉之后"，南渡衣冠多荟萃于此，"艺文儒术，斯之为盛"。[1] 不过这一时期的上海自然环境仍旧恶劣，常受海潮侵扰，湖水浸灌，虽然也曾设有前京、胥浦等县，但人口不多，发展有限，行政建制也兴废不常。

三、隋唐宋元时期

唐宋时期是上海从地旷人稀、刀耕火种的贫瘠之地发展为物产丰饶、人丁兴旺的鱼米之乡，经济得到大开发的重要时期。隋大业六年（610），京杭大运河苏南段开通。大运河不仅使南方与北方相连通，而且还刺激了运河所经过地区的生产专业化和经济

---

1. 〔唐〕杜佑：《通典》卷第一八二。

发展，长江下游地区受益最为明显。随着京杭大运河的修建，太湖塘浦圩田设施逐渐完善，太湖东部农业日益开发。与此同时，安史之乱，继之以藩镇割据，政局动荡，居民大量南迁，南方州郡人口增加，上海也是"移民的主要迁入地之一"，[1] 经济重心南移，进一步推动了上海的繁荣。天宝十载（751），设华亭县，立县建城标志着上海作为一个区位体系的成立。这一阶段的上海地区，经济得到初步开发，生活条件有所改善，外来人口增加，地位明显上升，在国家军事政治生活中的作用逐渐增强。官方行政空间秩序的设立，依赖的是原来已经发展起来的经济空间秩序，而官方行政秩序的正式认可，又反过来促进了区域经济的发展。

五代由于人祸天灾，黄河流域水土流失，南方各国虽偏安一隅，却政治安定，一心发展经济，再加上雨水丰沛，水田生产能力远较旱地为高，可出产更多粮食，容纳更多人口，故而江南获得新的发展机遇。特别是南宋以后，华亭县经济实力不断增强，人口迅速增长。南宋嘉定十年（1218），嘉定县设立，代表着冈身地区经济已经得到充分发展。元统一后，至元十四年（1277），华亭县升为华亭府，次年改称松江府。同时，元廷在崇明岛设立了崇明州，隶属扬州路。

在上海的历史发展进程中，对外贸易扮演了重要的角色。天宝五载（746），唐朝在今天青浦东北吴淞江南岸设置了直属华亭县的青龙镇，这成为上海地区古代城市化进程的起点。依托于吴淞江，发达的国内及国际贸易与人员往来，使青龙镇"时海舶辐辏，风樯浪楫，朝夕上下，富商巨贾、豪宗右姓之所会也"[2]，极大

---

1. 吴松弟：《中国移民史》（第三卷），福建人民出版社 1997 年版，第 270 页。
2. 弘治《上海志》卷二《镇市》。

云间潮涌
（751—1843）

地提升了上海地区的发展水平。唐以后，随着吴淞江的淤塞，青龙镇逐渐衰落，华亭县的外港便从青龙镇转到上海镇。

"宋元之际启文风"。这一时期北方士人大量南迁，在诗书礼乐的熏陶浸淫之下，上海地区的人文环境得到较大发展，学者众多，松江、嘉定等地的学校相继创建，读书习文的文化氛围日渐浓厚。入元以后，云间地区迎来更多文人学士，赵孟頫、杨维桢、王逢、陶宗仪等文坛巨擘流寓于此，带入外来文化的新鲜血液，丰富了本地文化。

四、明清时期

明代建立之后，随着政治和社会的长期稳定，上海所在的江南地区在社会、经济和文化方面迅速恢复元气，并经一二百年发展至明代中叶而走向繁荣昌盛。

明代开始，松江府便成为承担赋税的重地之一。嘉靖二十一年（1542）明廷设青浦县，后虽一度撤销，但又于万历元年（1573）重设。这一时期，上海地区包括华亭、上海、嘉定、崇明、青浦五县与金山一卫，其中华亭、上海、青浦三县属松江府，嘉定、崇明二县属苏州府。清康熙十九年（1680），江南巡抚慕天颜奏称"江南财赋甲天下"，"苏、松、常、镇""冠于江南"。由于苏、松、常三府地区一向赋重事繁，清初，总督查弼纳便提出要"升州增县，以分其任"[1]。雍正二年（1724）进行政区改革，至嘉庆年间，逐渐形成了上海县、华亭县、娄县、青浦县、嘉定县、宝山县、南汇县、金山县、奉贤县、崇明县和川沙

---

1. 乾隆《元和县志》卷一《建置》。

抚民厅"十县一厅"格局。

　　明清上海所在的江南地区创造出了高度发达的农业和手工业文明，在农业生产领域发展出商品化种植业，形成了以农副产品加工为主导产业的商品化手工业，城乡之间商品流通空前活跃，江南地区的社会经济继续保持着全国领先地位。元代元贞年间（1295—1297），黄道婆从海南岛归来，带回先进的纺织技术。为提供纺织原料，大片不宜种粮的卤瘠之地转为植棉良田，优质的棉、纱、布成为上海地区特产。上海地区东贫西富的格局得到了明显的改变，由此也一举突破了之前单一的粮食生产格局，发展出以棉花为中心的商品化种植业。上海成为全国棉纺织业中心，生产的布匹不仅享誉国内，上贡宫廷，而且远销海外，赢得"衣被天下"的美誉。棉纺织业的发展还带动了一大批工商业市镇的兴起，促进了商品市场网络的形成，城乡之间商品流通空前活跃，农村手工业市镇发展迅速，上海地区也逐步成为全国最富裕的地区之一。

　　永乐元年（1403），主持治河的尚书夏原吉采纳华亭人叶宗行的建议，疏浚范家浜，接黄浦江通流入海，成功地解决了吴淞江水患问题。此后，大船由海可直接驶至上海县城，奠定了上海港成为良港的基础，即使明代的海禁限制了上海港的发展，仍为上海港日后的崛起埋下了伏笔。康熙二十四年（1685），江海关的设立成为上海历史上具有标志性意义的大事件。以迅速发展的沙船业为中介，借助刘家港衰弱和漕粮海运的外部推手，在本地棉纺织业和南、北洋及海外贸易的助力下，上海港逐渐成为当时中国最重要的贸易港口之一，上海也逐渐取代苏州，成为江南地区最重要的经济贸易中心。正因为如此，到了近代开埠以后，上海方能借助对外贸易迅速成为全国对外开放的最大通商口岸。

同时，由于城市化、商业化进程的加快，城市的社会生活面貌发生了重要的变化。城市不再是一个封闭的空间，文化中的世俗化和平民化倾向越来越占据主导地位。日常用品更加注重精雕细刻，饮食习惯和消费行为日益奢侈，婚丧习俗更加趋于奢靡。

江南地区在占有文化资源方面有着得天独厚的优势。一些新的思想观念、新的文化艺术在这里逐渐成长。明清两代上海地区教育发达，城乡子弟读书蔚然成风，科举成就在全国居领先地位。嘉靖以后，以陆深为代表的一批学者涌现，标志着上海学术逐渐走向成熟。万历以后，上海文人更是群星璀璨，董其昌、嘉定四先生、徐光启以及陈子龙等均是转移风气的大家。特别是徐光启，他以海纳百川的胸襟和超越时代的胆识，冲破世俗的非议和阻挠，较先开启了中西文明交流融会的历史。清代以后，上海虽然在科举成就上不及明代，但是王鸣盛、钱大昕等乾嘉学派大师的涌现，代表着上海学术的又一个高峰。

到了近代，上海作为中国的文化中心以及各种先进思想的宣传基地，进一步将传统江南文化中开放包容、务实致用的基因发挥得淋漓尽致，成为各种文化和文明的交汇、交流与交融地。也正是在各种文化的相激相荡、相生相克中，从云间潮涌走向海上繁华，海派文化日益逐渐发展壮大起来，上海的发展也走向了一个新的纪元。

第一章　地理环境

751—1843

历史从本质上来讲，是人群在一定时间和空间中的活动。在一片土地上生活的人深受环境条件的制约，而人的活动也不断改变着这片土地的环境。因此，在讲述上海古代历史的时候，先对古代上海地区的环境变化作一介绍，以作为讨论的背景。

上海位于长江三角洲的东南侧，太湖的东部，面临大海，这一片地方，古代称之为"江南"。所谓的"江南"是中国一个极为特殊的地区，很早以来就引起众多的关注。"江南"这一概念也历经了曲折的变化，相类似的概念还有"江东""江左""吴地"等。大致而言，"江南"作为空间概念，在不同的历史时段，涵盖范围有所不同。秦汉时期，江南主要是指今长江中游以南的地区，即今湖北南部和湖南全部；汉代则包含今天的江西、安徽及江苏南部。较确切的江南概念到唐代才最终形成，唐太宗贞观元年（627）分天下为十道，其中江南道的范围包括自湖南西部迤东，直至海滨。两宋时期，镇江以东的江苏南部及浙江全境被划为两浙路，自此，今天意义上的江南核心区域基本形成。

从我们今天的角度，按其包含地域广袤的程度，"江南"大致有以下三重含义：其一，最广义的范围，即是"江南"字面上的意义，泛指长江以南地区及江、淮之间的部分地区；其二，"江南"的基本范围指长江下游三角洲地区，即今以太湖流域为中心向东、西两侧延伸，不仅包括今江苏的南京、镇江地区，浙江的绍兴、宁波地区及浙东诸州，还包括今安徽芜湖、徽州等皖南地区，江西的婺源及苏北的扬州、仪征、泰州、南通等地；其三，江南的核心范围，也即狭义的"江南"则是指太湖流域地区，大致包括今江苏的南京、镇江、苏州、无锡、常州，浙江的杭州、嘉兴及上海地区。无论是何种定义和何种范围，今天的上海地区都是江南的核心区域。而要了解古代的上海的地理和环境，首先就要了解太湖、长江三角洲形成的历史。

第一节　太湖、长三角的形成

古代的江南核心区域其实就是太湖流域，在地形上表现为太湖平原，是长江三角洲在长江南侧的部分，西面以天目山及其支脉茅山为界，与皖南山地、宁镇丘陵相分隔。根据地理学家和考古学家的研究，长江三角洲是全新世海侵以后，长江泥沙填充古河口水域而形成的陆地，江苏南部的太湖平原和浙江北部的杭嘉湖平原即属于长江三角洲的陆上范围。

太湖平原其实是以太湖为中心的碟形洼地，四周高，中间低。西面以浙西山脉为界，而东、南、北三面则以所谓"冈身"地带为界。冈身大致在海拔 4～10 米，形成一个不规则弧形，环绕着碟形洼地。底部就是长江三角洲太湖平原，地面高度都在海拔 4 米以下，一般为 2.5～3.5 米。这里湖泊密布，有大小湖荡 200 多个，以太湖为最大，其他比较著名的湖泊有漏湖、长荡湖、阳澄湖、澄湖、淀山湖等，面积都在 60 平方千米以上。平原上零星散布着一些山丘，海拔大都在 100～200 米之间，只有少数山峰在 300 米以上（如太湖西洞庭山的缥缈峰海拔 336 米）。太湖平原上发育有比较完整的河流系统——太湖水系。水系以太湖为调蓄库，太湖的西部和南部是水系的上游。发源于浙西天目山的东、西苕溪水系从南岸的吴兴、长兴一带入湖。发振于宜（兴）溧（阳）山区的荆溪水系从西岸的大浦、伯渎等港入湖。太湖的北部和东部是出水区，是下游，有长江、江南运河、吴淞江、黄浦江等无数条大小河流通过。太湖以东部分地区地势低洼，海拔仅 2～3 米，局部地区海拔不足 2 米。这样的地形特点使得这一区域上有长江和太湖上游来的洪水，下有海潮倒灌。太湖平原受亚热带季风气候影响，四季分明，冬季盛行偏北风，气候寒冷干燥。春夏之交，暖湿气流北上，冷暖气流遭遇形成持续阴雨，形成"梅雨"天气。夏季受副热带高压控制，盛行东南风，气候炎热湿润，雨水丰沛，热量充裕，此时常受热带风暴和台风影响，易形成狂风暴雨的灾害天气。

在距今大约 10 万年前的晚更新世中期，太湖地区还是一片宽浅的海湾，称为第一期古太湖湾。当时无锡、苏州、昆山的一些丘陵小山为海中小岛，上海与长江口还是陆架浅海。至距今 7 万年至 1 万年的末次盛冰期时，东部海平面处于最低水平，约比今天的海平面低 100 米左右，整个太湖平原形成一个由黄土层物质组成的冲积平原，这一层黄土层其实就是今天太湖平原上众多湖泊的基底。从距今大约 15 000 年开始，气候逐渐转暖，海平面逐渐上升。距今约 11 000 年，海水已沿河谷进入西太湖，形成海湾。距今 8 000 年，太湖洼地已经被海水淹没，形成了第二期古太湖湾。在两期古太湖湾形成期间，人类完全有机会生活在太湖及其周围地区。

尽管还存在着一些争议，但可以肯定的是距今 7 000 至 6 000 年前，海水直达镇江、扬州附近，形成一个喇叭形大海湾，苏南海岸线在江阴、常熟、太仓一线，海湾水深达 20～30 米。之后现代长江三角洲开始发育。全新世对于人类具有十分重要的意义，正是从这一阶段起人类加速进化发展，步入人类历史上的新石器时代，开始成为地球上最具影响力的生物。

距今6 000年前后，长江南岸沙嘴开始露出水面，由镇江圌山延展至江阴、太仓一带，将之前分散孤立的山岛逐渐联成一体，形成向太湖低洼地倾斜的高爽平原地貌。分布在东部的几条平行排列的海滨沙堤，起到阻挡海水入侵的作用，太湖水域逐渐淡化，适宜于远古时期人类的活动。正是在这里，人类开始大规模地活动。下文将详细提及，根据考古发现，在夏王朝主导中国之前，太湖流域地区在新石器时代经历了从马家浜文化（约开始于距今7 000年前）到崧泽文化（约开始于距今5 800年前）再到良渚文化（约开始于距今5 300年前）的持续发展。在良渚文化时期，江南的发展达到一个顶峰，标志是大量精美玉器的出土和大型聚落中心的发现。体形大、数量多、制作精的玉器批量出土，说明当时的社会发展已经达到相当的水准，可以为了宗教祭祀等形而上的需要投入大量的非生产性劳动；聚落中心的形成更有可能意味着当地有了初具规模的城市。然而让人感到不解的是，大约在距今4 000年左右的时候，良渚文化突然衰落了。其急剧衰落的原因，学术界至今也没有定论，其中把良渚文化的骤然中断归于自然因素的说法颇引人注目。

当然，这并非意味着江南地区从此变成了一片死寂之地，只是说这一区域的发展明显放缓。在距今2 500年前，今天的杭州一带淤浅成陆，完全切断了太湖同海洋的联系。在被堵塞、封闭后，太湖逐步再次淡化为淡水湖泊，此后由于人类活动的增加，农业开垦越来越频繁，太湖周围入湖泥沙逐渐淤积，长江口的泥沙显著增多，三角洲淤积加快，太湖平原和杭嘉湖平原初具雏形，长江三角洲基本形成。

第二节　冈身与淀泖

如果说太湖平原是以太湖为中心的碟形洼地，那么上海就位于以太湖为中心的碟形洼地东边部分，宛若是从东向西倾斜的半个碟子。如果站在一个明清人的视角，从地貌上看，今天的上海西部属于所谓淀泖低地，包括青浦、华亭、娄三县大部及上海、嘉定的西缘部分，是一个以青浦、华亭腹地为中心的碟形洼地，水系发达，港汊纷纭，湖泊众多。东部广大地区，包括上海、嘉定的大部分属于碟缘高地，由滨海平原与贝壳沙堤组合而成。至于崇明、长兴、横沙三岛以及其他刚露出水面的沙洲，成陆时间最为晚近，属于河口沙洲。

这种内部的地形差异是在上海成陆过程中逐渐形成的。学者张修桂曾对上海地区的成陆过程进行梳理，他认为，从距今7 000年始，长江三角洲南翼在沿岸流、潮流和波浪的共同作用下，自江苏常熟福山一带以南，逐渐形成了近于平行的密集的贝壳沙带，并延伸至今上海的漕泾、柘林一带。这一贝壳沙带所在之处，地势相对高爽，俗谓之冈身，或者叫堰身。据今天对各条贝壳沙带 C^{14} 测年结果分析，淞（吴淞江）北的浅冈与淞南的沙冈大致形成于距今6 800～6 000年间，这是上海地区迄今所发现的最早的贝壳沙带海岸，淞南紫冈和淞北沙冈则代表着上海地区距今 5 800～5 500 年前的海岸线，淞北外冈和淞南竹冈则代表距今 4 200～4 000 年前的海岸线。淞南横泾冈形成于距今 3 240 年左右，而淞北青冈或东冈估计形成于距今 3 000 年前。[1]

以冈身为分界线，随着上海成陆进程的发展，构成了冈身东西两边不同的地理环境。根据张修桂对太湖演变的研究，自冈身地带形成之后，长江和海洋的泥沙在冈身以东继续堆积，碟形地貌向海滨方向逐渐抬升。而冈身以西的太湖地区，因受冈身阻挡，得不到长江和海洋来沙补给，仅有少量的湖沼和河流沉积，地势相对降低。太湖平原又以每年 0.5 毫米的沉降速率在下降，经历数千年，太湖湖滨高程仅为 2.5～3.5 米，而冈身地带高程则达 4～6.5 米，二者相差 1.5～3 米，致使太湖地区碟形洼地的最终形成，由此形成了上海地区西低东高的地势特点。[2]

著名学者谭其骧曾推断出上海地区冈身的基本位置：在松江（今吴淞江）故道以北并列着五条冈身，最西一条相当于太仓、外冈、方泰一线，最东一条北起娄塘，经嘉定、马陆、南翔一线，东西相距在太仓境内宽约 8 千米，东南向渐次收缩，至嘉定南境减为 6 千米；松江故道以南并列着三条冈身，其西一条经过马桥、邬桥、胡桥、漕泾一线，最东一条则相当于诸翟、新市、柘林一线，宽度一般不过 2 千米，狭处仅 1.5 千米，南端近海处扩展至 4 千米左右。[3] 冈身是上海地区的一条重要分水岭，它将这

1. 张修桂：《中国历史地貌与古地图研究》，社会科学文献出版社 2006 年版，第 256—257 页。
2. 张修桂：《太湖演变的历史过程》，《中国历史地理论丛》2009 年第 1 期。
3. 谭其骧：《上海市大陆部分的海陆变迁和开发过程》，《考古》1973 年第 1 期。

一地区分为东西两个不同的部分。现代地形上，以古冈身为界，冈身以西地带包括青浦、松江大部，及上海、嘉定诸县区的西缘部分，称为淀泖低地，是一片碟形洼地；冈身以东，即上海、嘉定诸县大部分称碟缘高地。这就是我们通常所说的高乡和低乡之间的差别。

所谓淀泖地区，即上海西境之三泖及淀山湖一带的概称。淀山湖最早见诸文字的名字是薛淀湖，绍熙《云间志》对薛淀湖有简单记载："薛淀湖，在县西北七十二里，有山居其中，湖之西曰小湖，南接三泖，其东大盈浦，其北赵屯浦。"薛淀湖受三泖以及西南诸港之水，自大盈浦、赵屯浦泻于吴淞江。[1]由此可知，南宋淀山湖区包括以淀山湖、小湖、三泖、大盈浦和赵屯浦七个湖体为主体，以及连接它们的河渠水汊所滋养灌溉的区域，大致包括当时华亭县大部、昆山县南部和吴江县东部这一区域。南宋后期，薛淀湖改名为淀山湖并沿用至今。考古发掘表明，这一地区有良渚文化、马桥文化、戚家墩文化的堆积，说明在距今4 000～2 000年前，该地区已经属于平原地貌景观。但之后平原沉沦，湖沼再次扩展，直至北宋后期，仍有不少村落和大片低地被淹没。[2]因此有学者认为，历史时期太湖地区保持着断续的沉降趋势，唐宋以降表现得更加剧烈，东太湖—澄湖—淀山湖，包括吴江全县及吴县、昆山两县的周（庄）陈（墓）甪（直）水网地

---

1. 绍熙《云间志》卷中《水》。
2. 张修桂：《中国历史地貌与古地图研究》，社会科学文献出版社2006年版，第267页。

区，似乎是一个沉降中心。[1] 谭其骧也认为："历史时期太湖平原在缓慢下沉，今天的淀山湖，是在该地成陆以后又经历了一二千年之后由于地体下沉又变成湖的。"[2] 正是在这种情况下，淀山湖区发展成为整个太湖地区地势最为低洼之处，宋末元初水利家任仁发曾对淀山湖的地势做过科学专业的描述，他认为浙西之地"低于天下"，但是今苏州、湖州所在的太湖流域"又低于浙西"，而"淀山湖又低于苏州"，所以是"低之又低者"。[3] 由于地势低洼，淀山湖湖群不仅是太湖的附属湖群，而且是太湖直接的泄水通道，淀山湖区也成为太湖主要的泄洪区。

泖，是上海独特的地名，宋人何薳《春渚纪闻》卷七《泖茆字异》对此字有讨论。文中引了《松陵唱和诗》陆鲁望赋《吴中事》："三茆凉波鱼蒢动，五茸春草雉媒娇。"注称：陆鲁望的远祖陆士衡说"泖从水"，而这里"茆"乃从草。所谓"五茸"，是当年吴王打猎之所，又有所谓"陆机茸"，应该是"丰草所在"。而今天的"三泖"地带都是"漫水巨浸"，春夏则荷叶、蒲草"演迤""水风生凉"，秋冬则芦苇繁盛，鱼屿相望，并无所谓"江湖凄凛之色"，恰恰是"冬暖夏凉"之所，"正尽其美"。"泖是水死绝处，江左人目水之停潴不湍者为泖"。[4] 三泖根据大小、形状，分为长泖、大泖、圆泖。

1. 尹焕章、张正祥：《对江苏太湖地区新石器文化的一些认识》，《考古》1962 年第 3 期。
2. 谭其骧：《上海市大陆部分的海陆变迁和开发过程》，《考古》1973 年第 1 期。
3. 〔元〕任仁发：《水利集》卷二《水利问答》。
4. 〔宋〕何薳：《春渚纪闻》卷七。

据今人研究，三泖之名在不同时代的称呼之所以不同，是与其本身的淤淀变化有密切关系的。自唐代修筑捍海塘后，三泖出海水道被断，南宋后杭州湾北岸出海口被封堵，泖水出黄桥向东直冲入黄浦塘，最终加快了黄浦江的形成。在太湖泄水泥沙的作用下，泖淀逐渐淤积，目前大泖和长泖均已淤平成陆，圆泖也大部淤平成陆，仅中段留存有较宽阔的水道，是为黄浦江上游的重要一段。

上海地区的东西部之间虽然只有轻微的地貌差异，但这一格局却导致了东西部各自在农业开发和社会发展上明显的不同。明代人何良俊曾经对松江府东西两乡的田地进行比较。他说，各处之田虽然"肥瘠不同"，但没有像松江那样差异很大，"高下悬绝"的。松江的东西两乡，不但土地有肥瘠，而且耕种收获也相差甚远。西乡"田低水平"，容易采用"车戽"，夫妻二人可种二十五亩，稍稍勤快一点可至三十亩，且土地肥沃，收获很多，姑且不提每亩收三石的那些高产田，一般田收二石五斗，每年就可得米七八十石，故地租也能到一石六七斗。而东乡"田高岸陡"，汲水较难，稍稍迟缓，就会"苗尽槁死"。每到干旱年份，水车声彻夜不休，夫妻二人极力耕种，最多只能到五亩，就算丰收年份，每亩也只能收一石五斗，故地租最多也只有八斗，少一点的则只有黄豆四五斗。[1] 明代应天巡抚张凤也称：西乡虽是粮税较重，每亩岁收米三石多的有之；中乡虽是粮税较轻，每亩岁收

1.〔明〕何良俊:《四友斋丛说》卷一四。

〔明〕董其昌：《九峰寒翠图》

第一章

地理环境

只有一石五斗，不足的也所在多有；至于滨海下田，不过可种棉花五六十斤，绿豆五六斗而已。[1] 所以，上海地区虽然皆称水乡泽国，但其实内部地理环境存在着一定的差异，再加上受到人为因素的影响，随着时间的推移不断发生着变化。

另一方面，淀泖和冈身、低乡和高乡并存的地理环境，也影响了各自地区的农业发展。

上海的低乡地区很早就有农业的开发，从六朝到唐代，出现系统的塘浦圩田网络。根据学者王建革的研究，圩田是整体地在浅水中修塘筑浦而后成。最初人们在潮沟上略加分水筑岸，便成塘浦，由此围裹出田地，围出的田不一定都种植。[2] 此后在不断的修筑过程中，塘浦愈来愈深，圩岸也越来越高厚。

唐代元和五年（810），苏州刺史王仲舒"堤松江为路"[3]，修成了江南运河苏州到吴江段的西岸河堤，这便是吴江塘路。当时太湖东边湖尾地带与吴淞江浑然一体，水域宽广，修塘路可以解决纤路问题，避免漕舟受风波之险。[4] 塘路修成之后初步形成了一个太湖东南面的环湖堤岸，改变了湖东洪水漫溢的状况，有利于岸东广大低洼地区的围田，为冈身以西地区的农田提供了一个抵御风波的屏障，也为其排水和拓垦提供了更多的便利，更为此后塘浦圩田的开发打下了基础。到唐代末期以后，随着江南地区

1. 〔明〕张凤：《复旧规革弊便民案》，正德《松江府志》卷七《田赋中》。
2. 王建革：《水乡生态与江南社会》，北京大学出版社 2013 年版，第 139 页。
3. 〔宋〕范成大：《吴郡志》卷十一《牧守》。
4. 洪武《苏州府志》卷三《水利》。

云间潮涌
（751—1843）   22

水利工程的不断完善，干田化过程得以普遍实行，而且由于人口的增长，稻田不再休耕，火耕逐步消失，耕作动土才可能大规模进行。

吴越时期，塘浦圩田体系得到了充分的发展，北宋范仲淹曾言：五代时群雄争霸，各国为了确保粮食自给，"各兴农利"。江南地区设有圩田，"每一圩方数十里"，像一座大城，"中有河渠，外有门闸"，干旱就"开闸引江水之利"，水灾就"闭闸拒江水之害"，所以无论旱涝都不为灾。而且当年吴越国在苏州设有营田军四都，共七八千人，专门负责农田水利，"导河筑堤，以减水患"，粮食丰收，在民间只用钱五十文即可籴白米一石。[1] 水利家郏亶曾对吴越时期像棋盘一样纵横有序的塘浦圩田系统有详细的叙述：五里、七里为一纵浦，又五里、七里为一横塘。又用塘浦之土筑设堤岸，使塘浦阔深而堤岸高厚，这样可以避免灾害。太湖周边低洼区域，又在吴淞江之南北"为纵浦以通于江"，又在浦之东西设横塘以分其势，星罗棋布，形成大范围的圩田。这些塘浦"阔者三十余丈，狭者不下二十余丈，深者二三丈，浅者不下一丈"，所以"三江常浚，而水田常熟"。[2]

冈身以东高乡地区大约在魏晋隋唐时期也得到了开发。清雍正元年（1723），嘉定县方泰镇出土了唐开元间的琅琊人券版，

1. 〔宋〕范仲淹：《上仁宗答诏条陈十事》，〔宋〕赵汝愚编：《宋朝诸臣奏议》卷一四七《总议三》。
2. 〔宋〕范成大：《吴郡志》卷一九《水利上》。

第一章
地理环境

其中有"东至广浦三十步，西至冈身二十步"。[1] 可见"冈身"一词至少在唐代初年已经出现，此后人们越来越重视冈身的开发。

到了北宋时期，人们对冈身的理解已经越来越透彻，编撰地方志《吴郡图经续记》的朱长文说：曾经听说"濒海之地，冈阜相属"，民间称之为冈身，此是上天阻隔大海，成全吴人的关键。但另一方面，海潮带来的泥沙也逐渐淤积，必须整治。要整治冈身的水利，"当浚其下"，下游既通，则上游也通畅了。[2] 上海现存最早的，撰于南宋绍熙年间的《云间志》中已经准确地分析出了冈身的形成原因：冈身，在县东七十里，一共有三处，南边到海，北抵吴淞江，共长一百里，入土数尺，都是螺蚌壳，传说是海浪三涌形成。这里地势高耸，适宜种植豆麦等旱地作物。[3] 高乡地区由于地势较高，要想推进农业开发，必须要考虑灌溉问题。当时，江南地区对冈身的水利体系进行了全面的治理，使这里的农业得到了开发。特别是在冈身上建设了以冈门小塘和横沥结合的水利系统，对于这一点，郏亶有详细的描述：今昆山之东的太仓，俗号堰身。堰身的东面有一河塘，西抵松江，北经常熟，称之为横沥。又有小塘，或二里，或三里，横贯横沥而沿东西走向流淌，多称之为门。所谓钱门、张堰门、沙堰门、吴堰、顾庙堰、丁堰、李堰门及斗门，诸如此类。南北向的塘就叫横沥，东西向的塘就叫堰门、堰门、斗门。古代在冈身东边筑堰蓄水，用

---

1. 参见祝鹏：《上海市沿革地理》，学林出版社 1989 年版，第 1 页。
2. 〔宋〕朱长文：《吴郡图经续记》卷下《治水》。
3. 绍熙《云间志》卷上《古迹》。

简史

云间潮涌
(751—1843)

上海

来灌溉高田。又担心水流壅塞，将堰冲决进入横沥，所以修筑堽门来分流。[1] 王建革认为，这是靠潮汐顶托西部的太湖清水形成涌涨的溢流，从而灌溉高田。这就是范成大《吴郡志》中所说的，古人东取海潮，北取长江水灌田，各开河道，引入冈身，或七里，或十里，或十五里，间隔作横塘一条，让水周流于冈身高阜地区，来浸润高乡的农田。[2] 同时巧妙地将冈身以西的圩田区的溢流涌涨和冈身地区的河道灌溉有机地结合在一起，在抬高圩岸的同时抬高吴淞江的水位，使得高处的冈身地区得到了灌溉。[3] 这样就算是大旱之年，亦可用水车来灌溉农田。[4]

北宋之后，随着上海地区以吴淞江为中心的水系的变化，淀泖和冈身的环境也受到了破坏。《吴郡志》中说，当时地方上不再整治港浦，港浦越来越浅，地势越来越高，海边的农田无法引入海潮，吴淞江边又因水田堤防毁坏，水流汇聚于民田之间，吴淞江水位也越来越低，所以高乡农田甚至在江水之上。至于西边的水流，又因为人们贪图行舟之便，将冈门毁坏，不能蓄水，所以高田全部变为旱地。每至四五月间，春水未退时，低田还没开始收获，而冈身之田已经干涸了。[5] 到了郏亶所在的熙宁年间，昔日水田已成遗迹，堽身之东的农田还可以看到当年丘亩、经界、沟洫的遗迹，这都是当年的良田，但是因为冈门坏，不能蓄水，

1.〔宋〕范成大：《吴郡志》卷一九《水利上》。
2.〔宋〕范成大：《吴郡志》卷一九《水利上》。
3. 王建革：《水乡生态与江南社会》，北京大学出版社 2013 年版，第 72 页。
4.〔宋〕范成大：《吴郡志》卷一九《水利上》。
5.〔宋〕范成大：《吴郡志》卷一九《水利上》。

全部成为旱田。[1] 一些土地更成荒田，"数百里沃衍潮田，尽为荒芜不毛之地"。[2] 也正是因为如此，南宋时绍熙《云间志》已经称此地"田宜麦禾"，而不适合种植水稻，此后又由于吴淞江水系的变化，高乡地区的干旱化情势日益严重。这又为上海、嘉定等地日后改稻为棉，以及松江府"衣被天下"的经济格局埋下了深深的伏笔。

第三节　水系：三江、吴淞江与黄浦江

今天的长三角地区气候温和，降水丰富，水网密布，有人说这种优越的自然环境为江南物质文明和精神文明的创造提供了得天独厚的理想条件。但事实上，长三角今天优越的环境既是大自然赋予的，更是这里的人民艰辛改造的结果。清初上海人叶梦珠《阅世编》曾说："淞郡滨海带江，渔盐灌溉，民命寄于水利。"[3] 顾清所编的正德《松江府志》也言：松江府的土地肥沃是因为水，灾害也是因为水。[4] 水可以说是上海社会经济的命脉所在。

在太湖东部地区，湖水入海主要经过三江。《尚书·禹贡》有所谓"三江既入，震泽底定"的说法，说的是大禹开凿三江，震泽（古太湖）洪水始得通畅排入江海，不致泛滥成灾，震泽周

---

1. 〔宋〕范成大：《吴郡志》卷一九《水利上》。
2. 〔宋〕范成大：《吴郡志》卷一九《水利上》。
3. 〔清〕叶梦珠：《阅世编》卷一《水利》。
4. 正德《松江府志》卷二《水利上》。

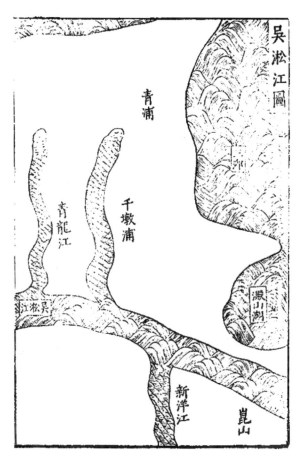

吴淞江图

边因之得以安定。三江的形成是江南开发史和水利史上的重要转折点，从此在与环境的斗争中，人类由被动逐步走向主动。何谓三江，历代各有解释。唐代张守节的《史记正义》对此有较详细的说明：所谓三江，在苏州东南三十里，名三江口。其中一条江，西南上七十里至太湖，名为松江，古笠泽江；一条江东南上七十里至白蚬湖，名为上江，亦叫东江；一条江东北下三百余里入海，名叫下江，亦叫娄江。三江分流的地方就叫三江口。[1] 松江通向太湖，娄江、东江通向大海。唐末陆广微《吴地记》中说松江之源，连接太湖，"一江东南流，五十里入小湖；一江东北流，二百六十里入于海；一江西南流，入震泽"，这就是三江口。[2] 但说得语焉不详。范成大的《吴郡志》曾专门引经据典对其进行考证，这也从侧面可知，当时人们对三江的概念已经感到迷茫。[3] 但不管怎么说，唐宋之际不少人认为的三江是松江、娄江和东江。这三江与古代上海境内的河湖系统的演变关系重大。

关于三江的情况，今天仍然是众说纷纭。张修桂认为，松江相当于今吴淞江，下游至今上海注入东海；娄江大致即今浏河，东北入长江；东江则自今澄湖经淀山湖，东南入杭州湾。由于长江和杭州湾边滩的加积，地势抬高，东晋南朝时期，三江业已处在淤塞、萎缩之中，其中娄江、东江的排水已经严重不畅。[4]《宋书·始兴王濬》记载了元嘉二十二年（445），当时扬州刺史始兴王刘濬曾上书提及其下辖的太湖地区经常遇到水灾，州民姚峤经过调查研究，以为吴中、吴兴、晋陵、义兴四郡的水同时灌注太湖，使松江沪渎淤塞不通，"处处涌溢，浸溃成灾"。[5] 唐宋时，东江、娄江先后湮废，太湖仅靠不断延长、不断狭窄、不断淤塞的

1. 〔汉〕司马迁：《史记》卷二《夏本纪》。
2. 〔唐〕陆广微：《吴地记》。
3. 〔宋〕范成大：《吴郡志》卷一九《水利下》。
4. 张修桂：《太湖演变的历史过程》，《中国历史地理论丛》2009年第1期。
5. 〔梁〕沈约：《宋书》卷九九《始兴王濬》。

吴淞江泄水，导致太湖水面再度扩展，更因为松江之水不能直趋于海，太湖下泄之水大量溢入南北两翼的原东江、娄江流域低地，使东太湖地区湖群大量涌现。[1]

三江的淤塞既是自然环境演变的结果，也是人类改造自然的结果。太湖下游三面被江海包围，内部受湖水浸溢，在这一湖海夹抱的低洼地区开拓农田，受海潮湖水泛滥和侵袭的影响很大。所以开发太湖流域的过程，实际上就是围湖围海的过程。

原来的三江之中，娄江早已淤废，在北宋至和年间改造成为至和塘，至明永乐初已拓宽为水阔二三里的浏河。东江因出口受堵淤废，上游故道发展成为陈湖、白蚬湖、淀山湖等一系列淀泖，初期主要通过千墩浦、赵屯浦、顾会浦向北泄入吴淞江上游，后吴淞江淤塞，杭州湾北岸堤防加筑，淀泖之水以及浙北平原诸水改向东流，逐渐改由黄浦入注吴淞江下游，成为吴淞江下游南岸的支流。这样唯一留下的只有吴淞江。

吴淞江古称松江，又名松陵江、笠泽江，长期以来一直是太湖地区排水出海的最重要干道。吴淞江在华亭北35千米，自吴江过甫里，进入华亭境后，经青龙镇直通大海。自太湖至大海，大约130千米。它源出吴江县以南的太湖口，据研究，吴淞江河口在东晋至初唐时到达今上海江湾、花木镇一线。[2] 唐代中期，它的河口应当已到今江湾、下沙一线以东。学术界一般均认为唐末

1. 魏嵩山:《太湖流域开发探源》，江西教育出版社1993年版，第10页。
2. 张修桂:《青龙江演变的历史过程》，《历史地理》第22辑，2007年。

吴淞江的下游在今上海市区的原虹江道入海，当时河口宽达 10千米。

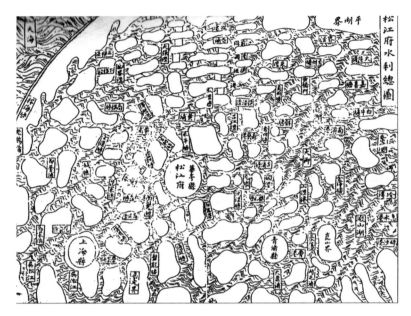

松江府水利总图

　　早期吴淞江河道宽广，水势广泛而强大，其下游青龙镇以东，水域更宽，呈一广阔的喇叭形河口，是即"沪渎"。朱长文《吴郡图经续记》云："松江东泻海曰沪渎，亦曰沪海。"[1] 也正因为如此，处于吴淞江入海口的青龙镇成为当时太湖地区最为重要的港口。唐代皮日休曾言："全吴临巨溟，百里到沪渎。海物竞骈罗，水怪争渗漉。"[2] 可见当初吴淞江的宽广浩瀚。

1.〔宋〕朱长文：《吴郡图经续记》卷下《水》。
2.〔唐〕皮日休：《吴中苦雨因书一百韵寄鲁望》，〔清〕彭定求等编：《全唐诗》。

唐以后，三江开始越来越窄，吴淞江的情况也发生了变化。首先，太湖平原东部海岸线加速向外伸展，据谭其骧的研究，从公元8世纪起至12世纪，上海地区的海岸线向外延伸20多千米，到达川沙、南汇县城以东一线。随着海岸线的伸展，吴淞江河线也不断延长，河床比降越来越平，流速越来越小，冲淤能力也越来越弱，吴淞江开始逐渐淤塞。[1] 五代时期，政府已开始有组织地治理吴淞江。吴越国时，钱镠曾设置撩浅军，治河筑堤。其中一部分撩浅军"径下松江"，[2] 应是沿着吴淞江直到入海口。不过在宋以前，由于当时河口出海较近，问题尚不严重，再加上当时圩田制度完善，延缓了吴淞江的淤狭过程，保持了较为通畅的局面。

吴淞江河道环绕屈曲，是早期面临的一个比较重要的问题，《吴郡图经续记》中曾经说吴淞江"自湖至海"，一共130千米，两岸有百余个"浦"，很多都是"环曲而为汇者"，需要持续疏浚，才能免于水患。[3] 正德《松江府志》也提到：吴淞江"自湖至海"一共五汇四十二湾。所谓"汇"就是江潮与湖水相会之地，五汇即安亭、白鹤、盘龙、河沙、顾浦。所以古人说"九里为一湾，一湾低一尺"。[4] 由于太湖水自吴淞江一路东下，在今上海西部地区会遇到海潮，上游带来的泥沙就会淤积沉淀。比如盘龙汇

---

1. 参见郑肇经主编：《太湖水利技术史》，农业出版社1987年版，第37页。
2. 〔清〕吴任臣：《十国春秋》卷七八《武肃王世家》。
3. 〔宋〕朱长文：《吴郡图经续记》卷中《水》。
4. 正德《松江府志》卷二《水上》。

"介于华亭、昆山之间"，直线距离才5千米，但是"洄穴迁缓"长达20千米，吴淞江流被其阻遏。一到盛夏大雨，就泛溢成灾，"殆无宁岁"。在宋代，就有很多地方官员想要改变这种状况。范仲淹"尝经度之，未遑兴作"。宝元元年（1038），叶清臣出任两浙转运副使，开新河道，拉直盘龙弯河道，使水流加速流动，以消除水患。[1] 北宋时又曾开建白鹤汇工程，嘉祐六年（1061）、熙宁七年（1073）两次开挖，从此河道发生变化，吴淞江始有新江和旧江之别。之前的旧江是指从白鹤汇至盘龙浦这一段，即今青浦和嘉定相交处，河道委蛇曲折；新江则放弃原来在黄渡以南的旧河道，开凿了一条新河道，自白鹤汇之北至盘龙浦之北，比旧河道缩短20千米，直接通向大海。

但即使这样，吴淞江的淤浅还是日益严重，这虽有自然的因素，但是人为的生态破坏扮演了至关重要的角色。首先，吴江长堤、长桥的兴建就造成吴淞江上游的阻塞。早在唐元和五年（810）便修筑了苏州至吴江的吴江塘路；北宋天圣元年（1023），苏州遇大水，太湖外塘遭损坏，出海支渠湮塞，朝廷诏令徐奭等官员自苏州葑门到平望以南，"筑土石堤九十里，起桥梁十有八"。[2] 庆历二年（1042），苏州通判李禹卿又在太湖沿岸40千米筑渠。庆历八年，又在吴江县东南唐时留下的大缺口上建木桥，长一百余丈，名利往桥，又名垂虹桥，此即今吴江长桥的前身。

---

1. 参见褚绍唐：《吴淞江的历史变迁》，《华东师范大学学报（自然科学版）》1980年第2期。
2. 洪武《苏州府志》卷三《水利》。

吴江长堤和长桥的修建，虽有利于航运的发展，但也让广阔的吴淞江进水口分散束狭，进水量因之逐渐减少，从此无力冲淤。元祐六年（1091），苏轼在奏疏中提到：自从庆历以来，吴淞江开始大筑挽路、建长桥，每到夏秋涨水之时，桥上水常高尺余。自从长桥挽路建成，虽然公私漕运越来越便利，但是吴淞江流速降低，软缓而无力，海水夹带的泥沙便随潮而上，日积月累，所以入海口日益湮灭，从此吴中也多水患。近日有人提议发动民众浚治海口，但不知根本在于江水受限，即使海口疏通，"不过岁余，泥沙复积，水患如故"。[1]

其次，北宋以后官员们一切以漕运为最高目标，导致圩田、闸坝系统被破坏，又加剧了这一进程。端拱年间（988—989）转运使乔维岳为了转漕舟楫方便，将原有的圩田、闸坝系统全部毁掉。再加上朝廷认为当年吴越设立的营田局是"闲司冗职"，一律罢废。此后"堤防之法，疏决之理，无以考据，水害无已"。而且朝廷派来的官员都是"远来之人"，不了解本地的地势高下以及历来治水经验得失，只是盲目行动，导致情形每况愈下。[2]

最后，盲目围垦更加速了吴淞江水系紊乱，水流散漫。南宋时期，庞湖、淀山湖相继被围垦，各种截水坝也随之兴起。绍兴间，淀山湖豪强势力筑坝拦水，"濒湖之地"多被豪强官员派兵卒侵占为田，"擅利妨农，其害甚大"。从此淀山湖水源壅塞，太

1. 〔宋〕苏轼：《进单锷吴中水利书状》，〔明〕张国维：《吴中水利书》卷一三。
2. 〔宋〕范成大：《吴郡志》卷一九《水利下》。

湖与民田逐渐隔绝不通，一旦水害泛滥，没有了宣泄通道。[1] 淳熙十三年（1186），淀山湖外又兴建了一个阻塞水路的大坝，导致"泥沙随潮而上，湖水不能下流，无法将泥沙荡涤通畅，所以湖面甚至要高于田面，遇到水害则无处宣泄，遇到旱灾又无从取水"。[2] 围湖开垦和坝堰修筑，导致进入吴淞江的清流受阻，同时也使得周边塘浦的清流也逐渐减弱。

种种因素的叠加使得吴淞江淤塞的进程迅速加剧，整个宋代吴淞江江口段已经由唐代的阔 10 千米变为 4.5 千米，缩狭了一半多。而生态环境的破坏更导致了水灾的频仍。郏侨曾言：吴越国百年间，"岁多丰稔"，而北宋立国之后，水灾越来越严重。[3] 另一位水利专家单锷亦称：苏、常、湖三州之水害，为患日久，使得赋税收入较之前减了五六成。以时间推算，水灾为害三地已经有五十年之久了。[4] 往前倒推五十年，恰恰是端拱年间乔维岳破坏圩田之时。

到了元代之后，随着吴淞江河口段继续向东延伸，上游进水口萎缩阻塞，整条江淤狭的情形日益恶化。一方面湖田坝田围垦继续加剧，有增无减。《元史·河渠志》载：吴淞江下游河口湖荡被"势豪租占为荡为田"，而州县官员不闻不问，以致江水湮塞不通，"公私俱失其利久矣"。[5] 而且地方官还曾"将太湖东岸水

1. 〔元〕任仁发：《水利集》卷九《翰林承旨知制诰兼侍读苏轼奏吴中水利事》。
2. 〔明〕姚文灏：《浙西水利书》卷一《罗文恭公乞开淀湖围田状》。
3. 〔宋〕范成大：《吴郡志》卷一九《水利下》。
4. 〔宋〕单锷《吴中水利书》，〔明〕张国维：《吴中水利书》卷一三。
5. 〔明〕宋濂等：《元史》卷六五《河渠志》。

出去处"，或是钉上木桩，变成栅栏，或是用土草堵上，变成坝堰，或是填埋河身架桥，变成驿路。"所以水脉不通，沙泥日积，而吴松（淞）日就淤塞也"。[1]

至元三十年（1293）以后，元廷曾对吴淞江在嘉定、上海两县的下游河道进行疏阔，但解决不了围田问题，结果仍然是治标不治本，稍稍好转一段时间后"又复壅闭"，而豪强势家又强行围田，表面上农田面积增加，赋税也相应增加，但本质上水利失修，为害更深。[2]大德二年（1298），元廷为了确保海运粮食运输顺畅，又专门立都水庸田使，任用水利专家任仁发，力图解决吴淞江问题。任仁发采取的方针是：集中力量浚治吴淞江，并设闸随潮启闭，抑潮冲淤；开浚淀泖淤塞，疏治千墩、赵屯、大盈等浦，导水北出吴淞江；在与黄浦相通的乌泥泾、潘家浜、南北俞塘等河口设置堰闸，拒潮蓄清，使清水归于吴淞江。经过专家考证，2001年5月发现的位于大场浦、彭越浦之间的志丹苑元代水闸遗址即为任仁发于泰定二年（1325）所建的赵浦闸，是已发现同类遗址中规模最大、做工最好、保存最完整的一处。它是宋代《营造法式》总结之后官式工程在长江三角洲特殊地貌环境下的实例。水闸平面呈对称"八"字形，总面积1 500平方米，东西长42米、进水口宽32米、出水口宽33米。河水由西北流向东南，水闸主体由闸门、闸墙、底石、

---

1. 〔元〕任仁发：《水利集》卷二《水利问答》。
2. 〔明〕宋濂等：《元史》卷六五《河渠志》。

夯土层等几大部分组成。[1]

志丹苑元代水闸遗址

根据学者王颋[2]的研究，元代整治吴淞江的基本目的仍然在于确保漕运通航之便，因此致力于开拓吴淞江分流娄江及其支浦别浜。殊不知支流变阔，恰恰意味着吴淞江常年流量的减少，只会进一步推动浑潮的倒灌和泥沙的沉积。另一方面，设置堰闸虽然能够防止浑潮进入闸门内的河道，却不能阻止闸门外近段河道的迅速沉积。到了元末，吴淞江下游河段的淤塞益发严重，从江口河沙汇嘴到赵屯浦约35千米，"地势涨涂，积渐高平"。[3]

明初对吴淞江影响最为巨大的事件便是高淳境内五堰改筑东坝。春秋时，为沟通太湖和青弋江、水阳江水，在高淳开了胥溪

---

1. 上海博物馆考古研究部：《上海市普陀区志丹苑元代水闸遗址发掘简报》，《志丹苑：上海元代水闸遗址研究文集》，科学出版社2015年版，第31—53页。
2. 王颋：《元代的吴淞江治理及干流"改道"问题》，《中国历史地理论丛》2003年第4期。
3. 〔元〕周文英：《论三吴水利》，〔明〕姚文灝编：《浙西水利书》。

运河，后又为防止汛期西水东泻，在胥溪上修筑土堰五道，分级节制水流，这就是所谓"五堰"。明洪武二十五年（1392）重新开浚胥溪河，以保障漕粮西运金陵。不久永乐迁都北京，胥溪河不再担任漕河功能。但为了防止江水泛涨使苏松地区遭受损害，又将五堰河闸改筑为东坝。东坝筑后，苏松地区水势基本稳定，不再有大规模的水灾，但与此同时，太湖流域与青弋江、水阳江流域基本隔绝，太湖流域不再有西来之水，水势遂减。隆庆时编撰的苏州所属的《长洲县志》将此后果写得非常清楚：筑东坝，就断了西南下太湖之水，使得太湖的来水只有宜兴荆溪以及浙江天目山诸山水而已。所以太湖水只有蓄洪贮水功能，水势不再奔放。而吴淞江自古承太湖之流，宣泄于海，令太湖水流迅疾，可以与海潮匹敌，所以吴淞江流通畅。如果吴淞江水势稍稍减缓，夹带泥沙的海潮深入，就会令江水积淤。所以，之前治水必先治吴淞江。但是数十年来，随着东坝建成，"潮水无障，积久成陆"，虽然太湖水不再为患，但是吴淞江沿岸农田逐渐枯旱，太湖水源相比宋元时期仅存 3/10。[1]

东坝的兴筑，令太湖入水量比宋元时减少了近七成，将宋元时期解决吴淞江积淤仅有的一点成效也化为乌有，前功尽弃，吴淞江积淤之势已经不可逆转。吴淞江积淤之势既然无力回天，唯一的办法就是找到其他水道缓解其积水，并承担太湖诸水入海的重担。而此时恰恰有两条在吴淞江东南、东北两翼中逐渐发育壮

---

1. 隆庆《长洲县志》卷二《水利》。

大的水道，即浏河和黄浦。

早在元代，人们已经发现每当汛期来临之际，浅狭的吴淞江下游河道已经不足以排出积水，只能依赖两翼疏导，而这两翼便是浏河和黄浦。任仁发清楚地指出：东南有上海浦、新泾宣泄淀山湖三泖之水，东北有刘家港、耿泾疏通昆承等湖之水。[1] 浏河，即刘家港。至元二十四年（1278），水涝为灾，当时负责海运的崇明人朱清谕上户开浚，自娄门导水由娄江以入于海，令水势顺下，不致甚害。将浏河视为古娄江的说法也就是从这里开始的。元廷漕粮海运，在青龙港之后寻找一个新的漕运出海港口是其中的重中之重，而刘家港的出现正好符合这一需要。洪武《苏州府志》就说：太仓塘，在昆山，自吴塘桥至周泾出海。"宋时湮淤，潮汐不通"。到了元代，娄港变深，"可容万斛之舟"，所以朱清开创海上漕运，每年粮船必由此入海。[2]

黄浦之名首见于《宋会要》，"华亭县地势南北高仰……东北又有北俞塘、黄浦塘、蟠龙塘通接吴松大江"。[3] 可见当时黄浦已经是吴淞江以南的一条重要支流。随着吴淞江的日渐淤塞，太湖和淀泖之水迂回宛转，分道宣泄，正如上述任仁发所言，一路由刘家港北出长江，一路由新泾、蒲汇塘，经黄浦出海。于是，获得淀泖水势而日益壮大的黄浦逐渐发展成为相当宽广的大浦，为日后发展创造了重要的条件。

---

1. 〔元〕任仁发：《水利集》卷二《水利问答》。
2. 洪武《苏州府志》卷三《川·塘》。
3. 〔清〕徐松辑录：《宋会要辑稿》食货八之二九。

〔明〕董其昌　吴淞江水图

永乐元年（1403），负责钦差江南治水的户部尚书夏原吉上疏治水策略，正式提出了日后影响深远的"掣淞入浏"和"黄浦夺淞"计划。夏原吉的治水方略大致而言，包括两个部分：一是放弃积重难返的吴淞江下游，通过夏驾浜导吴淞江中游入刘家河出海；二是听从华亭人叶宗行的建议，开凿范家浜，引流直接黄浦，使其深阔畅泄，以解决淀泖泄水问题。夏原吉的策略在此后备受争议，尤其是"掣淞入浏"更是批评声众，很多人认为，正是缘于此，清代以后浏河日趋萎缩，河形"大非昔比"。

黄浦江上端紧接淀泖湖群，水域面积广，清水水源较多，范家浜一开，下游通利，黄浦总汇杭嘉之水，又有淀山泖荡诸水以建瓴之势流下，所以流速顺畅，足以抵御海潮，即使偶有浑浊，也不会淤塞。[1]范家浜未开之前，黄浦之广尚不及吴淞之半，而此后水势不再东注吴淞江，而尽皆入黄浦江，黄浦江水势从此数倍于吴淞江，[2]江口段也由三十余丈扩大至"横阔几二里余"。等到浏河湮塞后，黄浦发展成为太湖下游"雄视各渎"的唯一大河，吴淞江反变为其支流。因此，谢湜认为"黄浦夺淞"的实质反映了太湖泄水方向整体东南移的趋势，[3]可谓势所必然。

"黄浦夺淞"最重要的影响便是上海港的崛起。唐代时，位于吴淞江下游的青龙镇由于当时港阔水深的有利条件，发展成为

1. 〔明〕林应训：《开江工费疏略》，嘉庆《松江府志》卷一一《山川志》。
2. 〔明〕吕光洵：《水利考》，嘉庆《松江府志》卷十《山川志》。
3. 谢湜：《高乡与低乡：11—16世纪江南区域历史地理研究》，生活·读书·新知三联书店2015年版，第150页。

"海商之所凑集"的通商大埠。但随着吴淞江的淤塞，青龙镇逐渐衰落，即使崇宁、宣和中对这一段河道进行疏浚也无法恢复旧观。此后华亭县的外港便从青龙镇转到上海镇。随着浏河逐渐淤塞，刘家港的地位也逐渐被上海取代。虽然整个明代，上海港由于海禁政策而没有得到充分的发展，但是上海港作为太湖流域最重要海港的地位已经基本确立，到了清代以后，开始日益繁华。

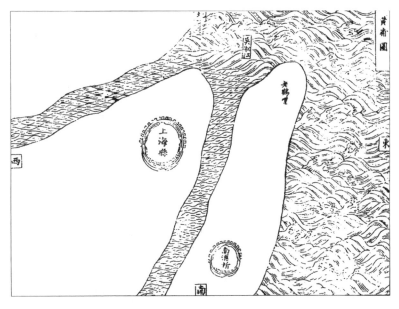

黄浦图

"黄浦夺淞"的另一个后果就是冈身以东地区的干旱化。如前所述，今天上海嘉定地区早期是种植水稻的旱涝保收之区。元《至正昆山郡志》引《隋书·地理志》，说这里"川泽沃衍，有海陆之饶"，无论是高田还是低田，水稻种类繁多，食物所出，水陆毕备。[1] 宋代以后，随着冈身地区灌溉系统崩溃，旱地作物开始逐渐增多。随着吴淞江及其北部低洼地区的水流愈来愈减弱，潮淤也愈来愈严重，这就导致了冈身与低地交界处发生了敏感性的变化，一些地区开始出现干田化，"昆山之东南隅，嘉定之西南隅，青浦之西北隅，华亭之北隅"，都是昔日沃壤，但是此时都是"硗确难耕"的荒地。[2] 同样的情况也发生在上海县。在上海建县以后，就有人呼吁：吴淞江东乡水利久废，农田不宜种稻，建议将赋税由稻米改为本地"菽粟"。[3] 元时真定人邓巨川在上海县丞任上，也请求将上海县苗粮改征豆麦。不过，环境虽已改变，国家的赋税却很难改变，唯一的对策便是被迫进行产业调整。自元代以后，植棉与家庭纺织业逐渐成为这一地区的主要产业。在整个太湖以东地区，最早种植棉花的正是松江府的高乡地区，松江府东去25千米的乌泥泾，当地"土田硗瘠，民食不给"，所以谋划种植棉花，"以资生业"。[4] 到了正德年间，松江府"沿海高乡多植"棉花，[5] 这正是松江府在有明一代"衣被天下"的背景。嘉定县的生产面貌也由此改变，既然土地不适宜于种稻，就姑且种植木棉，"以花织布，以布贸银，以银籴米，以米充军"，同时"运他邑之粟，充本县之粮"。[6]

1. 〔元〕杨譓：《至正昆山郡志》卷六《土产》。
2. 〔明〕吴荃：《原三江》，嘉靖《太仓州志》卷十《遗文》。
3. 弘治《上海志》卷七《官守志》。
4. 〔元〕陶宗仪：《南村辍耕录》卷二四《黄道婆》。
5. 正德《松江府志》卷五《土产》。
6. 万历《嘉定县志》卷七《田赋考》下。

吴淞江到黄浦江的历史是水环境改变江南社会生活的典型个案，而这种个案在江南比比皆是。随着宋代以后塘浦圩田体系的崩溃，以及明初黄浦江代替吴淞江的地位，江南的水利环境为之一变，太湖流域湖荡密布，围田在湖区的开发表现为围湖造田，导致湖泊面积不断缩小，大湖分解成小湖，甚而至于灭亡。几千年来，太湖地区的围垦一直没有停止过，可以说，没有太湖地区的围田垦殖，就没有鱼米之乡的锦绣江南，太湖地区圩田多属高产区，对长三角的农业生产举足轻重。但围垦的发展，出现了阻塞水路的盲目围垦以及过量占垦，以致无法调蓄洪旱的水体，给水利和生态环境带来不良影响。淀山湖的萎缩就是典型的个案。北宋成湖时，淀山湖东西三十六里，南北十八里，周二百五十里；南宋淳熙、绍熙年间开始围田，至明景泰中，淀山湖"亦不过一二十里"而已。此外，北宋年间在东江故道上发育形成的来苏、唤鹤、永兴等湖泊，在南宋绍熙年间便已"不详所在"。昆山境内的江家、大泗、柏家、鳗鲡诸漊，在南宋后期也已被围垦成农田。这些大规模的农田开垦，虽然增加了大量的农田，解决了江南农民的衣食温饱问题，更可以容纳承载越来越多的人口，但同时也改变了江南的环境。

长江三角洲以太湖为中心的水系本身就构成了一个相当完整的生态平衡系统，其水系的循环畅通是人民安居、生产发展的首要条件。开凿包括运河在内的诸多水道，建设塘浦圩田系统以及其他水利设施等，取得令人瞩目的成就，将这里改造成了富裕丰饶的"鱼米之乡"，对水环境进行了深入治理和优化，为江南的经济崛起和持续发展发挥了关键性作用，堪称中国历史上发展经济与治理环境积极互动的典范。但同时，这里也经常有任意的开垦和地方豪族的肆意强占，往往会造成水资源的破坏，导致水患频仍，损失惨重，教训深刻。

但是水利治理既要服务于不同时期的国家大政，又要做到符合各地实际，因地制宜，妥协各个阶层的利益，其实是一个非常复杂的过程。正如学者谢湜所言，江南的自然几乎历来都是一种人化的自然，农学和水学的智慧，令这种人化自然的开发到极致，同时也营造了水乡的诗意栖居。江南人与水的历史，其实是江南人在谋求经济利益最大化的同时，在系统学说和工程技术无实质性进展的条件下，在聚落格局日益变迁、水网平衡不断被打破的情形下，创造着种种独特的环境文明。[1]

---

1. 谢湜：《千顷颇黎色：江南水利史之反思》，《中国社会科学报》2015 年 2 月 4 日。

751—1843

新石器时代从距今 1 万年前后，一直持续到距今 4 000 年左右，其基本特征是农业、畜牧业的产生和磨制石器、陶器、纺织品的出现，以及随之发生的早期聚落、宗教和艺术等文明相关因素。特别是农业的出现，使人类逐渐具有可靠的食物来源，改变了以往"逐水草而居"的流动生活，形成比较固定的聚居村落，而定居生活又促进了农业和手工业的发展。

上海在距今 7 000 年前后进入新石器时代，历经马家浜文化、崧泽文化和良渚文化三大阶段。依据考古资料，可以大致了解上海史前文化的发展脉络和社会发展进程，但仍存在一些难题，比如关于马家浜文化之前和良渚文化之后的一段时间内的史前文化面貌还不很明确，这只能期待考古界能有新的突破和进展之后，再作论述。

在距今约 4 000 年，以太湖流域为中心的良渚文化在步入早期国家文明的门槛前突然消失，上海地区所在的太湖流域的文化发展出现了低谷，此后进入了一个逐步受中原文化影响的新时期。从现有考古成果可以看出，上海所在地区开始进入青铜时代，先后出现的广富林文化和马桥文化明显受到了中原文化的影响。

第一节　马家浜文化

马家浜文化是环太湖地区目前发现最早的新石器时代考古学文化，属于仰韶时代早期，因最早发现于浙江嘉兴马家浜遗址而得名，主要分布于长江以南、钱塘江以北的太湖流域地区，年代在距今 7 000 ～ 6 000 年。如前所述，正是从马家浜文化时期开始，长江三角洲开始发育，太湖平原地区自然环境和气候相对稳定，开始适合人类居住。上海地区地处长江三角洲东缘，海水东退，水域淡化的时间相对较晚，所以直至距今 6 000 年左右，马家浜文化晚期才有了第一批先民迁居于此，人类对上海地区的开发从此拉开了序幕。自从马家浜文化先民踏入上海地区，上海再也没有中断过人类文化发展的历程。

目前，上海地区发现有马家浜文化遗存的遗址共三处，分别是青浦区崧泽遗址、福泉山遗址和金山区的查山遗址。其中崧泽遗址位于青浦区的赵巷镇，它发现于 1957 年。1960 年底，当时的上海市文物保管委员会对遗址进行了试掘，1961 年和 1974 年分别进行了两次发掘，揭露了大批墓葬。崧泽遗址第一次发掘之后，发掘者及时发表了遗址的发掘报告，报告即指出，"下层出土的陶器……与淮安青莲冈（岗）、嘉兴马家浜、吴兴丘（邱）城和吴江梅堰下层的文化面貌相近，是江浙一带时代比较早的新石器时代文化。这一层文化，对上海地区来说，在目前的各遗址中，为时最早"。[1]1987 年，上海市计划委员会筹挖油墩港，因水

1.　上海市文物保管委员会：《上海市青浦县崧泽遗址的发掘》，《考古学报》1962 年第 2 期。

道涉及遗址的保护范围，当时的上海市文物保管委员会对遗址进行了抢救性发掘，发现了中国最早的直筒腹水井等一批马家浜文化遗迹和遗物。[1]1994 年和 2004 年，因为配合崧泽博物馆的筹建规划，上海博物馆再次进行了两次发掘。其中 2004 年的发掘，除了明确遗址的下部地层为马家浜文化的堆积外，还发现了马家浜文化的墓葬、房址、灰坑等重要遗迹，此次发掘所发现的马家浜文化墓葬是上海地区第一次发现该时期的墓葬，为研究上海最早人类体质特征、墓葬习俗等提供了重要的资料。[2] 福泉山遗址位于青浦区的重固镇，查山遗址位于金山区张堰镇，分别于 1962 年和 1972 年发现，经过多次发掘，也发现了有马家浜文化的地层堆积。

中国古代原始农业包括以黄河中游地区为核心，种植粟、黍为代表的北方旱作农业系统；以长江中下游地区为核心，种植稻谷为代表的稻作农业系统。上海地区属于后者，同时传统的采集狩猎生计模式并未退出历史舞台。考古工作表明史前上海地区采取的是稻作农耕与渔猎采集相辅相成的模式。

早在 1961 年第一次发掘崧泽遗址时，考古学者就在马家浜文化地层中发现过炭化稻谷。经过鉴定，部分稻谷颖壳的脉纹还清晰可见。除了稻谷遗存的实物外，当时还在出土的一件陶支座的壁上发现很多稻谷印痕，其中有三个印痕较为清晰，可以看到

---

1. 上海市文物管理委员会：《1987 年上海青浦县崧泽遗址的发掘》，《考古》1992 年第 3 期。
2. 崧泽遗址考古队：《上海青浦崧泽遗址考古发掘获重要成果》，《中国文物报》2004 年 6 月 9 日；上海博物馆：《上海青浦县遗址考古发掘》，《2004 年 100 个重要考古新发现》，学苑出版社 2006 年版，第 48—49 页。

第二章
文明初曙

稻谷内、外颖勾结部分的维管束印痕。[1] 崧泽遗址发现的炭化稻谷是中国最早一批有确凿地层依据的材料，它为探讨中国稻作起源问题提供了直接的证据。再考虑到20世纪90年代，在与上海相邻的江苏苏州草鞋山遗址中发现有水稻田遗迹，也从客观上证实了上海地区马家浜文化时期已经开始了水稻栽培。

马家浜文化时期，手工业主要有陶器、石器、玉器、骨器、木器等加工制作门类。在崧泽遗址中出土的陶器中有一种特殊的器物，称为"纺轮"，它是一种纺织工具，一般有两面平的扁圆形和一面鼓的馒头形两种，纺轮中的圆孔应该是插纺杆用的。使用时，当人手用力转动纺轮，纺轮的重力和旋转使纤维牵伸和加捻的力也就不断沿着与纺轮垂直的方向（即纺杆的方向）向上传递，纤维不断被牵伸加捻，当纺轮停止转动时，将加捻过的纱缠绕在缚杆上即为"纺纱"。由此也可见在马家浜文化晚期，上海先民已经解决了穿衣蔽体的问题。[2]

在崧泽遗址和福泉山遗址的马家浜文化遗存中还发现了少量的玉器，主要有玉玦、玉管等。玉玦是古玉器名，"佩如环而有缺"谓之玦。根据考古发现，玦多发现于墓主的头部，结合民族学的资料，它应该是耳部的饰品。可见马家浜时期的玉器主要用于首饰。崧泽遗址出土的玉玦为乳白色玉髓制作而成，表面有磨

1. 叶常丰、游修龄：《崧泽遗址古代种子鉴定报告》，上海市文物保管委员会：《崧泽——新石器时代遗址发掘报告》，文物出版社1987年版，第129—130页。
2. 熊月之总主编，陈杰主编：《上海通史·第2卷·史前时期至华亭建县以前》，上海辞书出版社2017年版，第15—16页。

制痕迹。此外，还有少量挽发的骨笄等装饰品。这些都反映了原始先民朴素的审美观。[1]

马家浜文化时期，人们已经开始定居生活。建筑建造在地面上，采用木骨泥墙作为墙体，用芦苇、竹席和草束盖顶。为了加强柱子的承重性，一般在柱洞底衬垫一两块木板。房屋的地面一般要经过防潮处理。这些建筑特点既适于本地自然条件，又符合实际需要，体现了马家浜先民的聪明才智。

1987年崧泽遗址考古发掘中，还发现了两口水井遗迹，这两口古井被认为是中国最早的水井遗迹。至少说明了长江三角洲的先民在马家浜文化晚期已经学会了开凿直筒形的水井了。这一时期，人口不断增长，先民们必须扩大活动范围，用水问题成为维持生计时面临的重大问题，不仅需要增加获取水源的方式，同时也要确保用水卫生。长江三角洲地区地势较低，河湖众多，这一区域的先民不存在缺乏水源的难题。但是这里水源受海潮涨落影响极大。海平面上涨后会导致海水倒灌，从而引起地表水盐分升高，无法饮用。同时，洪涝灾害、河流季节性涨水等原因亦会使水体浑浊或受到污染，以致不能直接饮用。在这种情况下，先民发明了人工开挖水井的方法，利用更深层的地下水，确保获得稳定、清洁的水源。[2]

---

1. 熊月之总主编，陈杰主编：《上海通史·第2卷·史前时期至华亭建县以前》，上海辞书出版社2017年版，第15—16页。
2. 熊月之总主编，陈杰主编：《上海通史·第2卷·史前时期至华亭建县以前》，上海辞书出版社2017年版，第23—24页。

2004 年对崧泽遗址的考古发掘发现了马家浜文化墓葬，这是上海第一次发现该时期的墓葬，填补了上海地区马家浜文化墓葬出土的空白，为研究上海地区最早的先民来源以及马家浜、崧泽、良渚人的体质特征、传承关系提供了难得的资料。尤其意义重大的是，在其中一座墓葬中发现了一个保存状况较好的人类头骨。由于这个头骨是上海地区迄今保存较好的马家浜文化时期人类骨骸，因此有人称之为"上海第一人"，这个保存相对完整的头骨也成为研究上海最早先民体质特征的最重要材料。为了更直观地展现上海最早先民的形象，上海博物馆考古研究部还委托了吉林大学边疆考古研究中心人类学实验室，根据崧泽遗址发现的马家浜文化人类头骨进行人像复原工作，最终完成了上海最早远古人类的人像复原。[1]

第二节　崧泽文化

崧泽文化得名于上海青浦区赵巷镇崧泽村遗址，是继马家浜文化之后环太湖地区的一支考古学文化，绝对年代在距今 6 000 ～ 5 200 年。

崧泽文化的分布与地理环境的变迁有密切的关系，随着长江三角洲碟形洼地的渐成，太湖东部的潟湖和浅水海湾的淡化，陆

---

1. 熊月之总主编，陈杰主编：《上海通史·第 2 卷·史前时期至华亭建县以前》，上海辞书出版社 2017 年版，第 26—27 页。

地面积的拓展和淡水资源的丰富，使得原在马家浜文化时期并不适宜人类生存的上海地区，成为崧泽文化一个重要的据点。

崧泽遗址的发现始于 20 世纪 50 年代，1961 年、1976 年分别进行了两次考古挖掘，1979 年，黄宣佩第一次提出了"崧泽文化"的概念。此后，崧泽文化作为一个独立的考古学文化出现在史前考古学的序列中，这也是第一个以上海地区考古成果命名的考古学文化。崧泽遗址是上海最早有人类生存的地方，被称为上海远古文化的发源地，它将上海地区历史前推至 6 000 年，再现了上海先民创造的灿烂文化，见证了上海这座城市悠久的文脉与传承。以崧泽遗址而命名的"崧泽文化"代表了距今 6 000 多年前生活于长江三角洲地区的史前文化。崧泽遗址因为在考古学史上的重要意义，被评为"二十世纪全国百项重大考古发现"之一。[1]

一般认为，崧泽文化早期与马家浜文化在地层上相接，文化特征也比较相近，应该是一种承继与发展的关系。崧泽文化晚期文化特征则被良渚文化更多地保留，显示出两者之间的亲缘性。因此，在长江三角洲地区的新石器时代文化谱系中，崧泽文化是联结马家浜文化和良渚文化的重要环节，开创了承上启下的崭新时代。[2]

除了崧泽遗址以外，上海地区还有 7 个包含崧泽文化遗存堆

---

1. 考古杂志社：《二十世纪中国百项考古发现》，中国社会科学出版社 2002 年版，第 94—97 页。
2. 叶常丰、游修龄：《崧泽遗址古代种子鉴定报告》，上海市文物保管委员会：《崧泽——新石器时代遗址发掘报告》，文物出版社 1987 年版，第 88—89 页。

积的遗址，分别是青浦区的福泉山遗址、金山坟遗址、寺前村遗址，松江区的汤庙村遗址、姚家圈遗址、平原村遗址和广富林遗址。

马家浜文化时期，人们获取食物的手段主要还是依靠狩猎和采集，原始农业只是作为一种补充。而到了崧泽文化时期，出现了一批新的大型农业生产工具，有挖土用的石铲、刨土用的石锄、收割用的石镰、三角形的石犁，耘田器和直柄（斜柄）石刀等，相比马家浜文化的木制农具而言，无论硬度还是耐久，石质工具显然更具先进性。尤其是石犁的发明对于中国的稻作文明有重要的意义，在汤庙村遗址 M1 发现的石犁就是较早发现并确认的此类器物。[1]

崧泽文化时期，社会生产生活的各个方面都有了巨大的进步，在石器、陶器、玉器的制作方面产生了许多新的器型造型、装饰纹饰。比如说，崧泽文化晚期，有一种新器形甗，它的外形一般与鼎相似，只是内壁有一周凸沿以承箅，腰部斜向有孔，可以注水，保证箅下不断水。考古尚没有发现过箅的遗物，考古学者推断，箅是用竹木类材料制成，因为年代久远，没有保存下来。青浦金山坟遗址出土的凿形足陶甗就是这类器物的代表。这种甗巧妙地利用了鼎的器形并略加改造，变为隔水蒸煮食物的专用炊器。[2] 从此，烧煮和汽蒸成为长三角地区先民处理食物的重要

---

1. 熊月之总主编，陈杰主编：《上海通史·第2卷·史前时期至华亭建县以前》，上海辞书出版社 2017 年版，第 66 页。
2. 上海文物管理委员会编：《上海考古精粹》，上海人民美术出版社 2006 年版，第 37 页。

手段。崧泽文化的陶器器表装饰手法丰富多样，尤其是各种式样的刻画编织纹和由圆孔、三角形镂孔组合而成的图案装饰，布局合理，具有十分的动感、美感和神秘感。寺前村遗址出土的镂孔双层陶壶就是这种艺术创作的精品，与明清时期透雕镂孔的瓷器有着异曲同工之妙，是新石器时代陶器中少见的艺术精品。[1] 崧泽文化的玉器器表光亮美观，制玉工艺已经日臻娴熟，为良渚文化琢玉工艺井喷奠定了坚实的基础。[2]

据考古研究，马家浜文化向崧泽文化的转变，既有对传统的萃取与摒弃，又有对外来文化的融合与吸收。在这一过程中，来自皖江流域的黄鳝嘴文化及后续的薛家岗文化对太湖地区文化的发展产生了重要影响，这也与马家浜文化自西向东发展的文化态势相同。与此同时，崧泽文化在形成过程中，成功吸收并转化了外来文化的影响，并独立创造出新的文化因素，在中期阶段成为长江下游地区最重要的一支考古学文化，直接影响到宁镇地区、江淮东部地区、海岱地区等，并反向影响到皖江流域甚至以西的区域。如宁镇地区北阴阳营遗址、安徽皖江流域的马鞍山烟墩山遗址、皖西的潜山薛家岗遗址、江苏高邮龙虬庄遗址等都发现了崧泽文化的影响。崧泽文化中晚期向外的强力影响，为良渚文化时期长江三角洲地区史前文明的迅速崛起奠定了坚实的基础，也

---

1. 熊月之总主编，陈杰主编：《上海通史·第2卷·史前时期至华亭建县以前》，上海辞书出版社2017年版，第51页。
2. 熊月之总主编，陈杰主编：《上海通史·第2卷·史前时期至华亭建县以前》，上海辞书出版社2017年版，第43页。

奠定了以后良渚文化强势文化的传统。[1]

第三节　良渚文化

太湖流域的史前文化在距今 5 000 年前后进入良渚文化时期，上海是良渚文化的主要分布地区。良渚文化不仅是太湖地区史前文明的突出代表，也是我国同时代考古学文化中发展水平较为领先的一种文化，其创造的文明在我国史前文化中占有重要地位。

20 世纪 80 年代在对上海福泉山遗址的考古发掘中，发现了一批良渚文化的贵族墓葬，特别是被苏秉琦称为"东方土筑金字塔"[2]的福泉山人工堆筑高台墓地的发现，成为良渚文化研究的重要突破，让考古学者认识到，长江三角洲地区以"山"命名的土墩很可能就是良渚贵族墓地所在地。正是在这种思路启发下，20 世纪 80 年代后期，浙江杭州的良渚遗址群内陆续发现了反山、瑶山、汇观山等著名遗址，从而开启了良渚文化研究的新阶段。2008 年、2010 年，考古工作者又在福泉山遗址吴家场墓地发现了一处新的良渚文化晚期人工营建的土筑高台墓地和一座高等级权贵大墓，这些都充分说明福泉山遗址是上海地区良渚文化时最重要的遗址，是良渚文化晚期重要的政治中心。福泉山遗址完整

1. 熊月之总主编，陈杰主编：《上海通史·第 2 卷·史前时期至华亭建县以前》，上海辞书出版社 2017 年版，第 54 页。
2. 黄宣佩：《上海考古五十年成就》，《上海博物馆集刊》第九期，上海书画出版社 2000 年版，第 9 页。

地保留了 6 000 年以来的各个时期文化叠压遗存，内有丰富的新石器时期的马家浜文化、崧泽文化、良渚文化，以及战国至唐宋时期的遗存，是上海古代历史的浓缩，曾有专家将其誉为"上海古代的历史年表"。[1] 2013 年 9 月，福泉山遗址被国家文物局列为全国 150 处大遗址之一。[2]

除了福泉山遗址，上海地区还在 14 个遗址中发现过良渚文化时期的遗存，其中有 6 个遗址与福泉山遗址一样，都是在早期聚落的基础上继续生产、生活，即青浦区的崧泽遗址、金山坟遗址、寺前村遗址和松江区的广富林遗址、平原村遗址、汤庙村遗址。

太湖流域的史前文化发展到良渚文化时期，生产力和生产技术较马家浜文化和崧泽文化时期都有了较大的提高。良渚文化的手工业更加兴盛，已形成分门别类的单独生产部门。玉石器加工可能是当时最重要的手工业部门，无论是从制作规模还是加工技术而言，均堪称中国史前文化时期的巅峰。

良渚文化的玉器品种丰富，造型独特，雕刻花纹图案精细，形成了独特的玉器体系，在中国玉器发展史上独树一帜。上海地区是良渚文化的主要分布区域之一，出土的良渚文化玉器的主要器形有钺、琮、璧、瑗、珠、管、坠、玦、璜、镯等，尤其是以

---

1. 熊月之总主编，陈杰主编：《上海通史·第 2 卷·史前时期至华亭建县以前》，上海辞书出版社 2017 年版，第 75 页。
2. 熊月之总主编，陈杰主编：《上海通史·第 2 卷·史前时期至华亭建县以前》，上海辞书出版社 2017 年版，第 76 页。

福泉山遗址良渚文化权族墓地为主出土的玉器，更是良渚文化玉器的精华。

以玉琮、玉璧为代表的一整套完整的用于祭祀的玉制礼器出土是良渚文化的典型特征。玉琮、玉璧是良渚文化时期统治阶层为了维护自己的利益，巩固自身的特权，用于祭祀天地和鬼神的专用法器，其独特的造型、精美神秘的纹饰所包含的丰富的文化内涵，是良渚文化时期人们精神认知的一个重要方面，更是良渚文化时期礼仪制度逐步形成的重要表征。

上海地区良渚文化的骨器发现的有骨（牙）镞、象牙镯、獠牙器、人头盖骨器和象牙权杖等。后三类器物是福泉山遗址近年来的重要考古收获，它们都出土于2010年发掘的福泉山遗址吴家场墓地207号墓中，其中人头盖骨器和象牙权杖尤其重要。人头盖骨器是用成人的头盖骨制成，呈不规则形圈底，前后两端各有3个钻孔，可能为穿绳提梁之用。器表面做了研磨处理，之后还涂敷朱砂，有些部位涂敷黑色颜料。相似器物以往在良渚文化遗迹中发现过，但作为随葬品在良渚文化墓葬中被发现尚属首次，它也是中国新石器时代发现的最早的头盖骨器。人头盖骨器的功能可能是一种祭器，可能来自敌方俘虏，应该有震慑敌方心理意识的作用。象牙权杖出土时共有两件，其中一件保存较好，它有镦，象牙权杖主体为片状结构，利用整根象牙剖磨制成，器物表面装饰有精美繁缛的细刻纹饰，表现出神人兽面纹的主题。[1]

---

1. 上海文物管理委员会编：《上海考古精粹》，上海人民美术出版社2006年版，第104—105页。

吴家场墓地发现的这两件象牙权杖是上海地区乃至全国的新石器时代考古发掘中首次完整清理出的象牙权杖，它的发现说明良渚文化礼器系统中，除了玉质礼器外，还存在以其他质地为材料的礼器。[1]

良渚文化时期，人们的精神世界也发生了重大变化。首先，统治阶层为了维护其统治，逐步培育出一套礼仪制度。除了前述的玉制、骨制礼器外，还有专门从事祭祀活动的祭坛被大量发现。祭坛源于崧泽文化时期，到良渚文化时期出现跨越式的发展，规模之大、等级之高为前所未有。福泉山遗址的祭坛呈阶梯状，自北向南，自下而上共有三级台阶，各台面中间平整，周围以散乱的土块堆积而成。整座祭坛包括土块和地面都被大火烧红，并且撒有介壳末。[2] 除了祭坛外，良渚文化中还发现了许多祭祀遗迹，主要以燎祭为主。按照中国古代文献的记载，燎祭就是把薪柴等堆放于祭坛之上，在上面放上玉等祭祀物品以及祭祀的动物等，点火燃烧，使烟气上升，达到祭祀神灵的目的。上海青浦福泉山、松江广富林等遗址在墓地上都曾发现燎祭所使用的大量的红烧土堆积或者大片的灰烬。[3]

另外，大量的考古发掘材料表明，良渚文化时期，人们以与

1. 熊月之总主编，陈杰主编：《上海通史·第2卷·史前时期至华亭建县以前》，上海辞书出版社 2017 年版，第 84—85 页。
2. 上海文物管理委员会编：《福泉山——新石器时代遗址发掘报告》，文物出版社 2000 年版，第 64—66 页。
3. 熊月之总主编，陈杰主编：《上海通史·第2卷·史前时期至华亭建县以前》，上海辞书出版社 2017 年版，第 109 页。

他们生活密切相关的动植物和自然现象为对象的自然崇拜也更为普遍。许多遗址中出土的玉器和陶器上经常会发现大量鸟的纹样。福泉山遗址出土的一件团雕的鸟形玉器，为侧视的立鸟形，昂头翘尾，神气十足；[1] 出土的一把阔把壶壶嘴下，仅用几条弧线就表现出鸟在展翅飞翔时的状态。青浦西洋淀良渚文化水井中出土的一件黑陶尊上，用三种不同的形式刻画了鸟的形象，有抽象，有写实；有天上飞翔，也有地上行走，它们共同构成了一幅生动的飞禽图。[2]

如果说马家浜文化是一个简单平等的社会，在崧泽文化时期则出现了初步的分化，而到良渚文化时期则已经进入了早期文明时期。良渚文化时期，随着农业和手工业进一步发展，社会财富增加，社会成员之间贫富差距日益加大，权力逐渐集中到少数人手中，社会结构日益复杂。现有的考古材料说明，良渚文化时期，上海地区不同等级的墓葬在墓葬形式和随葬品数量、质量悬殊，它是社会中贫富分化剧烈的具体反映，也是财富积累与高度集中的真实写照。

对于良渚文化的社会形态，历来有很多争议，有学者认为它是原始社会末期的军事民主制的部落联盟，有学者认为这一时期已进入文明社会的门槛，至少在其中晚期国家政体已经形成。[3] 随

---

1. 上海文物管理委员会编：《上海考古精粹》，上海人民美术出版社 2006 年版，第 137 页。
2. 上海文物管理委员会编：《上海考古精粹》，上海人民美术出版社 2006 年版，第 190 页。
3. ［日］中村慎一：《良渚城址发现的意义》，北京大学考古文博学院、北京大学中国考古研究中心编：《考古学研究》（九）（下册），文物出版社 2012 年版。

简史

云间潮涌
（751—1843）

上海

着人类学理论的引入，特别是"游群—部落—酋邦—早期国家"理论体系的传播，大部分学者认为良渚是"酋邦"（chiefdom），更有学者认为良渚文化已经进入了早期国家阶段。酋邦是比部落社会更高的早期政治组织形式和社会发展阶段，已经有中央集权的权力，社会出现了分层现象和制度，不同等级的人群地位不同，以财产为基础的不平等显著发展，实际上已经接近产生真正的阶级，社会最高权力已被占据社会特殊地位的个人所掌握，同时权力呈现一种金字塔形的结构。酋长集宗教、军事与民政权力于一身，形成了唯一的最高权力点。但同国家相比，酋邦社会的生产力还不够高，经济基础还不够强大，还没有明确的阶级区分，血缘性的部落并没有发展成不同血缘成分的结合体，权力结构虽已同国家十分相像，却不像国家权力那样正规化和专业化。[1]

但是在距今 4 000 年左右，良渚文化突然衰落了，之后出现的广富林文化、马桥文化并不是由良渚文化继续发展演变而来。良渚文化急剧衰落的原因，学术界至今也没有定论。[2]在诸多观点中，把良渚文化的骤然中断归于自然因素的提法颇引人注目。俞伟超认为：4 000 多年以前，我国曾发生了一次延续了若干年的特大洪水灾难，"尤其是长江三角洲之地，当是一片汪洋，大雨还会引起海进，人们只能向高处躲避或是逃奔外地，原有的发达的龙山、良渚文化的种种设施，顷刻便被摧毁，而其农耕之地，更

---

1. 参见谢维扬：《中国早期国家》第四章《酋邦》，浙江人民出版社 1995 年版。
2. 参见王健主编：《江苏通史·先秦卷》，凤凰出版社 2012 年版，第 109—110 页。

是常年淹没，再也无法以农为生了。残存的居民，在相当时间之内，恐怕只能勉强维持生命，根本谈不上搞什么有关文明的建设了"[1]。

相关研究结果表明，在距今 4 300 ～ 4 000 年，海平面回升，渐入又一个高海面时期，与此同时洪涝灾害频生，异常降温等灾变频发。[2] 太湖平原一些处于低洼地势的良渚晚期遗址都有淤泥或泥炭层堆积，表明气候突变等环境灾变因子可能是导致良渚文化消亡或中断的重要原因之一。[3] 面对自然灾难，当地居民如果不愿意坐以待毙，就只能离开故园，寻找更加适宜的居住地，而离开也就意味着当地既有文明的终结。

与受到干旱影响的西北和饱受洪水之苦的南方相比，古中原地区"在气候上位于全新世适宜期时的温带和北亚热带之间的过渡带，在地理上位于中国二级阶地和三级阶地的交接地带，因此它既可以减少降温和干旱对其旱作农业的毁灭性打击，同时又能较好地避免洪涝的袭击"。[4] 独特的地理优势，使得中原免遭自然灾害的毁灭性打击，从而在周边文化急剧衰落的时候持续发展，最终开启了中国文明的新时代。

1. 俞伟超：《古史的考古学探索》，文物出版社 2002 年版，第 115 页。
2. 朱丽东、冯义雄、叶玮等：《良渚时期文化发展与海平面变化》，《地理科学进展》2011 年第 30 卷第 1 期。
3. 吴文祥、胡莹、周扬：《气候突变与古文明衰落》，《古地理学报》2009 年第 11 卷第 4 期；Yu S.Y., Zhu C., Song J., *et al.* Role of climate in the rise and fall of Neolithic cultures on the Yangtze Delta. *Boreas*, 2000, 29(2).
4. 吴文祥、刘东生：《4000a B.P. 前后东亚季风变迁与中原周围地区新石器文化的衰落》，《第四纪研究》2004 年第 3 期。

从远古时代的灵长类化石到旧石器时代的古人类化石，从新石器时代农业发达的马家浜文化到有着灿烂的玉文化的良渚文化，上海地区的史前人类创造了辉煌灿烂的史前文化，成为中华文明起源的重要发源地之一。上海发现的多个新石器时代遗址，从马家浜文化、崧泽文化到良渚文化，建立了一个完整的发展链条，确立了太湖流域新石器文化在中国史前文化中所占有的重要地位，成为中华文明的重要摇篮之一，对后来的夏商周文明乃至中华文化产生了不可磨灭的影响。

第四节　广富林文化

良渚文化骤衰之后，在大致相同的地域兴起的是得名于上海广富林遗址的"广富林文化"，这一文化实际上是在河南龙山文化的强烈影响下形成的，其分布范围包括今天的皖东及江浙沪，整个环太湖古文明带尽入其中。这表明，良渚文化衰落后，来自中原地区的一支文化进入江浙等地，把新的元素注入当地。

广富林遗址的发现始于 1958 年，1961 年对之进行了一次试掘。在 1999 年的发掘中，主持发掘的宋建先生认为这是长江三角洲地区新石器时代晚期一类的新文化遗存，暂称为"广富林遗存"。为了进一步了解新发现文化类型的内涵，此后 2000 ～ 2005 年，上海考古学者又对广富林遗址进行了多次主动性考古发掘。2008 年以后，为了配合松江新城建设规划，又对该遗址进行了大规模的抢救性考古发掘。2006 年，陈杰在由上海博物馆召开的

"环太湖地区新石器时代末期文化暨广富林遗存学术研讨会"上，正式提出了"广富林文化"的考古学文化命名，使上海地区又增加了一个考古学文化的命名地。[1]广富林文化在空间上，它是连接了长江和黄河早期文明的重要桥梁；在时间上，它连接了新石器时代晚期的良渚文化和夏商之际的马桥文化，填补了长江三角洲地区考古学文化谱系的空白，是长江三角洲地区考古研究的一个新突破。广富林文化命名提出后，迅速得到学者们的认可，也完善了太湖地区史前文化谱系，为研究太湖地区文明化进程提供了新的材料。

上海地区目前发现有广富林文化遗存的遗址有广富林遗址和福泉山遗址，广富林遗址是目前上海地区发掘面积最大的一个遗址。发掘显示，广富林遗址历史悠久，内涵丰富，该遗址最早从崧泽文化晚期就开始有人类居住。进入历史时期，广富林遗址出土了西周—战国时期的大量遗迹和遗物，青铜礼器、青铜农具、卜甲等都喻示着广富林遗址的重要性；汉代，广富林遗址依然保持着重要地位，子母式地砖、瓦当等建筑构件是寻找上海地区早期城镇起源的重要线索；宋元—明清时期也是广富林遗址重要的发展阶段。历年的考古发掘中，发现了水井、灰坑等重要遗迹。考古发现揭示了远比文献记载更加丰富而生动的关于广富林的历史。[2]

---

1. 熊月之总主编，陈杰主编：《上海通史·第2卷·史前时期至华亭建县以前》，上海辞书出版社2017年版，第131—132页。
2. 熊月之总主编，陈杰主编：《上海通史·第2卷·史前时期至华亭建县以前》，上海辞书出版社2017年版，第131页。

广富林文化的出土遗物主要有陶器和少量的石器与骨角器。在生产方面，依然延续了前期稻作农业经济的生产方式，同时也有栽培植物和野外采集。与埋葬集中、布局严谨、葬式较为统一的崧泽—良渚文化墓葬相比，广富林文化墓葬分布分散、葬式不一，即使是比较集中的埋葬区域，墓葬形制也不一致，且墓葬间距较大，可见当时墓地安排的随意性，可能是社会凝聚力不强的反映。广富林文化墓葬普遍随葬品很少，也体现了这一时期社会生活水平相对于前期更加低下了，从而反映了整个社会经济的衰退。[1]

考古发掘表明，广富林遗存与北方的龙山文化有千丝万缕的联系。经过考古学家研究，广富林文化在形成过程中，受到了来自黄河流域以王油坊类型为主的中原龙山文化的影响，并构成了广富林文化的主体，涵盖了广富林文化的大部分器形，陶器的制作工艺和纹饰装饰方法更是深刻地影响了广富林文化陶器制作。此外，广富林文化还呈现出多元文化的特征。首先，广富林文化的文化内涵不可避免地要受到长江三角洲传统文化的影响。如广富林遗址也发现了多件玉琮，虽然它们从器物选材、制作工艺和纹饰特点等方面都与良渚文化的玉琮存在明显的区别，但是依然保持了良渚文化玉琮的基本特征。[2] 由此可见，虽然在传播和发展

---

1. 熊月之总主编，陈杰主编：《上海通史·第2卷·史前时期至华亭建县以前》，上海辞书出版社2017年版，第151页。
2. 黄翔：《广富林遗址出土的玉石琮》，《玉魂国魄：中国古代玉器与传统文化学术讨论会文集（六）》，浙江古籍出版社2014年版，第250—266页。

的过程中，关于玉琮的制作和宗教理念已发生了重大改变，但早期良渚文化的一些重要传统依然被广富林文化所模仿和继承。[1] 但总体而言，以良渚文化为代表的本地文化传统对广富林文化影响相对还是较弱。另外，广富林遗址出土的印纹陶器，可能受到了来源于浙南闽北地区新石器时代文化的影响。

　　总体而言，正如陈杰所判断的，以王油坊类型为主的中原龙山文化因素对广富林文化的形成和发展起到了主导作用，本地传统文化和浙南闽北印纹陶文化因素也对其发展起到了重要影响。而且，在吸收外来文化影响的同时，广富林文化时期的先民还有许多具有自身特点的创造发明，这多方面的文化因素共同构成了一个内涵异彩纷呈的崭新的地方性文化。[2]

第五节　马桥文化

　　马桥文化因首次发现于上海闵行区马桥镇而得名，同样是晚于良渚文化的一种考古文化，在年代上约与中原地区的夏商时代相当，从遗物特点看与夏商文化也有着紧密的联系。因为其遗址出土有小件青铜器物，所以也可以称其为南方（长江下游地区）的青铜时代。

1.　熊月之总主编，陈杰主编：《上海通史·第 2 卷·史前时期至华亭建县以前》，上海辞书出版社 2017 年版，第 143 页。
2.　熊月之总主编，陈杰主编：《上海通史·第 2 卷·史前时期至华亭建县以前》，上海辞书出版社 2017 年版，第 144—145 页。

马桥遗址是在 1959 年 12 月发现的，1960 年和 1966 年分别进行了两次发掘。1978 年夏天，在江西庐山召开的"南方印纹陶学术讨论会"上，考古学界第一次提出马桥文化的命名。1981 年 10 月，在江苏省考古学会第二次年会暨吴文化学术讨论会上，学者通过详尽的论证，逐渐确立了马桥文化的地位。1993～1997 年，为了配合工程建设，认识遗址分布规律，深入研究马桥文化，上海考古学者先后四次发掘了马桥遗址，为研究马桥文化的性质和自然环境提供了丰富的资料。[1]

上海地区包含马桥文化遗存的遗址除了马桥遗址外，还有 12 处遗址，即青浦区的福泉山、崧泽、淀山湖、金山坟、刘夏和泖塔遗址，松江区的汤庙村、姚家圈遗址，金山区的亭林、查山、招贤浜遗址，以及闵行区的董家村遗址，其中 7 处遗址经过正式发掘发现了马桥文化的遗存。

马桥遗址位于前述冈身地带，是冈身地带发现最早的文化遗址，马桥先民也是冈身地带最早的人类。马桥遗址的形成和发展过程，反映了长江三角洲地区沧海桑田重要的地貌变化。随着海水逐渐远离，海岸线东移，原有的海岸地带、岸前坡地逐渐淡水化，陆地面积增大，从而拓展了人类的生存与活动空间。值得一提的是，在距离马桥遗址南侧约 25 千米处，今上海市奉贤区柘林镇上也发现了一处坐落于"竹冈"之上的遗址——柘林遗址。

---

1. 熊月之总主编，陈杰主编：《上海通史·第 2 卷·史前时期至华亭建县以前》，上海辞书出版社 2017 年版，第 164—166 页。

这同样是反映海岸线变迁、陆地面积不断向东淤涨、人类生存空间不断扩大的典型考古实例。[1]

马桥文化相对于长江三角洲地区前期的考古学文化，在陶器制作技术上又有了飞跃式的发展，特别是印纹硬陶和原始瓷的烧造，在中国陶瓷史上具有重要意义。几何形印纹陶是马桥文化的典型特色，陶器表面除素面外，有条格、云雷、梯格、复线曲折、席纹等拍印纹饰，尤以梯格纹和条纹为特色。如前所述，在广富林文化就可以看到印纹陶的影响，至马桥文化时已经成为主流。宋建认为这受到了浙南闽北地区肩头弄文化遗存的影响。[2]

马桥文化的另一个特色是刻画符号的出现。上海地区在崧泽文化遗址和良渚文化遗址中曾经发现有数十个刻画符号。其中崧泽文化的刻画符号主要发现于崧泽遗址中，共发现了7个符号，它们分别刻在鼎、豆、壶三种器物上，鼎上有4个，豆上有2个，壶上有1个，这些符号一般是在陶胎未干时，用细小的竹木片刻画而成。良渚文化的刻画符号共有24个，符号的结构相比崧泽文化更加复杂。这些符号中最主要的形式是采用短线组合，短线或为平行斜线，或为短线交叉，或在短线交叉的基础上再进行组合。[3] 马桥遗址是长江三角洲地区发现刻画符号最多的遗址，根据统计，刻画符号共234个单字，它们主要被刻画在陶罐

1. 熊月之总主编，陈杰主编：《上海通史·第2卷·史前时期至华亭建县以前》，上海辞书出版社2017年版，第187页。

2. 宋建：《马桥文化探源》，《东南文化》1988年第1期。

3. 熊月之总主编，陈杰主编：《上海通史·第2卷·史前时期至华亭建县以前》，上海辞书出版社2017年版，第182页。

口沿的沿面上，小部分刻在鼎类炊器的口沿面上，只有少数几个刻在器盖和盆、杯上。

另一方面，马桥文化主要分布于长江三角洲地区，在形成的过程中，必然会受到当地原有传统的影响。虽然马桥文化与良渚文化之间，还间隔了一个广富林文化，但是在两者之间还是能够寻找到一些相似之处，主要体现在生产工具的组合和器形上，相同的器类有石斧、石钺、石锛、石犁、石镰和石刀等，特别是石锛、石犁、石镰是长江三角洲地区传统的生产工具，马桥文化的石锛基本保持了原有分段的特征，还出现了有槽石锛的新器型；马桥文化的石犁也延续了崧泽文化以来的传统，只是石犁头部更加窄长。[1]

另外，马桥文化中还可以找到来自北方的因素，特别是中原地区的夏商文化和山东半岛海岱地区的岳石文化。除了生活基本用品的文化交流外，马桥文化和中原文化之间还可能存在着一些技术的交流，主要表现为青铜铸造技术和原始瓷制作。青铜礼器成为社会等级礼制的象征，也是夏商王朝控制对外交往的重要手段。马桥文化发现了一些青铜器，虽然仅见有工具和简单的兵器，且数量很少，推测青铜铸造技术已经传入，只是中原地区青铜器所蕴含的礼制思想及其所代表的社会等级和社会秩序的文化内涵还没有波及马桥文化区。另外，夏商文化中所见的少量原始

---

1. 熊月之总主编，陈杰主编：《上海通史·第2卷·史前时期至华亭建县以前》，上海辞书出版社2017年版，第176页。

瓷器，一般认为是来自南方地区的产品。马桥文化的原始瓷是南方地区发现瓷器最早的证据虽然不能证明夏商文化中的瓷器就是来自马桥文化，但两者之间很可能存在陶瓷制作的技术交流。[1]

总体而言，马桥文化的组成以南方印纹陶传统为主，同时融合了本地传统因素、中原地区的夏商文化和山东半岛的岳石文化等多种文化因素，反映了夏商时期上海地区多元文化的特色。[2]值得注意的是，尽管在上海众多考古遗址中，广富林文化、马桥文化层和良渚文化层是上下叠压的，却找不出良渚文化趋于衰落和向马桥文化过渡的迹象，即使在生产工具方面存在相似性，也有可能是功能的相似性导致了器形的相似性。不少学者认为作为"继承者"的广富林文化、马桥文化不仅与良渚文化风格有很大不同，而且发展水平也落后于良渚文化。广富林文化和马桥文化遗址的密度、遗迹的类别和规模远逊于良渚文化；马桥文化带有多元色彩，良渚文化的因素很少；马桥文化有关遗址出土的陶器和石器制作水平远落后于良渚文化，更没有丝毫精美玉器制作的痕迹；马桥文化的墓葬和建筑遗迹也反映出其社会发展水平不高。[3]可见广富林文化、马桥文化和良渚文化是由两批文化传统不同的居民分别创造出来的。

广富林文化和马桥文化表明上海地区虽然在良渚文化衰落后

1. 熊月之总主编，陈杰主编：《上海通史·第2卷·史前时期至华亭建县以前》，上海辞书出版社2017年版，第178页。
2. 熊月之总主编，陈杰主编：《上海通史·第2卷·史前时期至华亭建县以前》，上海辞书出版社2017年版，第178—179页。
3. 杨楠：《良渚文化兴衰原因初探》，《民族史研究》第1辑，民族出版社1999年版。

走向沉寂，但发展并未完全停止，来自中原地区的一支文化进入
太湖流域，把新的元素注入当地。因为新因素的影响，良渚文化
故地在马桥文化阶段的发展呈现与前一个阶段迥然不同的风格和
特点。古上海的历史进展不会脱离这样的大脉络。

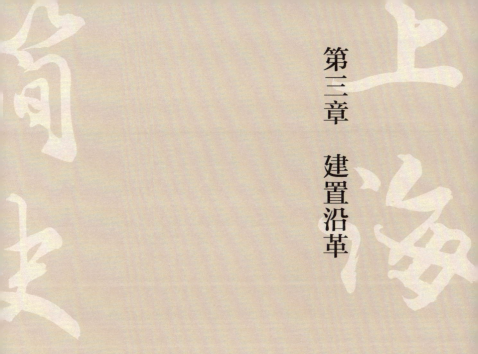

第三章　建置沿革

751—1843

三国时，陆逊初封华亭，"华亭"一词最早见于正史。唐天宝十载（751），设华亭县，立县建城标志着上海作为一个区位体系的成立。元统一后，至元十四年（1277），华亭县升为华亭府，次年改称松江府。至元二十九年（1292），元廷置上海县，是上海历史变迁中的一个重要节点。清雍正二年（1724）进行政区改革，至嘉庆年间，逐渐形成了上海县、华亭县、娄县、青浦县、嘉定县、宝山县、南汇县、金山县、奉贤县、崇明县和川沙抚民厅"十县一厅"格局。

第一节 "申"与"沪"

　　大致而言，太湖形成后，行洪泄洪问题一度成为该区面临的主要环境问题。在初成的夏代国家体系中，太湖流域一带已经得到了一定程度的管辖和治理。而正是在与环境的斗争中，这里的人们由被动逐步走向主动。春秋时期的"太伯奔吴"传说则标志着一支以中原地区为中心的文明体系的力量，正式进入长江下游地区，开始经营这片土地，由此拉开了江南文化的新篇章。春秋时期，吴越争霸，进一步促进了太湖地区的开发。

　　由于可靠文献资料的缺乏，秦汉以前的上海历史缺失和断裂之处甚多，直接的记载往往只有只言片语，许多相关问题都留有争议，这给我们认识上海的这一段历史蒙上了厚厚的迷雾。所幸，考古学的发展为重建这一段历史提供了一种新的视角。

　　1935 年，以卫聚贤为首的考古学者对金山戚家墩的调查，尽管属于自发式的考察行为，文化遗物以采集为主，但上海地区第一个古代文化遗址——戚家墩遗址得以发现，从此改变了世人对上海古代历史的认识。这次对戚家墩遗址的考察进程以及考古调查的成果，由上海学者金祖同整理编写，记录于《金山卫访古记纲要》一书中，这也是上海地区的第一本考古调查报告。新中国成立之后，继续对戚家墩遗址进行了发掘。此外，在青浦区崧泽遗址、福泉山遗址、寺前村遗址、汤庙村遗址、金山坟遗址，松江区广富林遗址，闵行区马桥遗址，金山区亭林遗址等处都发现了西周至战国时期的文化遗存。考古学家将上海地区西周至战国的文化遗存按照其典型遗址分别称为"亭林类型"与"戚家墩类型"。[1] 其中亭林类型以 1970 年代发掘的亭林遗址第三层和 1966 年发掘的寺前村遗址第二层为代表，很多器物如夹砂陶甗、泥质陶簋、豆、三足盘、刻槽盆、器盖等与马桥文化的同类器形嬗变关系明显，所以也有学者称之为"后马桥文化"。[2] 戚家墩类型则以 1960 年代发掘的戚家墩遗址第二、第三层和 1966 年发掘的寺前村遗址第一层为代表，几何印纹硬陶、原始瓷器的数量明显增多。[3]

楚考烈王十五年（公元前 248），封春申君黄歇于吴。此后春申君离吴至楚王朝任职，由其子以"假君"的名义治理封地。相传春申君父子在吴地重视农业，开发水利，疏浚河道，功绩非凡。上海简称"申"据说与之有关。又有人认为黄浦江是春申君疏凿的，所以又称申江、歇浦、黄歇浦，现流经闵行地区的春申塘相传也是春申君所凿，但这些应该是后人的牵强附会。[4]

上海地区所见楚文化因素最显著的是位于嘉定区外冈和青浦区福泉山遗址的战国晚期墓葬。其中福泉山遗址是上海地区发现战国晚期墓中随葬品最多的一例，共有随葬品 26 件，主要包括

---

1. 熊月之总主编，陈杰主编：《上海通史·第 2 卷·史前时期至华亭建县以前》，上海辞书出版社 2017 年版，第 203—204 页。
2. 宋建：《马桥文化的去向》，《中国考古学会第九次年会论文集》，文物出版社 1993 年版，第 239—250 页。
3. 熊月之总主编，陈杰主编：《上海通史·第 2 卷·史前时期至华亭建县以前》，上海辞书出版社 2017 年版，第 203—205 页。
4. 熊月之总主编，陈杰主编：《上海通史·第 2 卷·史前时期至华亭建县以前》，上海辞书出版社 2017 年版，第 216—217 页。

陶器和琉璃器两种。而嘉定外冈战国晚期墓葬中出土的泥质郢爰更是楚文化的代表性器物。"郢"是楚的国都，"爰"为称纽的意思，郢爰作为楚国铸行的黄金货币，春秋中期至战国末在楚地流通。而泥质郢爰为仿楚郢爰金块的明器，专供陪葬使用。一些低廉的材质代替昂贵的黄金货币作为随葬品，体现了生者对墓主死后生活的美好愿望。郢爰的出土，证实了上海地区是楚国货币的流通区域，它也是楚国统治该地域的实物证据，说明当时楚国的势力已经到达东海之滨。[1]

西汉初，包括上海地区在内的江南一带为吴王刘濞的领地，经开发转盛。东汉末年中原动乱时，这里已是"沃野万里"的"乐土"，且自然资源丰富。周瑜曾提及孙策所据江东六郡（核心为太湖流域）"铸山为铜，煮海为盐"的富饶盛况。[2]

但此时江南仍然是"楚越之地，地广人稀"和"火耕而水耨"的草莱之地，其水泽环境并不利于身体健康，所谓"江南卑湿，丈夫早夭"[3]。除非迫不得已，如中原战乱或饥荒，北方人一般不愿意下江南，曹操的谋士郭嘉就曾说过"吾往南方，则不生还"[4]。据《汉书·地理志》统计，当时南方人口只占全国人口的10.31%，人口密度为每平方千米13人。正如邹逸麟先生所指出的，在东晋永嘉年间北方移民开始大规模南下之前，太湖流域人

---

1. 熊月之总主编，陈杰主编：《上海通史·第2卷·史前时期至华亭建县以前》，上海辞书出版社2017年版，第221页。
2. 〔晋〕陈寿：《三国志》卷五四《周瑜传》。
3. 〔汉〕司马迁：《史记》卷一二九《货殖列传》。
4. 〔晋〕陈寿：《三国志》卷一四《郭嘉传》。

地关系的主要矛盾仍然表现为地广人稀，劳动力缺乏，生产技术落后，土地开发不足。[1] 江南仍然远离王朝的政治、经济和文化中心，被视为"荆蛮""断发文身"的夷狄。孙吴政权肇迹于今苏州，此处自先秦以后称为吴，太湖流域成为孙吴江东政权的经济中心和稳定后方，并为日后东晋南朝偏安江南奠定了基础。孙权的屯田，从吴郡开始，西至夷陵（宜昌），绵延几千米，而重点就在太湖地区，使得这里的土地得到了较好的开发。

三国两晋南北朝是上海地区地理概念形成的关键时期，这一时期频繁出现的"沪渎"和"沪渎垒"等，成为后来上海城市简称"沪"的重要依据。"沪渎"一词最早见于南朝梁代僧人慧皎所著的《高僧传》，其中讲述了佛教史上非常著名的"石佛渡江"的故事。说是有个僧人释慧达，俗姓刘，本名萨河，是并州西河离石人。后来，他东游吴县，礼拜佛像。而佛像是西晋愍帝建兴元年癸酉之岁（313），从海上漂浮到"吴松江沪渎"的。[2] 南朝梁简文帝还曾经为佛像专门题铭，铭首便言："晋建兴元年癸酉之岁，吴郡娄县界松江之下，号曰沪渎，此处有居人，以渔者为业。"[3]

唐代陆龟蒙在谈到捕鱼工具时说："列竹于海澨曰沪。"[4] 宋代之后，对于"沪渎"有了更加详细的记载。朱长文在《吴郡图

1. 邹逸麟：《长江三角洲地区人地关系的历史过程及今后发展》，《学术月刊》2003 年第 6 期。
2. 〔南朝梁〕释慧皎：《高僧传》卷一三《慧达传》。
3. 〔南朝梁〕萧纲：《浮海石像铭》，〔宋〕范成大：《吴郡志》卷三一《府郭寺》。
4. 〔唐〕陆龟蒙：《唐甫里先生文集》卷五《渔具》。

第三章
建置沿革

经续记》中说，松江以东泻海称为"沪渎"，并引用了陆龟蒙的"列竹于海澨曰沪"，他认为"沪"因此而得名，并注明"其旁有青龙镇"。[1]《资治通鉴》中有"吴国内史袁崧筑沪渎垒以备（孙）恩"句，胡三省在作注时同样引了陆龟蒙，并引《舆地志》解释："扈"，就是滨海捕鱼的一种方式。将竹竿插在海中，用绳编好，向岸边一字排开，涨潮时竹竿就在海面下，潮退后就露出来，鱼随着海潮过来，等到退潮时就被竹竿挡住，无法动弹，这就叫"沪渎"。[2]可见"沪"是一种捕鱼工具，将竹片密植于水中，使涨潮进来的鱼到退潮后难以游出，而捕鱼的江面被称为"沪渎"。沪渎应该就是吴淞江出海口这一段河道，而沪渎口则确指青龙镇附近吴淞江出海口。另外，北宋时期的沪渎浦，也是根据沪渎而得名的。可见，上海称"沪"，与本地沿江近海，渔业发达有密切的关系。

第二节　华亭建县

西晋末年永嘉之乱和晋室南渡建康（南京）以后，中国历史上出现了一次北民持续南移的过程。其间，由于江东比较安定，而且由于东晋和南朝的一些统治者通过允许北方州、县在江南设置侨署的做法，使得这次人口迁移的流向更加集中于江东和太湖

---

1. 〔宋〕朱长文：《吴郡图经续记》卷下《往迹》。
2. 〔宋〕司马光编著：《资治通鉴》卷一一一《晋纪三十三》。

地区。这次中原人口的向南大流动，不仅人数多、时间长，而且其中士族和富豪所占的比例较高，这对本区社会经济发展的影响较以往任何一次人口流动要重大和深远得多。这次大迁移，不仅使劳动力得到了较大的充实，而且也带来了当时北方的先进生产技术，同时还伴随着一次社会财富的大转移，由此提高了本区社会经济和文化水平，"火耕而水耨"和"多贫无积聚"的状况变成了"时和丰年，百姓乐业，谷帛殷阜，几乎家给人足"[1]的局面。所以《资治通鉴》说，自东晋南渡后，"三吴最为富庶，贡赋商旅，皆出其地"。[2]杜佑《通典》也云："永嘉之后"，这里是衣冠荟萃之地，"艺文儒术，斯之为盛"。[3]

正是在这一时期，上海地区开始有了行政建置。秦汉以降实行郡县制，南朝梁、陈时期，今上海地区曾经设立过前京、胥浦二县。梁武帝时，在海盐县东北隅设立前京县，为海宁郡所辖县。按今天的行政区划来说，前京县治所在今上海金山区境，统辖范围相当于今上海金山区和浙江平湖市。前京县成为在上海区域内最早设立的一个县。之后，在梁武帝统治末年，即太清三年（549），划出海盐县和前京县的一部分设立胥浦县，其位置也在今上海金山区境。

梁简文帝时期，侯景曾分吴郡胥浦、海盐二县短暂设立武原郡（治海盐县），不久武原郡撤销，胥浦县并入前京县。不过

---

1. 〔唐〕房玄龄等：《晋书》卷二六《食货》。
2. 〔宋〕司马光编著：《资治通鉴》卷一六三《梁纪十九》。
3. 〔唐〕杜佑：《通典》卷一八二《州郡十二·风俗》。

"胥浦"这个名称却一直保存下来，成为一个乡名。绍熙《云间志》谈到胥浦乡在华亭县西南25千米，[1] 管辖范围较广，相当于今金山区西部地区。隋灭陈后，前京县被撤废。至宋代，前京县所在地已成为废墟。许尚《华亭百咏》中《前京城》诗便云："庐落皆无有，依稀古堞存。登临认遗迹，林莽暮烟昏。"[2]

隋大业六年（610）京杭大运河南段开通，不仅使南方与北方相连通，而且还刺激了运河经过地区的生产专业化和经济发展，长江下游地区受益最为明显。至唐代前期，江南地区的发展已经步入快速通道。天宝中裴耀卿改革漕运及唐代设立江南、淮南转运使更成为中国经济史上一个重要的分水岭，这是江淮税米每岁上供成为定式的标志，也是中国经济重心由北向南转化的重要分界线。也就在这时，天宝十载（751），吴郡太守赵居贞奏请朝廷，割昆山县南境、嘉兴县东境和海盐县北境，新设立华亭县。

华亭县名的来历，与陆逊有关。《元和郡县图志》卷二五言："华亭谷，在县西三十五里。陆逊、陆抗宅在其侧，逊封华亭侯。陆机云'华亭鹤唳'，此地是也。"[3] 据《太平寰宇记》卷九五的记载，此说出自《舆地志》：孙权在汉建安中封陆逊为华亭侯，华亭就是陆逊所居之地。华亭谷出佳鱼莼菜，又多白鹤清唳，所以

1. 绍熙《云间志》卷上《乡里》。
2. 正德《华亭县志》卷一二《古迹》。
3. 〔唐〕李吉甫：《元和郡县图志》卷二五《江南道一》。

陆机曾叹道："华亭鹤唳，不可复闻。"[1] 秦汉制度，以郡统县，县以下设乡亭。华亭当是乡亭，也是上海较早的建制。陆逊因为战功，被封为华亭侯，后晋升娄侯。华亭当属娄县的范围。

前京、胥浦虽然是上海地区最早设立的县，但存在时间短，兴废不常。华亭县的设立对上海的发展才有重大的意义。具体来说，这个县的行政区划范围就是今上海苏州河以南的地区，华亭县与海盐、嘉兴、昆山县的西、南划界处，就是今天上海与周边的省界。《元和郡县图志》中说华亭县为"上"县，唐代县制按人口和地理位置、政治地位等分为赤、畿、望、紧及上、中、下几个级别，其中 6 000 户以上为上县，则华亭县人口应该在 6 000 户以上。而且华亭县设立之后，继续不断发展。《太平寰宇记》曾言，华亭县初立时为十乡，后发展至十七乡，虽然《祥符图经》《元丰九域志》及绍熙《云间志》均言华亭有十三乡，十七乡与十三乡何者为确，难以判断，但至少说明，华亭从立县至宋代，人口在增加，这样乡数才会增加。根据张剑光的搜集，当时有乡名记录的包括修竹乡、北平乡、昌塘乡、全吴乡等。[2]

可以说，今天上海的大部分地区就是在华亭县的基础上一步步发展起来的。谭其骧说，县是历代地方行政区划的基本单位。县大致与时俱增，置后少有罢并，比较稳定，"一地方至于创建县治，大致即可以表示该地开发已臻成熟；而其设县以前所隶属

---

1. 〔宋〕乐史：《太平寰宇记》卷九五《江南东道七·华亭县》。
2. 熊月之总主编，张剑光、陈磊主编：《上海通史·第3卷·华亭建县至上海建县（751—1291）》，上海辞书出版社 2017 年版，第 13 页。

之县，又大致即为开发此县动力所自来"。[1] 华亭县的设立是唐中期以前太湖东部地区农业开发的结果。

不久，安史之乱使黄河中下游残破不堪，继之以藩镇割据，"户版不籍于天府，税赋不入于朝廷"[2]。江南赋税成为唐在安史之乱后得以维持的关键，所谓"军国费用，取资江淮"[3]。这不仅加速了中国经济中心的南移，而且使整个国家更加依赖于长江三角洲地区。自此开始的连续不断的战乱导致人口继续大量南迁，太湖流域以其优越的地理位置和自然条件成为移民南下的首选之地。也正是在这一时期，江南的繁盛富庶开始全国闻名，唐人已经用"塞北江南"来描绘宁夏的文化发达，"忆江南""望江南""江南好"也成为文学中常见的主题，甚至成为词牌名称。尽管在苏州下辖的七县中，最初建县时的华亭是经济最落后的一个县，但至唐末五代，华亭县经济与相邻的海盐、昆山已十分接近，户口也快速增加。

五代时，南方各国虽偏安一隅，却政治安定，一心发展经济，故而获得了新的发展机遇。吴越国于后晋天福四年（939）分苏州南境置秀州，"用置屏蔽"，[4] 华亭县遂隶属秀州。北宋末年的"靖康之难"，促使中原人口又一次大规模南移。南宋最后选定临安（杭州）为都，出现了"四方之民，云集二浙，百倍时

---

1. 谭其骧：《浙江省历代行政区域：兼论浙江各地区的开发过程》，《长水集》，人民出版社 2011 年版，第 422 页。
2. 〔后晋〕刘昫等：《旧唐书》卷一四一《列传第九一·田承嗣》。
3. 〔清〕董诰等编：《全唐文》卷六三《宪宗》。
4. 〔宋〕朱长文：《吴郡图经续记》卷上《户口》。

常"[1] 的局面，人口更加向太湖流域集中。这一地区不但成为全国的经济中心，同时也成为政治与文化中心。两浙西路成为宋代垦田最盛的地区。南宋庆元元年（1195），秀州升为嘉兴府，华亭县仍隶属之。此时，华亭已经成为嘉兴府的首县。南宋人钟必万曾言："华亭在浙东、西实一壮县，不但称雄于嘉禾而已。"所以这里衙门中钱谷、狱讼、簿书等事务，较其他各县更为繁剧，各种公务"自朝至暮"，甚至晚上也要点上火烛，依然应接不暇。[2] 至元《嘉禾志》也言："禾兴郡领邑四"，其中号称繁剧的，以华亭县居首。"负海控江"，土地肥沃，"鱼盐之饶，版图之盛"，其他县望尘莫及。[3]

第三节　立府立县

至元十五年（1278）华亭升为松江府，至元二十九年（1292）置上海县，这是上海历史变迁中两个重要节点。立府和立县都是本地区位体系正式确立的重要标志，也是本区域发展到一定阶段的必然结果。

1. 松江府

元制，设路、府、州、县，大率以路领州、领县，也或以路领府，府领州，州领县者。华亭县的区划变动过程如下：至元

---

1. 〔清〕毕沅：《续资治通鉴》卷第一二八《绍兴十八年》。
2. 〔宋〕钟必万：《社坛记》，正德《松江府志》卷一五《坛庙》。
3. 至元《嘉禾志》卷二十。

十四年（1277）升华亭府，当时以县五万户者为州，华亭户登二十三万，故立为府；次年改松江府，以吴松江命名，属江浙行省嘉兴路；二十九年，割华亭东北五乡为上海县，直隶省府；泰定三年（1326）罢松江府，以两县属嘉兴路，立都水庸田使司于府治；天历元年（1328）罢司复府；元末，松江府为张士诚所据。1367年，朱元璋破张士诚军，知府王立中以府归附直隶。[1]另外，至元十四年，崇明升州。此后，随着上海地区的不断发展，明代松江府又新增青浦县。

如上所述，"户登二十三万"，是华亭升府的依据，但根据谢湜的研究，华亭升府，是因为本地赋税规模的急剧扩大，使得其在整个国家财政体系中的地位不断提高。[2]正如明代长谷真逸笔记《农田余话》所言：松江以前只不过是一个华亭县……宋理宗朝时户口大约九万七千七百多，到了元初已经达到十七万。当时江南六府，二十万升为上路总管府，十五万为下路，府尹官三品。因此华亭便从县升为散府，府尹官四品。到了明朝时钱粮赋税已达百万，所以地方官与苏州、嘉兴等"大郡同秩"。[3]此段话中的户口数字虽然和前文有些差异，但清晰地指出了户口和税粮因素在松江升府过程中的重要作用。

此后，华亭的地位又随着漕粮海运的推行进一步加强。据

---

1. 正德《松江府志》卷一《沿革》。
2. 谢湜：《高乡与低乡：11—16世纪江南区域历史地理研究》，生活·读书·新知三联书店2015年版，第317—324页。
3. 〔明〕长谷真逸：《农田余话》卷一。

《元史》称，元代在今北京建大都后，虽然离江南很远，但是"百司庶府之繁，卫士编民之众"，所有的资源都仰给于江南。[1] 当时运河断断续续，又时常阻塞，以至漕粮无法北输。为解决漕粮北运问题，自至元十二年（1275）起，元廷利用嘉定、崇明等沿海地区的海寇朱清、张瑄开创了海道漕运。[2] 如下文所述，正是在这一背景下，号称"六国码头"的刘家港成为元代漕粮海运的中心，上海港的地位也日益重要，华亭县在帝国行政体系中的位置也逐步上升。所以在漕粮海运推进不久，华亭便迅速升府，不久之后又析置上海县，形成统领两县的格局。

但是比较微妙的是，华亭升府本身的进程也并非一帆风顺，在泰定间又发生了设司废府的事件。正如前所述，漕粮征输是松江立府的基本缘由所在，也是松江府政的中心工作。但元代吴淞江淤塞进一步严重，豪户围荡占田，民户纷纷投献，不仅与国家争夺税收之利，而且也妨碍漕运交通。将漕运视为命脉的元廷当然不会坐视这一现象不管。早在大德二年（1298），平江路便专门设立了水利专官——都水庸田使；大德六年，又立行水都监，这都是为了解决围田问题。待到大德八年，元廷诛杀海运豪户朱清、张瑄后，便着手对豪户占田问题进行全面的清理。当时文件就下令"若是有人种田，或别占着的"，不管什么人，"休教阻当"。[3]

---

1. 〔明〕宋濂等：《元史》卷九三《食货一·海运》。
2. 洪武《苏州府志》卷十《漕运》。
3. 〔元〕任仁发：《水利集》卷一《大德八年五月中书省照会设立行都水监》。

都水庸田使和行水都监设置的目的，表面上看来似乎是解决农田水利问题，但实质上是为了确保海漕征输的顺利进行。在元廷眼中，这才是地方政府的中心工作，也因此使得水利系统和地方行政系统产生了权力和事务的重叠。面对这一矛盾，中央政府自然会将天平倾向他们更信任的水利系统。中书省右丞相旭万杰就认为：（吴淞江）河道，是当年世祖皇帝特分行司农司衙门管着的，后来革罢了。那里有一个松江府，只管着两县，却没有其他事务，所以建议革罢松江府，将两县拨属嘉兴路，设立庸田使司衙门，专管水利，由"直隶省部行省为头的官提调"。[1] 在这一背景下，泰定二年（1325），朝廷正式下令革去松江府，代以都水庸田司，将上海、华亭两县拨属嘉兴路。当时七十岁，已经致仕的任仁发在此次立司后被提拔为都水庸田副使，据说此前任仁发辞官退居上海青龙镇的老家，松江府官员对他"有不礼者"，任仁发扬言"吾欲罢府官"。[2] 至此罢府竟成现实。对于此事真伪，限于史料，难作确证。不过正如谢湜所言，废府立司从根本上是由当时海漕至上的行政理念所决定的，也很可能受到中央与地方政坛权力斗争的影响，更说明了当时松江虽然立府，但其实在中央政府眼中只是江南海运漕粮体制的附属品而已。[3]

但这毕竟只是权宜之计，对地方豪户仅靠压制根本无法奏

---

1. 〔元〕任仁发：《水利集》卷一《泰定二年八月立都水庸田使司》。
2. 正德《松江府志》卷三《水下·治绩》。
3. 谢湜：《高乡与低乡：11—16世纪江南区域历史地理研究》，生活·读书·新知三联书店 2015 年版，第 326 页。

效，而将税粮征收和漕运作为压倒一切的工作来推进，对其他地方事务，甚至包括治水防灾这些属于都水庸田司的本职工作都不闻不问，更对地方发展不利。时人余阙便曾指出这一举措的弊端：国家在江南设置都水庸田使，"本以为民，而赋税为之后"，但是这些年朝廷使者已经本末倒置，对百姓通报旱情置之不理，只管征税。有人报告水灾，却把报告的人抓起来，诬称他们是奸细。究其原因，就是他们认为自己是"都水"官，至于民间有没有水旱之患，跟我何干。所以吴越之人怨声载道。[1] 可毕竟松江一府每年有八十万石的漕粮，在帝国财政体系中举足轻重，如果地方的利益无法得到充分的维护，长此以往只会影响元廷自身的利益。因此，至天历元年（1328），中央终于承认自立庸田司以来，"殊无实效"，下令"罢而复府"。[2] 松江府的设置自此终于确定下来，此后一段时间在江浙行省检校官王艮免征松江田粮增科等一系列的改革措施推进下，税粮负担严重的问题也暂得平息，地方行政也开始趋于稳定。

2. 上海县

这一时期，另一个对上海地区影响深远的事件就是上海设县。按弘治《上海志》的说法，上海旧名华亭海，又称上洋或海上。上海老城厢地区在南北朝（420—589）时期成陆；唐宋时期海岸线继续东移，华亭县东北地区经济活动渐趋频繁，至迟在北

---

1. 〔元〕余阙：《青阳集》卷二《送樊时中赴都水庸田使序》。
2. 正德《松江府志》卷三《水下·治绩》。

宋天圣元年（1023）时已经设有酒务。[1] 如前所述，南宋以后，吴淞江中下游加速淤塞，青龙镇因此也失去昔日之地利，逐渐走向衰落，太湖流域急需一个新的港口来承担海上贸易的重任。上海港便在这一形势下应运而生，这里"蕃商辐辏"，因而升为镇，并设立市舶提举司及榷货场。[2] 根据一些学者的研究，上海设提举市舶分司在淳祐十一年（1251）至宝祐四年（1256）之间，而上海镇也同时设置，提举市舶分司和上海镇由同一人兼任。[3] 市舶分司设于近浦滩处，故址在今外咸瓜街、老太平弄北。

　　元军统一中国后的次年，即至元十四年（1277），仍在上海设立市舶司。元代上海市舶司位于阜民桥北，相当于今方浜中路以南的光启路一带。擅江海之利，依托港口优势，上海镇的地位日显突出。时王楠任上海市舶司提控，每年招集舶商到"番邦"，贸易"珠翠香货等物"，次年返回，依例抽解贸易税，然后"听其货卖"。但同时也出现了一些不合理现象，如有客船自泉州、福州贩地方土物过来，所征税额却与"番货"一样。王楠就上书请准免去双抽。随后即定双抽单抽之制，"双抽者，番货也。单抽者，土货也"。[4] 这项源出上海港的重要改革，有利于国内外贸易的健康发展。据至元《嘉禾志》载，当时上海务的酒课、税课、河泊课三项年税收为六百五十七匹，而这时的青龙务仅为

---

1. 参见谭其骧：《上海得名和建镇的年代问题》，《长水集》，人民出版社 2009 年版，第 198—205 页。
2. 弘治《上海志》卷一《疆域》。
3. 周运中：《宋元之际上海的兴起》，《学术月刊》2012 年第 3 期。
4. 同治《上海县志》卷一四《名宦》。

一百零四匹。按酒、税、河泊课征收情况，在元代嘉兴路各市镇中，上海镇也能排在第六位。时人描述，当时上海"襟海带江，舟车辕集"，"有市舶，有榷场，有酒库，有军隘。官署儒塾，佛仙宫馆，氓廛贾肆，鳞次而栉比"。[1] 至元十八年，元廷在上海镇西南 18 千米的乌泥泾镇又设立了太平仓，当时元廷"以粮道为第一务"，为了便利"运漕转输"，在此"相地立仓"，可容纳粮食二十万石。[2] 所以在上海立县前，这里已经是"领户六万四千有奇，岁计粮十有二万余石，酒醋课程中统钞一千九百余锭"，名副其实的"华亭东北一巨镇"。[3]

不过，在元代漕运体制中，上海港的地位远不及刘家港，《大元海运记》载，至顺元年（1330）共有漕船 1 800 艘，其中上海只有 19 艘，崇明有 186 艘，常熟、嘉定均为 173 艘，而刘家港所在的太仓则有 613 艘。[4] 但也不能说上海港不是海漕转运重地，上海港的重要之处在于这里是元代海运豪族的聚集地和发迹地。朱清、张瑄最早发家都在上海，张瑄更是长期居住上海，还曾在乌泥泾广置宅第。[5] 也正如有学者所言，正是这些海运豪族在上海立县背后发挥了重要的作用。[6]

据弘治《上海志》所载，上海建县源于松江知府仆翰文之

1. 〔元〕唐时措：《县治记》，弘治《上海志》卷五《建设志》。
2. 〔明〕张梦应：《太平仓记略》，弘治《上海志》卷二《山川志》。
3. 弘治《上海志》卷五《建设志》。
4. 〔元〕赵世延、揭傒斯等纂修，〔清〕胡敬辑：《大元海运记》。
5. 弘治《上海志》卷二《山川志·镇市》。
6. 周运中：《宋元之际上海的兴起》，《学术月刊》2012 年第 3 期。

请，而他的设县主张源于一场官威对峙的小风波：当时松江府还隶属于嘉兴路，有嘉兴路的佐官对他不甚礼貌。仆翰文大怒道：我是四品秩，你只有六品。你怎么能以对待下级僚属的态度对待我？双方吵了起来。余怒未消的仆翰文不久就以地大户多的理由，申请建县，并要求直接隶属于省府。[1]学者们还引用了元明之际文学家邵亨贞文集中的一段话：当时华亭为百里之县，"东与南皆濒于海"，虽然"厥田下下"，但是"厥赋上上"，在吴越为壮县，只不过其面积还比不上"中原之中县"。元代以后，升江南军州为路，大县为州。所以，有好事者将华亭县户口粮税之数的庞大规模上报，于是朝廷就决定分其东半部分置上海县，又设松江府以总管。[2]

根据上述这些文献，我们可以推断，首先，作为赋税重地和海漕重镇的松江府的地位与其政区上下统属关系不相称，要改变这种状况，仅仅升府无法彻底解决问题，只有在地大户多的转输重地上海镇设县，并直属江浙行省，才能改变现有的格局。其次，松江从宋代以后一直到清代，赋税负担均比较沉重，而这逐渐导致了地方与中央的一场博弈，中央希望不断增加财政来源，而地方则希望借此机会提高自己的地位。当中央和地方达成共识和妥协之后，结果就是松江升府，上海立县。因此，在至元二十七年（1290）上奏后，设县方案很快在来年获得朝廷的批

---

1. 弘治《上海志》卷一《疆域志》。
2. 〔明〕邵亨贞：《野处集》卷二《送张令尹序》。

云间潮涌
（751—1843）
92

准。中央下令分华亭县的高昌、长人、北亭、海隅、新江五乡二十六保立上海县，隶属于松江府。[1]

新兴的上海县，东西广一百六十里，南北袤九十里。"虽濒海而广原腴壤，尽境皆然"，"无深山茂林之阻，虽素号泽国之乡，而平畴沃野居多"，"东依洋海，北枕吴淞"，"是足以壮兹邑矣"。[2] 在此后的短短数十年间，上海县一跃而为东南壮县，而上海亦由此开始书写新的篇章。

3. 青浦县

有明一代，松江府属由二县增至三县，这一新县就是青浦县。青浦县博物馆保存了万历五年（1577）所立《青浦建城碑》，碑记简述了从嘉靖中期到万历初年青浦县的设立过程。这个碑记提到了青浦建县的两个阶段：第一个阶段是嘉靖二十一年（1542）到隆庆六年（1572），官方于青龙镇设立青浦县，然而不久之后"治功不兴"，县治废止；第二个阶段是隆庆六年重新恢复青浦县建制，任官置吏，并勘定在唐行镇设立新县治，万历二年新县城建成。从嘉靖二十一年到隆庆六年，间隔三十年，为何青浦县始建而寻废？

青浦在华亭和上海两县的低乡地区，处于青龙江和大盈浦之间。宋代吴淞江逐渐淤塞，这里是受影响最大的地方，下文将提及，曾经繁华的江南大港青龙镇在宋代以后日益衰落，就是典型

---

1. 弘治《上海志》卷五《建设志》。
2. 弘治《上海志》卷一《疆域志》。

第三章
建置沿革

个案。自明初夏原吉放弃吴淞江，转向黄浦江之后，吴淞江水流更加分散，淤淀更加严重。民众又利用淤塞的河道围垦造田，导致积水聚入昆成湖、阳澄湖等低洼地区。水利生态的破坏导致水患频仍，农业失序，赋税逋负日增。所以，如万历《青浦县志》所述，早在正德年间这一带农田水利荒废时，松江知府就已提出立县整饬的主张。这一主张未能在当时付诸实施，但是到嘉靖二十一年（1542），华亭县分出修竹、华亭两乡，上海县分出新江、北亭、海隅三乡，建置青浦县，县治设在青龙镇。

然而当年青浦县设立以后，却没有达到预期的效果。松江人何良俊亲历了青浦县初立到废止的过程，他在《四友斋丛说》中记载了废县前后的见闻：

> 初立清（青）浦县时，余偶至南京，即往拜东桥（笔者按，即顾璘，号东桥），东桥问曰："贵府如何又新创一县？"余对以青龙地方近太仓州，离府城甚远，因水利不通，故荒田甚多。有人建议，以为若立一县则居民渐密，水利必通，而荒田渐可成熟矣。故有此举。东桥即应声言曰："如此，则当先开河不当先立县，"毕竟立县后，水利元不通，而荒田如故，县亦寻废。乃知前辈论事皆有定识，不肯草率轻有举动也。[1]

谢湜认为，此次青浦建县没有把整饬水利的工程作为立县之基础，同时又选择了错误的治所，因此没有取得理想的效果。[2] 青

---

1. 〔明〕何良俊：《四友斋丛说》卷十。
2. 谢湜：《高乡与低乡：11—16世纪江南区域历史地理研究》，生活·读书·新知三联书店 2015 年版，第 373 页。

龙镇虽曾有盛名，但此时已经衰废，若要整治青龙镇这一带的水利，更是举步维艰。果然，县治设立不久就因"沙涨水湮，遂为斥卤"。[1] 吴淞江淤塞已是大势所趋，单纯依靠"先开河"并不能达到目的。不过谢湜认为治水无功仅仅是嘉靖中叶青浦建县失败的一个表面因素，赋役体制的积弊才是实质的原因。[2]

隆庆二年开始，松江府的均粮改革终于有了实质性转机。经过这场清丈和定则，松江府属县整饬水利赋役才有了实施的基础。青浦复县的申请就是在这样的基础上提出的。此外，隆庆初年徐阶在朝廷失势，隆庆三年后海瑞出任应天巡抚，强势打压徐阶等松江豪富权势，对于青浦复县和整顿农田水利来说，这也是一个利好的局面。万历元年，兵科给事中蔡汝贤、巡抚都御史张佳胤奏复青浦县，获准，朝廷委任石继芳出任知县。考虑到青龙镇积荒之地，不适合充当县治，而近淀山湖东岸的唐行镇，当时颇为繁荣，于是石继芳将县治从青龙镇移至唐行镇。万历六年唐行镇建成县城。

万历初，因时任知县，著名文学家、戏曲家屠隆以为县域面积太小，请求增加，青浦县的面积又发生了一些变化。大致而言，嘉庆《松江府志》卷二十记载相对较为完整，即万历元年（1573），析华亭县西北二乡、上海西三乡，复建青浦县，全县共上中二乡田地山池荡溇，面积六十万五千二百三十四亩。到万历

1. 〔明〕佚名：《松事丛说》，崇祯《松江府志》卷二《沿革》。
2. 谢湜：《高乡与低乡：11—16世纪江南区域历史地理研究》，生活·读书·新知三联书店 2015 年版，第 378 页。

六年，又分割上海县"新江乡之未尽者"部分给青浦。到了万历八年，又分割华亭上中二乡田给青浦，此时青浦田地总面积共八十万九千八百零八亩。屠隆的益县之举，标志着青浦县政区的正式确立，并开始在实质上发挥行政职能。

4. 嘉定县

到了 12 世纪，由于太湖高乡地区农田的开辟，人们开始在冈身地带种植农作物，同时不断地铲削冈身、取土作筑，并开辟陆路，高阜崎岖的冈身地貌逐渐趋于平坦。随着人们对冈身的认识不断加深，方志对于冈名的记载也不断增加，且越来越精确，这一地区的聚落也进一步拓展。在这一背景下，南宋嘉定十年（1218），嘉定县设立。[1] 嘉定县境在唐代属昆山县嘹城乡，因此后世常简称嘉定为嘹。据正德时期嘉定地方志《练川图志》，在嘉定十年，知府赵彦橚、提刑王棐认为嘉定与昆山相距太远，奏请将昆山县东安亭、春申、临江、平乐、醋塘共五乡二十七都成立嘉定县，将县治设于练祁市，因为时值嘉定年号，所以就叫"嘉定"。[2] 赵彦橚、王棐专门上疏，陈述在嘉定设县的理由，从中便可以看出当时嘉定地区发展之一斑。首先，当年设昆山县治时，为迁就马鞍山风水，将县治设在县境西北部，西部七乡临近县治，管理较易，而处于高乡的东七乡却因"去县隔绝"，滨江傍海，地势僻绝，地方官鞭长莫及，治安出现问题。其次，此地

---

1. 谢湜：《高乡与低乡：11—16 世纪江南区域历史地理研究》，生活·读书·新知三联书店 2015 年版，第 313 页。
2. 正德《练川图记》卷上《建置》。

拖欠赋税严重，仅秋粮就每年"常欠四万余石"，其他赋税拖欠情况也差不多。可见，当时高乡地区经济发展已经达到了一定水平，但是地方行政管理水平却与之不符，由此导致了东七乡地区"顽犷难治"。要解决这一问题，必须专设一县治理，这就是嘉定设县的原因所在。[1]

嘉定县在元明时期也有变化。元朝成立后，为确保漕粮北运，非常重视江南的航运。此时水势已经发育壮大的刘家港更符合通海大港的要求，于是，元廷选择刘家港所在的太仓，作为江南漕运出海的起点。太仓在此之前并未得到充分的开发，相传本地历晋唐宋，田畴仅"半辟"，居民"尚不满百"。[2] 漕粮海运兴起后，极大地带动了太仓的聚落发展，海运豪户朱清、张瑄和其他豪强均以太仓为据点，致力漕运，令太仓盛极一时，使其成为名副其实的"六国码头"。[3] 正是在这一背景下，元贞二年（1296），嘉定和昆山、常熟、吴江四县升为州。延祐二年（1315），昆山甚至一度将州治徙于太仓，[4] 直到张士诚据吴时，才被迫将州治迁回马鞍山旧县治。太仓也就成为元末明初群雄纷争中的必争之地。张士诚曾召集流民于至正十七年（1357）在太仓筑城为守，[5] 至正二十七年朱元璋又在此设置太仓卫。[6]

---

1. 《宋知府赵彦橚提刑王棐请创县疏》，万历《嘉定县志》卷一《疆域考上·建置》。

2. 〔明〕陈伸：《太仓事迹序》，嘉庆《太仓州志》卷六三《旧序》。

3. 弘治《太仓州志》卷一《沿革》。

4. 弘治《太仓州志》卷首《凡例》。

5. 嘉靖《太仓州志》卷三《兵防》。

6. 乾隆《太仓州志》卷三《建置》。

洪武二年（1369），包括嘉定州在内的苏州府所辖四州仍改称为县。[1]洪武时期，明廷仍然沿用元代的漕运体制，通过海路从江南北运军粮。但到了永乐十三年（1415），随着运河治理的推进，陈瑄奏请罢海运，获得了朝廷的批准。此后虽然太仓仍然是江南大港，郑和下西洋也由此出发，但其海运重镇的地位一去不复返，逐渐被后来居上的上海港所取代。到了弘治时期，元代设立的海运仓已经成为荒墟。而兵民杂居的情况却使得太仓社会秩序存在着众多的不稳定因素。因此到了弘治十年（1497），明廷割嘉定与常熟、昆山三县地置太仓州，但仍属苏州府，并领崇明县，[2]"卫始专管卫事"，[3]将民政和军事分开，其中从嘉定县析出的是刘家港和吴公市（葛隆）。

5. 崇明岛

下面再说一下崇明岛的情况。根据张修桂的研究，唐代以前，长江口北嘴在如东，南嘴在南汇，两嘴相距150千米，河口仍属开放的喇叭形。当时河口的巨型沙洲称为胡逗洲，位置在今南通市通州区。现在如东南部和海门、启东、崇明地区，当时均属波涛汹涌的河口。唐初，崇明岛始发育于这一开阔的河口地区的南侧。[4]崇明岛域的变动逐渐固定和崇明设州也在这一时期。

---

1. 洪武《苏州府志》卷一《沿革》。
2. 弘治《太仓州志》卷一《沿革》。
3. 嘉庆《太仓州志》卷三《建置》。
4. 张修桂：《崇明岛形成的历史过程》，《复旦学报（社会科学版）》2005年第3期。

大约武德年间（618—626），出现东沙和西沙两个沙洲构成崇明岛的雏形。洪武《苏州府志》说，"崇明在东海间"……旧方志曾载，"唐武德间，海中涌出两洲"，就是今天的东、西二沙。[1]万历《崇明县志》也说崇明"起于唐武德中也"，当时有"东、西二沙，渐积渐阜"，打鱼打猎的人慢慢在此聚集，形成最早的土著。[2]张修桂指出，东沙在唐武德年间出水之后，经过二百余年的发育，沙洲东部于唐大和年间稳定在南村、裕丰、新北一线，形成第一条沙带；其后再经过一百余年缓慢东扩约2千米，至五代南唐保大年间又稳定在新西、裕安、新桥一线，致使第二条沙带形成。该沙带基本上以老陈家镇为核心，包括今向化、中兴、陈家三镇的中南部地区和其南的部分江面。西沙当在今城桥镇地区及其以南江中，并自此向西延伸。[3]

西沙又名顾俊沙，《舆地纪胜》言："吴改顾俊沙为崇明镇，周显德中废。"[4]可见西沙的开发应比东沙更早，地位比东沙更重要，唐五代时期的范围甚至比东沙更大，因此杨吴时始在西沙设置崇明镇，后周时又一度废置，北宋天圣元年（1023）通州改崇州，《读史方舆纪要》载："以州兼领崇明镇，因名。"[5]

张修桂认为，当时东沙的东部已处在江海交接地带，并与长江河口的南北两嘴完全对应。在南北两嘴尚未明显向东延伸的时

---

1. 洪武《苏州府志》卷一《沿革》。
2. 万历《崇明县志》卷一《沿革》。
3. 张修桂：《崇明岛形成的历史过程》，《复旦学报（社会科学版）》2005年第3期。
4. 〔宋〕王象之：《舆地纪胜》卷四一《淮南东路通州》。
5. 〔清〕顾祖禹：《读史方舆纪要》卷二三。

段内，新的河口沙洲的形成，基本上只能在东沙以西的长江河口段出现。因此宋元时期崇明岛的发育，都以东沙为基础，逐渐向西北方向扩展。这一阶段首先出水成洲的是姚刘沙，北宋天圣三年（1025），它从西北向东南延伸与东沙接壤，成为东沙西扩的第一个合并沙洲。[1] 万历《崇明县志》说东西沙中的民众后来徙居于此，成了村落，因为主要是姚、刘二姓，所以就叫姚刘沙。[2] 万历《通州志》则说：大概在宋建炎年间（1127—1130），有句容县姚、刘两姓，避兵于此，后来居民渐多，就叫姚刘沙。[3] 姚刘沙的西北部应该在今天的红卫、合兴、海军农场、富民农场一带及其以北江中，然后向东南延伸至陈家镇与东沙连接。至建中靖国元年（1101），在距姚刘沙西北25千米的江中，又涌现一个被称为三沙的大型沙洲，它由三个沙洲合并而得名。又因三沙属西沙崇明镇管辖，故亦有崇明沙之称。三沙的位置应该在今天的长征农场、永隆沙一带及其以北江中。合并后的崇明岛大沙洲，东南起自新桥，西北直抵长征农场，长度已近50千米，崇明岛的基本框架至此基本奠定。[4]

有宋一代，姚刘沙、东沙、三沙和西沙，鼎立江心，地位重要，所产鱼盐丰盛，淮、浙之民乐于定居其中。北宋中叶，崇明镇商税收入为二百九十五贯三百四十一文，[5] 盐税收入为

---

1. 张修桂：《崇明岛形成的历史过程》，《复旦学报（社会科学版）》2005 年第 3 期。
2. 万历《崇明县志》卷一《沿革》。
3. 万历《通州志》卷一《通州沿革表叙》。
4. 张修桂：《崇明岛形成的历史过程》，《复旦学报（社会科学版）》2005 年第 3 期。
5. 〔清〕徐松辑录：《宋会要辑稿》食货一六之五。

七百十七贯七百九十文，[1] 酒税收入与通州、海门、石港一起总计为三万八千五百四十七贯。[2] 位处东部的东沙，是当时江海交汇的前哨，通州入海的必经之地，秦桧就说过：从通州入海，"当由料角及东沙汲域"。[3] 而姚刘沙经过百年时间的熟化，至迟在宋建炎年间已有人居住。至开熙三年（1207）以前，姚刘沙上人丁兴旺，已形成韩允胄、张循王、刘婕好等三个村庄。由于它和东沙合并，范围扩大，盐业发展迅速，嘉定十五年（1222），置天赐盐场于姚刘沙，属淮东制置司。元至元十二年（南宋景炎二年，1277），因这里"民物蕃庶"，所以上奏朝廷，要升姚刘沙为州。至元十四年六月，正式升为州，隶扬州路，以天赐场提督所为州治，[4] 从此成为"东南要害"。[5] 三沙在建炎年间也已开发，绍兴初年（1131），曾为邵青党羽盘踞，欲犯江阴，后被刘光世派兵平定。[6] 所以，在至元十四年姚刘沙、东沙设崇明州的同时，便在三沙建立三沙镇。西沙从杨吴置崇明镇之后，以盐业为主，带动其他商品经济的发展，至北宋年间，已成为通州海门县唯一兴盛的大镇，因而被载入《元丰九域志》。[7] 由于地理位置特殊，这里在北宋初年还一度曾成为重犯、死囚的流放地。[8]

---

1. 〔清〕徐松辑录：《宋会要辑稿》食货一九之一五。
2. 〔清〕徐松辑录：《宋会要辑稿》二二之九。
3. 〔宋〕王象之：《舆地纪胜》卷四一《淮南东路·通州》。
4. 正德《崇明县志》卷一《沿革》。
5. 〔元〕张士坚：《前崇明志初编序》，康熙《崇明县志》卷首。
6. 〔宋〕李心传：《建炎以来系年要录》卷四七。
7. 〔宋〕王存等：《元丰九域志》卷五。
8. 〔元〕马端临：《文献通考》卷一六八《刑七》。

明代崇明的建置发生了很多变化。洪武二年（1369），明廷改崇明州为县。洪武八年，又因崇明离扬州太远，改隶苏州，为属邑。[1] 弘治十年（1497），太仓立州，考虑到崇明离苏州府亦远，民众到苏州府必经太仓，守御千户所又属镇海卫辖，如果立太仓州，统领崇明，可以"远近相制"，[2] 所以将崇明改隶太仓，这一建置一直延续到了近代。除了区划建置之外，整个崇明岛在明代也发生了重大的变动。据张修桂研究，在明代前期的长江河口段，已涌现出大量新的沙洲。到了明代后期，长江口南支异常活跃，沙洲重组、合并，岸线崩塌极为显著。[3] 崇明岛的这个变化在县治五迁中表现得尤为明显。

至元十四年置崇明州时，始筑土城。但到了至正十二年（1352），州治南边就被"潮汐冲啮"，不能居住，所以徙州治于北一十五里，城池方九里许。不久，新州治南面又被海潮坍逼，永乐十八年（1420），又在城北十里，名叫秦家符的地方建立新州治。[4] 可不久"县治旋圮于海"，嘉靖八年（1529）迁筑土城于马家浜（雍正《崇明县志》作"马家浜墩"）西南。嘉靖二十九年，海啸东北隅，又在平洋沙"定立城基"。万历十一年（1583），再度坍塌，又卜地于长沙之胜。[5] 沙洲时升时降，或涨或坍，自然界虽变化无常，但崇明人表现出顽强的毅力和极大的耐

1. 正德《崇明县志》卷一《沿革》。
2. 〔明〕朱瑄：《奏立州治以安地方疏》，嘉靖《太仓州志》卷十《遗文》。
3. 张修桂：《崇明岛形成的历史过程》，《复旦学报（社会科学版）》2005 年第 3 期。
4. 正德《崇明县志》卷一《沿革》。
5. 万历《崇明县志》卷一《沿革》。

心，搬迁不止，建设不已。

明末清初是崇明岛大型沙洲合并完成的最后阶段，崇明岛至此已经基本处于大致稳定的状态。[1] 在乾隆《崇明县志》卷首附图中，阜安沙、平安沙、平洋沙早已和崇明本岛完全合并。《读史方舆纪要》载：众沙已经涨合为一，南北长百四十余里，其东南阔四十余里，居民在此种植作物，已经"悉成沃壤"。[2] 这一记载已基本接近目前崇明岛的长度。

第四节 "十县一厅"

今天的上海境内明末时共设有五县，清代随着上海地区政治、经济地位的提升，各县被逐渐析分，至嘉庆年间，基本形成了"十县一厅"的格局。所谓十县，分别为上海县、华亭县、娄县、青浦县、嘉定县、宝山县、南汇县、金山县、奉贤县和崇明县，一厅则为川沙抚民厅。此外，雍正年间，又将苏松兵备道移驻上海，成为上海地区级别最高的官员。

清代地方政府行政系统主要由省—府—县三级行政体系构成。清军占领南京后，于顺治二年（1645）闰六月二十五日，下谕旨："南京着改为江南省，设官事宜照各省例行。"[3] 此后，江南省正式成立，其辖区包括今江苏、安徽和上海市，以江宁（即南

---

1. 张修桂：《崇明岛形成的历史过程》，《复旦学报（社会科学版）》2005 年第 3 期。
2. 〔清〕顾祖禹：《读史方舆纪要》卷二四。
3. 《清世祖实录》卷一八，顺治二年闰六月乙巳。

京）为省城。同时又建立江南承宣布政使司和提刑按察使司，布政使主管一省民政、财政和人事大权，提刑按察使司主管一省司法和监察事务。江南省甫一建立，便具有重要地位，当时"两京"之外分省一十有四，"江南最为重地"。[1]

清代在省之下则设道，是省级的调节渠道，道的长官称"道员"，或尊称为"观察"。乾隆十八年（1753），清廷裁去藩臬二司给道所设的参政、参议、副使、佥事等加衔，均定为正四品官，自此，道员不再是临时性的差官。顺治二年七月设置分巡苏松兵备道，驻扎太仓，负责粮储、水利、农务，归江宁巡抚管辖，[2] 但还不管理民词、钱粮，尚不能视作一级行政区划。但分巡苏松兵备道的出现意义深远，因为这是后来的"上海道台"的前身。苏松兵备道设置之初主要是为了海防，此时为海防而进行的行政管辖调整还有将松江海防同知移驻上海县，主要负责"督修沿海桥梁、马路墩堡，协催兵饷，严行保甲之法，稽查出洋船只"。[3] 同样是为了海防需要，清初时吴淞营城池与宝山营城池也进行过多次修缮。顺治十八年对宝山营城池进行修葺，开浚清浦港，连通城濠与清浦港的水系，直达淞江，使舰船能在吴淞江至宝山城之间自由航行。

顺治十三年（1656）二月，松江府及太仓州伴随着朝代更替

1.〔清〕余国柱：《序》，康熙《江南通志》卷首。
2. 傅林祥、林涓、任玉雪等：《中国行政区划通史·清代卷》，复旦大学出版社2013年版，第260页。
3.《清圣祖实录》卷二，顺治十八年四月癸卯。

发生行政区划调整。松江府新设娄县，从华亭县划出，府治与两县县治同城。这是上海地区在清代行政区划的第一个重大变动，而更大的变动则发生在雍正间。

当时江南的苏、松、常三府地区一向是赋重事繁，给地方官带来了非常大的压力。宋荦便曾言：苏、松、常、镇四府各州县每年"征解银米自数万以至二三十万不等"，每到限期，就算地方官"加意严催"，也很难征收完全，结果就是"经征经督各官降调接踵"。这里的地方官本年的钱粮征收已经是"拮据不遑"，还有前任遗留的历史问题，往往到任两年"即罢降革"，可地方官频频降级也不是个事，旧欠难清，新粮更逋，只会令公事更加"废弛"。[1]所以从康熙朝起，相关官员便不断提出诸如选拔贤能或将重赋区官员分开考核的应对措施，但均于事无补。后来蓝鼎元首先提出了分县的办法，他指出，苏州的长洲、昆山、吴江、嘉定、常熟五县，太仓一州，松江的华亭、娄、上海、青浦四县，常州的武进、无锡、宜兴三县，每年征银米共三百五十万多，大抵一个县的钱粮可以抵边境数省的规模，县令们精神才力难支，而本地的民俗又多以及时缴纳为耻，竟然有数十年积欠不纳一钱的，且法不责众，"诛之不可胜诛"，地方官也拿他们没办法。没办法征到税粮，就会因此"违误牵绊"，根本没有"清楚之期"。甚至一个县有数十位前任县令羁留在此，要求他们清缴欠粮，甚至死后还不能"以骸骨还故乡"。即使少数才能出众之

1.〔清〕宋荦：《西陂类稿》卷三七《酌议经征接征处分疏》。

员，舍命催缴，也不能完成"十分之七八"，为了这一点税粮就"日夜废寝忘食，心血焦枯，精神耗敝"，其他政务工作又如何处理呢？所以只有"分治之一法，可以救积年莫解之病"。[1]其实就是通过分县的举措，降低地方官员的工作量，以确保正常基层治理工作的开展。

到了雍正二年（1724）六月十九日，两江总督查弼纳正式上奏提出析县升州的建议，请求将苏州府属的长洲、吴江、常熟、昆山、嘉定五县，太仓一州，松江府属的华亭、娄县、青浦、上海四县，常州府属的武进、无锡、宜兴三县等十三州县，各分为两。为了不致因大量增设官员增建城池衙署而加重财政负担，查氏提出，原来三府共有同知6名、通判6名，可以各减少3名，原来有7个县各有2名县丞，可各减1名，新设之县，只需各设1名知县，1名典史，如以裁省之同知、通判、县丞以充新设县份之官缺，其数足敷任用。另外常熟所分之县应驻福山，嘉定所分之县应驻吴淞，上海所分之县应驻川沙，华亭所分之县应驻青村，娄县所分之县应驻金山卫，这里原有城墙，也不用再兴土木筑城。

雍正三年（1725），查弼纳受到隆科多案牵连，暂时免职。续任两江总督张楷接手继续主持分县事宜。雍正三年六月十八日，张楷题请，苏、松、常三府属太仓、长洲等十三州县，恭请皇帝钦定嘉名，颁给印信，铨选人员，部议覆奏。八月初一

1.〔清〕蓝鼎元：《鹿洲初集》卷三《论江南应分州县书》。

云间潮涌
（751—1843）

日，大学士马齐等拟定新分县名，呈送御览，皇帝圈定。其中苏州府，从长洲析出者名元和，吴江析出者名震泽，常熟析出者名昭文，昆山析出者名新阳，嘉定析出者名宝山；太仓升为直隶州后，析出之县名镇洋；松江府，从华亭析出者名奉贤，娄县析出者名金山，青浦析出者名福泉，上海析出者名南汇；常州府，从武进析出者名阳湖，无锡析出者名金匮，宜兴析出者名荆溪。[1]

张楷还专门前往松江勘察。他发现由于上海等县涉及沿海海防以及海潮灾害等，必须考虑修造新的城池以及维护海塘等工程，耗费更大。张楷考察了松江沿海一带后报告，建议华亭应分青村城，上海应分南汇城，娄县应分金山卫，嘉定应分吴淞城，这里原有的城池坚固，地基宽敞。

张楷勘察之后认为，从华亭、娄、上海三县分出的奉贤、金山、南汇应当设置新的县治。可见，到了此时，黄浦江以南及以东地方也已经发展到必须设立县治予以管控的程度。吴淞城及青村周围居民也都支持设立金山及奉贤县治，并且愿意集资建造衙门、学官等官府设施。[2]

其中值得注意的是，宝山这一地名，本来是明代永乐年间垒起作为海上航行的标志，又有此山以三宝太监郑和命名的说法。此后万历四年（1576）依据山势建造城堡，作为千户所的屯驻

---

1. 乾隆《元和县志》卷一《建置》；《宫中档雍正朝奏折》第四辑，雍正三年六月十八日张楷奏折。
2. 乾隆《宝山县志》分城题疏。

地，清代设置吴淞城，驻扎守备营。[1] 分县后，张楷建议袭用守备营所造城作为新县县治得到同意。

分县结束后，松江府属新设各县多建造新的县治与衙署。奉贤县在青村建设治所、衙署。这里明代即建有卫城，明清易代后，康熙三年（1664）曾经修筑，设立县治后，至乾隆元年（1736）知县劳启铿以七百多两白银再次修葺城池。金山县本来以金山卫城作为治所，此后迁至朱泾镇。南汇县的治所在今天的惠南镇，治所袭用明代南汇嘴中后千户所的所城。该所城初建于明洪武十九年（1386），此后进行过数次修葺。雍正三年（1725）设立为县治后，第二年即建造衙署，之后于乾隆三十九年（1774）修葺城墙。另外，绿营驻防也有相应调整。"至松江府，华亭新分之奉贤县，署在青村；上海新分之南汇县，署在南汇。俱有城池及钱粮仓库，请各添守兵一百名。"[2]

分县之后，上海地区的行政区划基本稳定下来，乾隆时期又有一些微小调动。最值得注意的是，新设的福泉县于乾隆八年（1743）四月裁撤，重新并回青浦县。另外，本来继承金山卫治所的金山县，县治设置先后在卫城与朱泾镇之间摇摆。最初时，知县设县治在朱泾水次仓公廨，乾隆七年（1742）迁到了环明桥北，乾隆八年又迁丰乐桥，九年又赴金山卫城署，[3] 所以县治一直

---

1. 康熙《嘉定县志》卷二《戎镇》。
2. 《清世宗实录》，雍正五年八月甲申。
3. 嘉庆《松江府志》卷一四《建置志二》。

未有城，直到乾隆二十四年（1759）总督尹继善、巡抚陈宏谋奏请，将县治移至朱泾镇，并议定筑城。[1] 金山县城方才开始兴建。而分县工作至此才最终得以全部完成。

---

1. 光绪《金山县志》卷七《建置志上》。

第三章
建置沿革

第四章

稼穑之功

751—1843

上海东高西低的地理环境形成了西部种稻、东部植棉的农业格局，构建了传统社会时期上海的经济特色。

稻作起源于中国，中国是世界上水稻种植历史最悠久的国家，这已经达成共识。江南是水稻的起源地之一，稻米是人们的主食。在很长一段时间，这里一直出产全国数量最多、质量最好、产量最高的稻米，是稻作文化的代表。稻作农业对这一地区的民间生活有重要影响，不仅影响到这一地区人们信仰祭祀、日常饮食、居住服饰、商业贸易等日常生活和行为，更进一步影响到人们的思维和习惯，并最终成为太湖地区人们生活、生产的一种共同的文化纽带。

江南很早便是全国纺织业中心，生产的棉布、丝绸不仅上贡宫廷，享誉国内，而且远销海外，唐代便称之为"輋越而衣"，至明清时期更有"衣被天下"的美誉。近代这里又是中国纺织工业的发源地，直到今天，纺织服装业仍是很多长三角城市的重要产业之一。论到江南丰富多彩的物质文明，就不能不说江南的纺织品生产，不能不说松江棉布独步全国的显赫地位。

同时，由于临海，盐业也是古代上海的重要产业。至明代以后，上海地区的经济发展已经到了很高的程度，明代王鏊曾提到：松江只是一个府，但是每年岁粮送往京师的有八十万，其中在上海的有十六万多。加上"土产之饶，海错之异，木绵文绫，衣被天下，可谓富矣"。[1] 可见，在经济发展的基础上，上海地区民众对当时国家和社会的贡献很大，而传统王朝对这一地区百姓征赋也非常重，"苏松重赋"是明清以来十分突出的问题。

1. 弘治《上海志》卷首。

第一节　田宜禾麦

水稻是上海地区最重要的农业作物。以上海为代表的江南地区，通过大规模的水利建设和土地改造，使水稻土在此基础上大量地产生并发育。农具的更新、肥料的运用，推进了精耕细作式的集约农业技术的发展。

现代科学研究和考古研究都表明，我们的祖先早在10 000年前就开始驯化和栽培水稻，7 000年前水稻栽培技术已达到相当高的水平。1993年，在湖南道县玉蟾岩遗址首次发现了上下叠压的稻谷遗存，为距今12 000年前的（几粒）野生稻谷和距今10 000年前的人工栽培稻谷，这是目前世界上发现最早的人工栽培稻标本，尚保留野生稻、籼稻及粳稻的综合特征。如前所述，在崧泽遗址发现的炭化稻谷是中国最早一批有确凿地层依据的材料，它为探讨中国稻作起源问题提供了直接的证据，从而证实了上海地区马家浜文化时期已经开始了水稻栽培。

此后崧泽文化、良渚文化发现的稻谷和石犁等耕种工具，都可以反映出太湖地区史前农业便有了稻作生产的传统和特点。即使良渚文化消亡之后，广富林文化和马桥文化仍然以稻作为主要农业生产方式。

春秋时期，吴、越两国的崛起以及其争当天下霸主的行为，间接地证明了当时国库粮仓的充裕，这背后自然彰显出太湖地区农业发展的较高水平。秦汉时代，由于当时气候过于暖湿，水涝灾害频发，因此这一时期稻作生产进入了缓慢发展的时期。司马迁在《史记·货殖列传》中对太湖流域曾作这样的描述:"地广人稀,饭稻羹鱼,或火耕而水耨。"应劭注"火耕水耨"时解释说,火耕水耨:就是烧草,然后下水种稻,这样草与稻并生,大约高七八寸,再将草和稻全部割掉,再灌水,等草死了,就只有水稻才能生长。[1]

日本学者西嶋定生认为"火耕水耨"是当时江南普遍运用的稻作法,简单来说,就是一种一年休的直播式栽培法,关键的技术内容为直播、轮休,没有晒田细节。杀草时的灌水,也不是在干田环境下灌水除草,而是在有水的田中再灌水淹没杂草。与后期的耘田类同,都是在水上加水的条件下完成的。[2]

在"火耕水耨"状态下,没有干湿交替,就没办法形成水稻土。具有耕层、犁底层与渗渍层的稻田土壤,适宜水稻的循环耕种,才能称为水稻土。[3]水稻土不但需要人类耕作,还需要有效地利用水环境,在灌排条件下完成土壤的渗与渍,最后在耕作所形成的淀积层中产生氧化还原层。这一过程是水稻栽培过程中排水、淹水与人类不断地搅动耕作层形成的。

根据学者王建革的研究,直到宋代,江南地区通过水利建设,组织大规模的人力、物力控制整个地区的水流,让低地与高地的水流可以纳入一体化的水利系统中,同时提高了土壤耕作技

1. 〔汉〕司马迁:《史记·货殖列传》。
2. 〔日〕西嶋定生:《中国经济史研究》第一章,农业出版社1984年版。
3. 中国科学院南京土壤研究所编:《中国太湖地区水稻土》,上海科学技术出版社1980年版,第43页。

术和水稻管理技术，终于使得水稻土在此基础上大量地产生并发育成熟。唐末的江东犁技术改进，推动着土壤的耕作程度进一步加强。圩田的水流控制与水稻技术有机地结合，冬季灌水冬沤逐渐推广，腐殖化过程增强，土壤有机质不断提高，土壤的水旱交替才变得可控，水稻土才可以大量形成。再随着水旱轮作加强，耕作技术水平不断提高，又把水稻田由晚发田开发成早发田，早发田加上勤施肥料，就可以支持一年二熟制的供肥需求。[1]

　　水稻土的形成，其实是和江南日益发展的农业技术密切相关的。如稻田灌溉和排水需要而发展起来的水车，就是江南农具中最具个性的代表。苏轼《东坡集》卷六《无锡道中赋水车》中曾记述了水车的形制与功用："翻翻联联衔尾鸦，荦荦确确蜕骨蛇。分畦翠浪走云阵，刺水绿针抽稻芽。"[2]当时这种龙骨水车（即翻车）的使用最普遍。水车使用灵活，可用于临水地段，如果有足够的劳动力，汲水高度可达3丈以上的高旱田。范成大《夏日田园杂兴》赞道："下田戽水出江流，高坨翻江逆上沟。地势不齐人力尽，丁男长在踏车头。"[3]水车兼具稻田灌溉和排水功用，是太湖地区稻作生产不可或缺的主要工具。

　　曲辕犁的创制也是江南农业技术划时代的发明。曲辕犁使用灵活方便，犁镵、犁壁分工，这样既能犁起土块，又将后土翻

1. 王建革：《宋元时期吴淞江流域的稻作生态与水稻土形成》，《中国历史地理论丛》2011年第1期。
2. 〔宋〕苏轼：《无锡道中赋水车》。
3. 〔宋〕范成大：《夏日田园杂兴十二绝》。

下，使得熟土在上，生土在下。犁镜的加大有利于深耕，从而利于作物生长，宋代以后又被改造得更适合水田耕作，俗称江东犁。此外，人们还创制了耖荡，提高了耖田劳动效率。王祯《农书》记载耖荡为形似木屐，但是长尺余，"列短钉二十余枚"，用于推荡水田间的草泥，将草与泥土不断混合，让农田日益精熟。耖荡"既胜耙锄，又代手足"，所耕耖的田数，每天可以增长数倍。

秧马也是太湖地区浙西拔水稻秧时的工具，由木料打制，上下两层，"背如覆瓦"，上层是个小板凳，如同马鞍，又像翻过来的瓦片；"腹如小舟"，下层是两头翘的木板，好像是小船的底板。人坐在上面拔秧，由于下层是用榆枣木制成，相对较光滑，因此不会陷入泥里，又可往前滑行，较之前弯腰低头，埋头劳作的情况，省力很多，"劳佚相绝矣"。[1]

肥料的使用也是在这一时期开始逐渐推广。宋时农学家陈旉在《农书》里提出，若能时常加新的肥沃的土壤，加上粪肥，可以保持土质"精熟肥美"，地力"当常新壮"，为太湖地区地力保养提供了积极建议。当地农民也在农业实践中充分重视肥料的积制与施用，大量使用有机肥料改变土壤理化结构，加速其熟化程度，提高土壤肥力。扩大肥料来源的同时，施肥也需合理，陈旉曾说，老百姓将粪肥称为粪药，意思是土地用粪，就像人吃药一样。当地人在农居之侧，"必置粪屋"，可以看出人畜粪是农家肥

---

1. 〔元〕王祯：《农书》卷十二、十三。

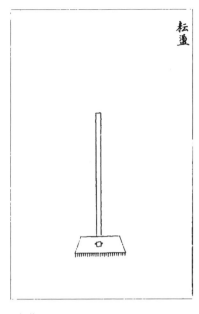

耘荡

秧马

料的主要来源。而且"凡扫除之土,烧燃之灰,簸扬之糠秕,断槁落叶"也可以沤入粪屋,发酵而成为上好有机肥。[1]除此之外,河泥也是另一种重要肥料。罱泥不但可以积肥,还可以使水道不致淤塞。因此一有农闲,农民们便用小舟驶入塘浦河港罱河泥。宋人诗道:"竹罱两两夹河泥,近郭沟渠此最肥。载得满船归插种,胜如贾贩岭南归。"[2]可见河泥肥的高效。

随着水稻土在江南普遍形成,江南水稻种植开始进入了一个全新的时期。有一个数据,汉代时稻谷单产低于小麦,稻谷产量

---

1. 〔宋〕陈旉:《农书·粪田之宜篇第七》。
2. 〔宋〕陈起:《江湖小集》卷十二《吴门田家十咏》。

折算大概每亩为 0.536 石，小麦则为 0.804 石；到隋唐时，稻谷单产超过小麦，稻谷为每亩 1.136 石，小麦则为 0.757 石；到了宋代，江南稻谷亩产已经可以达到每亩 2 石。顾清在《傍秋亭杂记》中载，南宋绍熙时，华亭县苗产稻谷 2～3 石，成为江南粮食亩产最高的地区。所以绍熙《云间志》说："华亭负海枕江，原野衍沃，川陆之产，兼而有焉。"唐代李翰《屯田纪绩颂》中说，嘉兴秀州在全吴，土地最为肥沃，所谓"嘉禾一穰，江淮为之康"。[1]

随着稻米主导地位的确立，江南在中国农业经济中的中心地位也随之确立。自唐朝中叶起，江南便一直是我国农业经济最为发达的地区，以丰富的粮食产量闻名全国，有着"苏湖熟，天下足""苏常熟，天下足"之谚。范仲淹在《上吕相公并呈中丞咨目》中论述："苏、常、湖、秀，膏腴千里，国之仓庾也。"[2] 江南地区的大量粮食通过漕运到达北方、两浙、福建等地。唐开元年间，裴耀卿主持漕运，三年内从太湖地区运漕米到长安、洛阳等地共计 700 万石。此后韦坚主持漕运，一年就运米 400 万石，数量巨大。据《元史·食货志》记载，元时江浙行省每岁税粮4 494 783 石，位居诸省之首，约占全国粮数的 37.1%。其中江南地区是主要产粮区，嘉兴路元代岁征粮 60 万余石，其中松江占到一半。后来松江府自嘉兴路析出，所属华亭、上海两地岁输粮

1. 绍熙《云间志》卷上《物产》。
2. 〔宋〕范仲淹：《范文正公集》卷九《上吕相公并呈中丞咨目》。

达到"一百五十余万"之数。[1]

水稻良种引进和改良也有了迅速的发展。水稻品种在江南有系统的记载开始于宋代。闵宗殿对宋元时期江南六部有水稻品种记载的方志进行统计,共记载水稻品种106个,除去重复的24个,实有品种82个。其中粳稻64个,占78%;糯稻18个,占22%。[2] 值得一提的是宋代占城稻的引进和改良。其"比中国者穗长而无芒,粒差小,不择地而生",宋大中祥符四年(1011),因两浙江淮地区"稍旱即水田不登",宋真宗派人赴福建取占城稻种3万斛,分给两浙等三路,"择民田高仰者莳之,盖旱稻也"。[3]其后经过改良,占城稻可以适应各种气候、水土条件而形成了不同的品种,太湖地区的六十日稻、金钗糯、赤谷稻等都是占城稻的改良品种,其中六十日稻又名早占城。此外,粳稻中的睦州红和糯稻中的宣州糯,从命名方式看应该是从睦州、宣州引进的水稻品种。由于重视新品种的引进和改良,水稻品种数量呈上升态势。

宋绍熙《云间志》有"今华亭稼穑之利,田宜禾麦,陆宜麻豆"的记载。[4] 根据近年来学者的研究,吴淞江两岸五代以后已经有相当多的地区实行麦稻复种,麦稻两熟已经成为普遍的耕作形式。另外,唐代已经具备了用于麦稻两熟的起垄技术,如陆龟蒙

---

1. 〔明〕宋濂等:《元史》卷九三《食货一》。
2. 闵宗殿:《太湖地区历史上的优质水稻品种资源》,《古今农业》1994年第1期。
3. 〔元〕脱脱等:《宋史》卷一七三《食货上一》。
4. 绍熙《云间志》卷上《物产》。

第四章
稼穑之功

《小雪后书事》中写到的江南麦垄："时候频过小雪天，江南寒色未曾偏。枫汀尚忆逢人别，麦垄唯应欠雉眠。"[1] 像华亭这样位于河流沿岸较高地段的圩田区，尤其拥有较好的旱作条件，由此从下下田变成宋人眼中的最上土壤。

明清时期，江南的水稻种植进入了一个新的时期。这一时期江南人口基数大，耕地日感不足，成为严重社会问题。要解决人多地少的矛盾，必须更充分地利用现有农用地，增加复种指数，大力提高单位面积产量。这一时期江南的稻麦两熟制已占主导，为了适应这些复杂的、多层次的种植制度，耕作技术、品种种类、栽培管理、肥料的积制和施用等技术均有较大发展。

如在耕作和施肥上，深耕进一步发展，要求更高，如用套耕法增加耕地深度。耕、耙、耖、耘、耥相结合的水田联耕作技术趋于完善，插秧日益规范。清初太湖地区的水稻，在深耕足肥的基础上，每亩插秧达到一万六千穴甚至到二万穴的。稻田施肥日益受到人们的重视，甚至到了"惜粪如惜金"的地步。肥料来源除天然肥和绿肥外，还包括了人们在农业生产和生活中一切可以利用的废弃物。道光年间松江人姜皋著的农书《浦泖农咨》中就记载，勤劳上等的稻农常常要施肥三次。第一次用红花草，等到寒露前后，稻子即将成熟之时，于灌溉之前，将红花草籽撒在稻田里，待到第二年春耕翻地之时，草籽也成熟了，便可在整田时将其翻入田内充当首肥；第二次则是把稻草灰铺在猪圈内，经过

1.〔唐〕陆龟蒙：《唐甫里先生文集》卷八《小雪后书事》。

猪每日的践踏以及猪粪的混合，担入田内施肥；第三次施肥则是用豆饼，豆饼个重可达二十四斤，敲碎后撒在田内。[1]

土地利用也更加集约。明清时期江南的农学家无不强调集约经营、少种多收，无不反对粗放经营、广种薄收。江南传统农业土地利用水平在明清时期到达一个新高度。这里的农民在充分利用土地时，注意补充和培肥地力，主要方法是施用有机肥，合理耕作，改善土壤的物理和化学性结构以及采用合理轮作例茬等生物措施。此外，农民还进行了大规模的兴修水利、平整土地、保持水土等工程措施，配合生物措施，大大发挥了精耕细作的效果。

本地农民还在稻作生产中创造了利用有利条件，克服不利条件，趋利避害的抗旱涝防灾措施，尤其是因地因时因物制宜地运用精耕细作的综合措施，在与旱、涝等自然灾害的斗争中，取得了一定的成果。[2] 如人们在继续浚治吴淞江等下游河道的同时，在圩田治理上，创造出了分区、分片控制治理的办法。即按照地势的高低，将好田分成为高塍、中塍和下塍三等，分别修筑塍岸，使其各成一个独立区段，外沟接收"高地之水"，让水不内浸，内堤"卫低田之稼"，避免水向外泄，由此确保收到"旱涝有救，高下俱熟"的效果。[3]

水稻是上海地区最重要的农业作物，在数千年的种植时间

1. 〔清〕姜皋：《浦泖农咨》。
2. 参见郑肇经：《太湖水利技术史》，农业出版社 1987 年版，第 114—134 页。
3. 〔明〕耿橘：《常熟县水利全书》，民国《太仓州志》卷六《水利下》。

里，逐渐形成唐代的红莲稻、香粳稻，宋代的占城稻、箭子稻、金钗糯，明代的芦花白、麦争场、瓜熟稻、水晶糯、白壳糯等近 70 个品种，[1] 这些品种中绝大部分在上海地区均有种植。以上海为例，弘治年间所种有箭子稻、香子稻、红莲稻、乌口稻、早乌稻、穤稏稻、紫芒稻、金城稻、小籼、大籼、早白、晚白、闪西风、百日赤、谩官糯、金钗糯、芦黄糯、羊须糯、矮儿糯、赶陈糯等 20 个品种[2]；万历年间，嘉定县还种植有穿珠稻、白芒稻、赤稻、黄皮稻、香秔稻、红莲稻、六十日稻、下马看、乌野香、救公饥、雪里拣、稚蒙、软秆青、大头红、枇杷红、红蒙子、吊杀鸡、舜耕、睦州红、隔岸撺、八月白、砟倒变、中秋糯、虎皮糯、橘皮糯、火珠糯、乌丝糯、软秆糯、猪鬃糯、小娘糯、羊脂糯、瞒官糯、灶王糯、豁里糯、待西风等更多品种[3]，青浦县还有百日赤、深水红、秋风糯、芦花糯等不同种类。[4] 上述诸多稻作品种中，可以分成粳稻、籼稻、糯稻三大品系。其中，糯稻主要作为酿酒原料，而上海地区主要粮食品种则是粳稻、籼稻两系。其中，较为耐寒、品质更佳的中晚熟粳稻品种，则成为适应元明时期上海地区自然条件的主要品系。[5] 具体言之，芒种节后及夏至节种、白露节后所收割的为中稻；夏至节后十日内种、寒露节后收

1. 游修龄：《中国稻作史》，农业出版社 1995 年版，第 87 页。
2. 弘治《上海志》卷三《田赋志·土产》。
3. 万历《嘉定县志》卷六《田赋考中·物产》。
4. 万历《青浦县志》卷一《土产》。
5. 李伯重：《江南农业的发展（1620—1850）》，王湘云译，上海古籍出版社 2007 年版，第 47—50、79 页。

割且多种于棉花、桑园发达地区的则为晚稻，[1] 以便错开种稻与种植棉花、植桑育蚕的时间。另外，春分节后种、大暑节后收割的属于早熟品种的籼稻，也有大量种植。[2] 早稻主要是为了解决一般小农户到春夏之交青黄不接的问题，如所谓的麦争场，"以三月而种，六月而熟，谓之麦争场也。松江耕农，稍有本力者，必种少许以先疗饥"。[3] 正如嘉靖《上海县志》所说，本地稻种非常繁多，根据其成熟时间可分三种：早稻、中秋稻、晚稻。白稻最晚，籼稻最早。[4]

这一时期上海地区质量最佳的有箭子稻，稻粒细长而白，味香而甘，九月顾熟，是"稻品之最高者"，类似于晚白稻，但更胜一筹，明清时，海内共推江南晚米第一。还有一种糯稻可以替代粳稻输租，因此在太湖地区种植极广，名为瞒官糯或不道糯，亦名冷粒糯。《松江府志》引《农遗杂书》记载：这种"不道糯"，容易耕种，收获多，农民最喜欢种，稻米做成饭比较糯，酿酒则像粳米。农民多拿来代替粳米纳税粮交租。俗称为"雌哥头"，古人称之为"奸米"。对官府来说是"奸米"，而对农户来说是减轻赋税的一种"佳种"。

当时的水稻品种已经可以适应各式田地类型与种植，如有耐寒的冷水结，《稻品》云：有种水稻会发芽两次，晚熟，叫乌稻，

---

1. 《吴门事类》，洪武《苏州府志》卷四二《土产》。
2. 李伯重：《"天"、"地"、"人"的变化与明清江南的水稻的生产》，《中国经济史研究》1994 年第 4 期。
3. 崇祯《松江府志》卷六《物产》。
4. 嘉靖《上海县志》卷一《物产》。

是松江特产。颜色黑，能耐水与寒，所以叫冷水结，是"稻之下品"。[1] 耐盐碱的有松江赤，"其性不怕盐碱"，可以应对咸潮，靠海的农田必须要种这一种。耐涝的品种有一丈红，"五月种，八月收"，能耐水，水深三四尺，将种子播散其间，就能从水底抽芽，出水后，和通常稻种一同成熟。在松江的水乡地区，由于这一品种不怕水，最适宜种植。糯稻品种繁多，都是酿酒上品，早在唐朝刘梦得诗中，就有"酒法得传吴米好"之句。松江地区最知名的酿酒品种是金钗糯，"金钗糯，米粒长，三月种，七月熟，最宜酿酒"。[2]

明清时期，江南水稻产量的增长承载了人口大量增加带来的压力。由于精耕细作程度的提高，水稻单产提高得很快，明朝江南水稻平均单产已达每亩 300 公斤，和宋代的产量相比增长了48%，约比当时全国的水稻平均产量高 90%。之前我们提到过，明嘉靖时松江西乡一带，夫妻二人可种二十五亩，稍稍勤快一点可至三十亩，普通田每亩也能收二石五斗，每年就可得米七八十石，故地租也能到一石六七斗。可见易于灌溉的地方，加上适当施肥，水稻亩产可以达到三石，不过一般而言每亩产米大致在两石半。清中期，根据姜皋《浦泖农咨》相关记载，在道光三年（1823）以前，松江地区有所谓"三石田稻"。道光三年大水后，亩产下降，"所收亦仅二石"，可见平常年份能达亩产三石。

---

1. 〔明〕黄省曾：《理生玉经镜稻品》。
2. 崇祯《松江府志》卷六《物产》。

云间潮涌
(751—1843)

值得注意的是，明后期特别是入清以后，江南种植结构开始发生变化，粮食作物（以水稻为主）种植面积不断减少，经济作物种植面积不断扩大，主要体现在棉花和桑树的广泛种植上。例如松江府上海县盛行种植棉花，据徐光启估计，明末沿海官民军灶共垦田大约200万亩，其中大半用于种棉。"海上官民军灶，垦田几二百万亩，大半植棉，当不止百万亩。"[1] 明末清初上海人叶梦珠在《阅世编》卷七《食货四》中也说："吾邑地产木棉"，行销于浙西诸地，纺织成布，"衣被天下，而民间赋税，公私之费"，都依靠棉花，所以"种植面积之广，与粳稻等"。[2] 可见上海一带的水稻种植面积已下降到耕地总面积的50%左右。

在人口剧增、产业结构调整的压力下，江南这个曾经的产粮大区出现了缺粮状况，需要外省粮食补给，"苏湖熟，天下足"也开始被"湖广熟，天下足"所取代。明末黄希宪写道，吴中地方"五方聚处，日食甚繁"，本地所产之米不足供本地之用，两湖地区的米，不仅浙江依赖进口，即使是江苏各地"亦望为续命之膏"。[3] 当时江南输入的粮食（稻米为主）主要依靠长江中上游的安徽、江西、两湖及四川地区，尤以两湖地区为多。康熙时便有"江浙百姓咸赖湖广米粟"之说。雍正元年（1723），清世宗上谕内阁时也曾提及：浙江及江南苏州、松江等府，"地窄人

---

1. 〔明〕徐光启：《农政全书》卷二五《树艺》。
2. 〔清〕叶梦珠：《阅世编》卷七。
3. 〔明〕黄希宪：《抚吴檄略》卷一《为饬场遏籴之禁大沛邻郡封事准》。

稠"，就算是丰收之年，亦需要进口湖广、江西等处粮食。[1] 当时江西、湖北地区米价上涨或粮船来迟，都会直接影响到太湖地区的米粮供应和米价。[2] 太湖地区这种粮食外部依赖性一直延续到清后期，《清穆宗实录》卷五七记载：江苏省各府县产米，不够本地消费，一向"赖湖广等省商贾贩运"。[3] 据全汉昇（Chuan, Han-sheng）与克劳斯（Richard A.Kraus）[4] 研究，18 世纪早期（康熙、雍正年间）从中西部产粮区经长江航道运往东南沿海的稻米大约在 1 600 万～2 700 万石之间，大多供应苏、松、嘉、湖地区，一部分由苏州等米市转运浙、闽地区。而到嘉庆、道光年间，每年沿长江东运米粮数剧增至 3 000 万～4 000 万石。100 年间太湖地区人们消费的商品粮增加了 1 500 万石。这种规模巨大的"西粮东运"局面，是我国历史上粮食生产走向大规模商品化、区域化的重要标志。"西粮东运"促进了水稻的商品化程度，粮食买卖增多，农户更多地选择利用经济作物的收入来买粮食，突出表现在市镇中的米市米行增多，水稻活动的空间范围也从农村拓展到城镇，从农业生产拓展到了商业贸易中，水稻在江南人的日常生活中又开始扮演着新的角色。

由于水稻对江南人的重要性，江南文化在某种程度上也可以称之为稻作文化，稻作对江南的社会生活的影响是全方位的，从

---

1. 《清世宗实录》卷一五，雍正元年十月壬申。

2. 《清高宗实录》卷三一四，乾隆十三年五月甲申。

3. 《清穆宗实录》卷五七，同治二年二月戊寅。

4. Chuan, Han-sheng, Kraus, Richard A：*Mid-Ch'ing Rice Markets and Trade: An Essay in Price History*, Harvard University Asia Center，1975.

日常饮食到服饰居住，从民间信仰到宗庙礼俗，从节日习俗到人生礼仪等。对这里的人们来说，"民以稻为天"。正因为稻米是太湖地区人们生存和繁衍的最根本需求，人们的衣食住行、宗教信仰、岁令节日、生产生活等方面都和水稻发生着密切联系，形成纷繁复杂的各类稻作文化。

水稻耕种非常依赖天时物候，"江南最称富庶，但财赋出自水田，水田尤赖时雨"。人们便在长期的实践中，注意观测天时物候与农业生产的关系，经过思考总结形成了丰富的农事预测与占验民俗。这些民俗也许不一定具有现代科学的依据，但也是农业生产经验的历史传承，所谓"吴中老农望岁咸以俗谚验天时，往往十不爽一"。宋元时期松江人陆泳就曾采集当时的方言俗语编为《吴下田家志》，比如"四月麦秀寒，五月温和暖""清明断雪，谷雨断霜""知了蝉叫稻生芒"等。这些农谚大量保存了当时农民的直观经验，反映了人们对气象的重视。

由于江南农业社会的生产、生活方式的稳定性，也决定了这里的稻作文化具有相当的稳定性，很多习俗甚至延续至今。例如，正月十三、十四，江南稻农会用糯米放入铁锅爆米花，米花要爆得色泽洁白，称为"米花"，又叫"爆孛娄"，其实这和吴语"卜流年"谐音。据说每人各占一粒，观其形状，可以卜算来年凶吉。现在爆孛娄卜占大事的习俗基本消失，但爆孛娄作为一种风味食品仍可以见到。又如，江南普遍流行的"照田蚕"习俗，即在正月十五元宵那天晚上，将扫帚、竹枝、芦苇绑在一起，长有丈许，在田间照耀，来占卜一年旱涝。若火焰发白则预示会发生火灾，火焰发红就会发生旱灾。王鸣盛《练祁杂咏》言："新春爱嚼米花甘，听闹元宵兴倍酣。高点彩灯千百盏，年年此夕照田蚕。"说的就是这一习俗。

与米食有关的习俗更是至今不衰。比如说过年吃年糕、元宵吃圆子的习俗至今仍然必不可少。清明祭祖会吃青团子，就是摘取青绿的嫩麦苗或麦叶、嫩青草捣烂出青汁，和粉时加入这种青汁，做出的团子就呈青色。然后放蒸笼蒸熟后，青团子色如碧玉，若蒸时再放几片荷叶垫底，出笼时就更清香四溢。如今每逢清明，上海街头的青团叫卖声仍随处可闻。又如端午节要避邪消灾的民间信仰传统已经淡化，但食粽子反而更加流行。用上等糯米还可以酿造成冬酿酒，其中以十月白、三白酒最为有名。如今冬至日前后，市场上出售冬酿酒的小店仍比比皆是，以桂花冬酿酒居多，加入桂花后，香味扑鼻。

随着江南的工业化、城市化越来越深入，昔日美丽的稻田风光在今天的上海已经越来越少见，但是水稻并没有远离我们的日常生活，从平时吃的米饭到很多日常习惯、日常语言都留下了稻米的痕迹。水稻渗透在了古代上海的各个方面，也正是在稻作文化的影响下，才养育出了这里温厚而不失精干，坦诚而不失机敏，柔韧而不失坚毅的人们。

第二节　衣被天下

上海地区的冈身地带地势高仰，不宜种植水稻，元代黄道婆在乌泥泾引入了东南亚的一年生亚洲棉，并革新改造织布技术，由此不但开创了江南棉花的种植史，也改变了上海地区的经济格局。

棉花，宋元以前称木棉，或写作为棉，又称为吉贝。清赵翼在《陔余丛考》中称：棉花"本来自外番"，先流传于广东，后推广到福建，元初始于江南，"而江南又始于松江"。[1] 上海乌泥泾（今华泾镇）是宋末元初松江地区最早种植棉花和织布的地方。明正德《松江府志》有称："木棉出闽广，可为布。宋时乡人始传其种于乌泥泾。"[2] 乌泥泾地处冈身以外的东乡，因为当地"土田硗瘠"，无法满足本地消费，百姓们便谋求种植其他作物，"以资生业"，于是把视野转向了棉花。据学者研究，我国古代华南地区所种的多年生亚洲棉并不适宜于江南种植，乌泥泾种植的棉花品种是从东南亚传入的一年生亚洲棉，由此不但开创了江南棉花的种植史，而且直接改变了农作物的地域分布格局。不过这一时期本地的棉纺织技术仍处于初创的低级阶段，"初无踏车、椎弓之制，率用手剖去子，线弦竹弧，置案间振掉成剂，厥功甚艰"。[3] 直接改变这一状况的是黄道婆的归来。

黄道婆，也称黄婆、黄母，名佚。元人王逢曾记载她的传奇故事：黄道婆是松江乌泥泾人，早年曾沦落在海南崖州，元代元贞年间遇到海船，才回到家乡。黄道婆回乡后纺织木棉花，织

---

1. 〔清〕赵翼：《陔余丛考》卷三十《木棉布行于宋末元初》。
2. 正德《松江府志》卷五《土产》。
3. 〔明〕徐光启：《农政全书校注》（上）。

"崖州被"糊口,还将技术传授给其他农妇。不久,"崖州被"就改名为"乌泾被","仰食者千余家"。黄道婆去世后,乡长者赵如珪专门为她立祠香火庵。[1]

黄母祠

黄道婆传入的革新技术,主要体现在两个方面。一是棉纺织的加工工具,即"造捍、弹、纺、织之具",主要是"踏车去核,继以椎弓,花茸条滑。乃引纺车,以足助手,一引三纱"。[2] 所谓"踏车去核",即用踏车作为轧去棉籽的工具,代替了原来用手剥之法。"继以椎弓",是用檀木椎敲击长绳弦的大弹弓,代替了原来用指拨线弦竹弧的小弓进行弹棉。"乃引纺车,以足助手,一

---

1. 〔元〕王逢:《梧溪集》卷三《黄道婆祠诗并序》。
2. 《上海县新建黄婆专祠碑文》,上海博物馆图书资料室编:《上海碑刻资料选辑》,上海人民出版社1980年版,第45—46页。

引三纱"是首创了三锭棉纺车，即"黄道婆纺车"，代替了原来的手摇单锭纺车，极大提高了纺织效率。《上海竹枝词》言："纺纱旧用手旋车，两指端才捻一纱。纱少改车凭脚运，三纱一手纺家家。"下有自注："吾邑一手三纱，以足动轮，名脚车，人劳而工敏。"[1] 二是革新织造工艺，创造了一种由色织和提花构成的织造工艺技术。色织，是指织布所用棉花都是事先染上各种颜色的色纱，即"错纱、配色"，提花，是在织造过程中利用经纬棉纱的不同变化，织出不同的复杂花样，即"综线、挈花"，所以陶宗仪才说所织被褥等绘有"折枝、团凤、棋局、字样，粲然若写"，[2] 由此创造性地织出远近闻名的"乌泥泾被"，使得松江布远近闻名。清代松江人褚华称，传说黄道婆能在被、褥、带、帨各式织品上织成"折枝、团凤、棋局、花文"，本地人又发展"为象眼，为绫文，为云朵"。明成化间流播到宫中，于是开始织造龙凤斗牛麒麟袍服，染上大红、真紫、赭黄等色，甚至有一匹价值"白金百两者"。[3]

明代是上海地区棉纺织业的黄金时期。松江府棉花种植面积大，棉纺织业极其兴盛，产品精美，品种繁多，花样新颖，冠于全国，驰名中外。据李伯重先生考证，明末清初，此区平均每亩可收籽棉 80 斤，价值超过了丰年水稻收益。[4] 到了清代中叶以后，

1. 秦荣光：《上海竹枝词》，顾炳权编著：《上海历代竹枝词》，上海书店出版社 2001 年版，第 218 页。
2. 〔元〕陶宗仪：《辍耕录》卷二十四《黄道婆》。
3. 〔清〕褚华：《木棉谱》。
4. 李伯重：《明清江南农业资源的合理利用》，《农业考古》1985 年第 2 期。

棉花的亩产量还有所提高，清人包世臣提到，18世纪末棉田"盛者亩收干花二石"。[1]张春华《沪城岁事衢歌》也说："一亩之入有百斤者为满担，倍者是年之极丰者，不恒有。"叶梦珠《阅世编》曾记录，崇祯壬申（1632）白米每斗价钱一百二十文，值银一钱，民间便苦其贵。而到了秋收，早米每石价钱便跌至六百五六十文，此后大约每石价格维持在千文左右。直到崇祯十二年，随着钱价下跌，米价涨至每斗银一钱八九分。[2]而棉花最初百斤值钱一两六七钱，至崇祯初，则涨至四五两。明代稻谷亩产约二石，而较为丰收之年，棉花亩产则在百斤左右，二者的收入差距基本在一倍左右。[3]

如果农户自己种棉花，自己轧花弹花并纺纱纺布的话，利润收益更加可观。叶梦珠曾提到，松江标布"每匹约值银一钱五六分，最精不过一钱七八分至二钱而止"。[4]即便是以最低每匹一钱五分计算，一般农户每日织成一匹，毛利则是一钱五分。清人陆世仪所言"棉三斤织布一匹，利率三倍"，利润之厚，由此可见。因此种植木棉对像嘉定这样的冈身地区居民而言越发重要，本地最大的产业首推棉布，"纺织之勤，比户相属"。普通百姓家中的"租庸、服食、器用、交际、养生、送死之费"，都要依靠棉纺织业。[5]棉花的大量种植，充分发挥妇女劳动能力，转移农村剩余劳

1. 〔清〕包世臣：《齐民四术》卷第一上《作力》。
2. 〔清〕叶梦珠：《阅世编》卷七《食货一》。
3. 〔清〕叶梦珠：《阅世编》卷七《食货一》。
4. 〔清〕叶梦珠：《阅世编》卷七《食货五》。
5. 〔清〕陆世仪：《桴亭先生文集》卷六《青浦魏令君德化记》。

动力，增加民众收入，有利于生活改善与质量提高，使人力资源得到充分利用，进一步促进社会经济的发展。吴伟业目睹明代松江地区棉花市场盛况景象，作诗《木棉吟》曰："眼见当初万历间，陈花富户积如山，福州青袜鸟言贾，腰下千金过百滩，看花人到花满屋，船板平铺装载足。"[1]

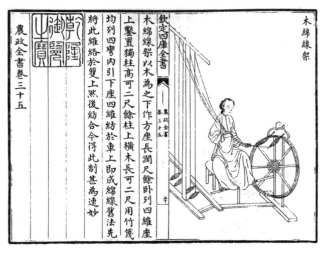

木棉线架

棉花的大量种植推动了棉纺织业的生产。当时棉纺织生产主要有轧花，纺纱（弹棉、搓条、纺纱、成纴），织布（浆纱、牵经、穿筘、摇纱、织布）染色，踹压及成品制造等工序[2]，前三个

1. 〔清〕吴伟业：《吴梅村全集》卷十《木棉吟》。
2. 李伯重：《多视角看江南经济史（1250—1850）》，生活·读书·新知三联书店 2003 年版，第 347—353 页；李伯重：《江南的早期工业化（1550—1850）》，社会科学文献出版社 2000 年版，第 61 页。

工序中分别使用轧车、纺车、织机等重要工具。织机、纺车变化不大，但轧车有重大改进，进步明显。明代常用揽车（赶车）需三人共同操作（两人摇轴，一人喂棉），《天工开物》中出现一人操作的揽车，上海地区是否使用仍需要文献佐证。不过，明末出现的太仓车，仅需要一人操作，"日可轧百十斤，得净花三之一"。别的地方用碾轴或揽车，只有太仓车可以"一人当四人"，这是重要的技术革新，轧花工效也有明显提高。"九月中，南方贩客至"，城市男子也多从事"轧花生业"，[1] 轧花业由此成为最早从棉纺织业中独立出来的一个行业。[2]

纺织工具弹弓

---

1. 崇祯《太仓州志》卷五《物产》。
2. 许涤新、吴承明主编：《中国资本主义发展史》第一卷《中国资本主义的萌芽》，人民出版社 2003 年版，第 394 页。

明代松江棉布，无论从实用还是技术来说，都位居全国第一位。这都充分反映明代松江纺织技术已达到极其纯熟高效的水平，代表了传统中国棉纺织业的最高水准。宋应星《天工开物》中提到："凡棉布，寸土皆有，而织造尚松江。"松江生产许多各具特色的高级棉布，多销京师，为皇室、贵族、高官所用。最著名的就是三梭布，文献中说，皇帝的"近体衣"都是松江三梭布所制，甚至已经成为所谓的"本朝家法"。[1] 正统年间，松江府华亭、上海二县折粮三梭布已达到 59 732 匹之巨。[2] 万历二年（1574），松江府三县布匹缴纳数额如下：华亭县三梭布 17 830匹，阔白棉布 76 720 匹；上海县三梭布 10 825 匹，阔白棉布46 577 匹；青浦县三梭布 4 345 匹，阔白棉布 18 703 匹。[3] 三县的三梭布共计为 33 000 匹，阔白棉布为 142 000 匹。

李伏明曾推算在 1600 年左右，上海地区一年棉布产量约为1 575 万匹。[4] 但是他是按照上海当时人口基数 160 余万推算的。有学者推算，160 万只能是当时松江府人口的下限，上限估计当在 250 万左右。以 7 个工作日可以织成 1 匹布，一年大约 220 天用于纺织为标准，明代后期每名妇女每年可织布约 31.5 匹。如每户按照拥有 1.5 个标准劳动力计算，共计有 75 万标准劳动力，则一年产棉布量应该在 1 500 万～2 000 万匹。这些棉布只有少数

---

1. 〔明〕陆容：《菽园杂记》卷一。
2. 《明英宗实录》卷六十七，正统五年五月庚申。
3. 崇祯《松江府志》卷八《田赋一》。
4. 李伏明：《明清松江府棉布产量与市场销售问题新探》，《史学月刊》2006 年第 10 期。

第四章

稼穑之功

137

自用，多数外销。每人每年消费棉布 1.65 匹，则每户为 8.4 匹。以此为准，则明代后期松江府自用消费量约为 270 万～ 420 万匹。去除贫户无力购置、富家使用锦衣绸缎、麻布仍持续使用等各类特殊情况，250 万～ 350 万匹的消费量基本符合当时的历史事实。松江府所产棉布大约超过 80% 用于国内外的销售，可见产量之巨、销售之广、影响之大，令人叹为观止。

纺纱织布

　　数额巨大的布匹必然需要大量的织机。明代天启年间传教士鲁德昭（Padre Alvaro Semedo）曾有记载："南直隶最东边的地区，殷富肥沃，出产大量的棉花，据当地人们肯定的说法，只在广大的上海城镇及其所辖区内，有以这些棉布为原料的二十万台织机。因此，仅从此处一地，每年就要向皇帝缴纳四十五万杜卡特……所以在一间屋内可以放置多架，几乎全部妇女从事此项工作。"[1] 明代天启二年（1622）上海县有 81 960 户，而据鲁德昭耳闻目睹所述，仅上海县地区即有 20 万台织机，再加上"一间屋内可以放置多架"的情况，简单平均来看，一户可能有 1～2 台织机，富户或地主家庭织机当非常可观；如果再加上整个松江府还有苏州府嘉定县及崇明县，当时织机数量之巨，更加令人叹为观止。

上海地区生产的布匹种类也非常丰富，明末清初叶梦珠在《阅世编》中根据织布之阔狭、长短甚至销售地区分为如下品种：第一等是标布，上阔尖细，出于三林塘者为最精，周浦次之，县城更次，主要销往秦、晋、京边诸路，走长城内外。比标布稍狭而长的，为中机布，主要销往湖广、江西、两广诸路。明代时标布盛行，销路极好，"富商巨贾，操重资而来市者，白银动以数万计，多或数十万两，少亦以万计"，当地牙行像尊奉王侯一样尊奉布商，争夺布商像两军对垒，只有有权有势的大家族才能充当牙行。明末，秦晋布商衰落，徽商崛起，贩运标布的标客较少，标布生意逐年下滑，生意衰败，由此中机布销售开始兴盛，松江人称新改布。最为狭短的叫小布，阔不过尺余，长不过十六尺，单行江西饶州府等地。此外还有一种浆纱布，色如标布，但要稀松柔软，络纬之法则与标布不同。[2] 另外还有所谓茵墩布、丁

1. 转引自〔日〕西嶋定生：《中国经济史研究》，冯佐哲、邱茂、黎潮合译，农业出版社1984年版，第619—620、630页。按，杜卡特当系威尼斯金币"Daucato"的音译，是欧洲中世纪最通行的金币，16世纪后铸造有大型杜卡特银币，此处所指当系银币。
2. 〔清〕叶梦珠：《阅世编》卷七《食货五》。

娘子布等，更是民间畅销之品。崇祯《松江府志》言：有茵墩布，阔三尺余。又有丁娘子布，组织尤精细；还有三梭、放阔、新改、标寸等布，各个村镇都有各自的特色布。最佳的，叫飞花、赛绵绸之类，大都细密匀净。[1]所谓丁娘子布，松江府城东门外双庙桥丁氏弹棉花极纯熟，棉花"皆飞起"，弹出的棉花织布尤为精软，所以叫丁娘子布，又名飞花布。[2]朱彝尊曾作诗称赞："丁娘子，尔何人，织成细布光如银。舍人筐中刚一匹，赠我为衣御冬日。"[3]华亭县车墩之飞花布也著称一时。范濂则专门谈到尤墩布，即茵墩布，明万历以来，用尤墩布织暑袜"极轻美"，各地争购。所以松江府城西郊，开出暑袜店百余家。府中无论男女，"皆以做袜为生"。[4]锦布，出于上海，色样不一，类似古代的锦缎。云布，以丝作经，而纬以棉纱，也称丝布，一度泛滥，后经技术改良，"花样既新，色亦娇媚"，每匹价至三金，四方争购。[5]根据西嶋定生的研究，"三梭布""飞花布""尤墩布"等高级品由城市手工业者生产，直接供给政府或进入高端市场。而"标布""中机"等平织粗布则由农村生产，再通过基层市场渐次销往全国。[6]

---

1. 崇祯《松江府志》卷六《物产》。
2. 嘉庆《松江府志》卷六《物产》。
3. 〔清〕朱彝尊：《曝书亭集》卷九《汪舍人懋麟以丁娘子布见赠赋诗》。
4. 〔明〕范濂：《云间据目抄》卷二《纪风俗》。
5. 〔明〕李绍文：《云间杂识》卷一。
6. 〔日〕西嶋定生：《中国经济史研究》，冯佐哲、邱茂、黎潮合译，农业出版社1984年版，第531、532、623页。

除了松江外，今属上海的嘉定也是重要的织布业中心。如娄塘有斜纹布，据说此布"间织为水浪胜子，精者每匹值至一两，匀细坚洁，望之如绒"。每匹可以卖出一两之高价。外冈镇有名为"飞花布"者，以往都是太仓的特色，后嘉定外冈亦开始织就，当地人称之为"小布"，其制作精良，价格更甚常布。安亭镇专门有"药斑布"，就是后世知名的蓝印花布。先用豆灰浆液在棉布上涂抹出图案，之后浸染在靛蓝药液中染色，染好晾干后，刮去布上的豆灰斑，就显出蓝白相间的花纹，"作楼台、花鸟、山水、人物之象"，"可为茵，为衾、为幕"。另外还有棋花布，以青白杂色，好像棋枰一样，专门用来制成帨帐。民间还"多衣紫花布，无间老幼"。[1]

上海地区的诸多农户，不仅家庭从事织布生产，还出现了明确的精细化分工，出现专门从事棉花加工轧花、弹花，专门从事纺纱、织布以及制作、经营袜子等棉织成品的专门行业。如当时的金山卫，也就是后来的金山县，少产棉花但多从事纺纱业务，然后将面纱贩运至织布中心。黄汴《一统路程图记》有嘉兴府至松江府的水路记载，上面说，不带货物的旅客在嘉善县与松江府之间旅行，可以非常方便地搭乘棉纱船往返。[2] 嘉善县位于海盐至松江府水路的中途，这进一步说明海盐经嘉善至松江府之间，有许多以运送棉纱为主要任务的货船往来穿梭，将棉纱等重要原材

1. 万历《嘉定县志》卷六《田赋考》。
2. 〔明〕黄汴:《一统路程图记》卷七《江南水路·苏松二府至各处水》。

料运往作为目的地的棉纺织业中心松江府地区。

由于棉花种植业的逐步扩大和技术的不断革新，农业、手工业结合的趋势加强。上海地区"男耕女织，外内有事。田家妇女，亦助农作，镇市男子，亦晓女红"，[1] 形成了独具特色的家庭内部手工业生产链条。城镇居民也无一例外地参与到棉纺织业的巨大洪流之中，成为专业织布经营人员，明人郑友玄所语"今在城机户，惯织官布者原理自有人"[2] 即反映这种情况。明代整个上海地区逐渐形成了轧核经营、纺纱经营、织布经营、制品经营等四个重要的工作程序与经营环节。[3] 众多妇女脱离农业，专门从事生产。城镇的牙商、布商提供原料，妇女领取之后可在家中完成纺织，再将成品、半成品交售出去。许多人因此精于纺织棉布，获得一技之长。明人周忱指出："天下之民出其乡则无所容其身，苏松之民出其乡，则足以售其巧。"[4] 说明完全丧失或抛弃土地的独立手工业者、长期或短期受雇的织工、以契约关系受雇于经营地主的雇佣工人等各阶层与群体的劳动者，均参与到棉纺织业的各个工序与环节之中，充分发挥各自作用，共同为上海地区棉纺织业的繁荣昌盛做出贡献。

以夏袜等棉织成品为例，如前所述，在松江城西郊仅袜店就有百余家。这些袜店店主统一分发原料，使小生产者自己加工，

1. 嘉靖《上海县志》卷一《风俗》。
2. 崇祯《松江府志》卷十一《役法》。
3. 日本学者西嶋定生先生提出前三个环节，第四个由笔者所加，参见〔日〕西嶋定生：《中国经济史研究》，冯佐哲、邱茂、黎潮合译，农业出版社1984年版，第615页。
4. 〔明〕周忱：《与行在户部诸公书》，载〔明〕陈子龙等编：《明经世文编》卷二二。

或者雇佣妇女"不能织者，多受市值，为之缝纫焉"。[1]这样一来，袜店店主实际上成了没有厂房的小资本家，那些为袜店加工生产，"从店中给筹取值"的"合郡男妇"，就成为店主的雇佣工人。同时发展起来的还有与棉布生产紧密关联的踹坊、染坊等手工作坊。这还说明棉纱、棉布、棉织品等手工业的专业化、集约化、分工合作化生产的程度已经非常之高。[2]

棉米收人瓣

乡人收木棉

清代以后，江南的棉花亩产量还有所提高，清人包世臣提

---

1. 〔明〕范濂：《云间据目抄》卷二《纪风俗》。
2. 朱子彦：《松江府在明代的经济地位：兼论上海地区的近代化转型》，《江南大学学报（人文社会科学版）》2012 年第 3 期。

到，18世纪末棉田"盛者亩收干花二石"，[1] 张春华《沪城岁事衢歌》也说："一亩之入有百斤者为满担，倍者是年之极丰者，不恒有。"[2] 以松江为代表的江南地区纺织技术继续改进，手摇纺车外，清代还出现了足踏的多锭纺车（当时称为脚车）。学者徐新吾指出，三锭纺车的生产效能比单锭纺车提高 50%～100%。只不过使用足踏多锭纺车技术难度大、劳动强度高，只宜青壮年劳动力使用，而且使用最多的仍是松江府特别是上海县一带，另外在川沙、南汇一带也有相关记载。乾隆《上海县志》便称：其他地方只能用"两指拈一纱"，名手车，而上海县可以"一手三纱"，名叫"脚车"。[3] 张春华的《沪城岁事衢歌》中也称："纺纱他处皆有，然以巨轮手运，只出一纱。足出三纱，惟吾乡有之。"[4] 另外这一时期棉纺织业的专业化分工程度日益提高，有不少文献资料记载说上海有很多人家专门纺纱，如"棉纱成，卷之成饼，列肆卖之，名布经团"，"有止卖纱者，夜以继日，得斤余即可糊口"[5] 等。还有些织户专门从江南各地购买棉纱纺织，如太仓"妇女弹捍（木棉）作条纺之，松江织户咸来采贩"。[6] 这一时期，以上海为中心，棉布销售仍然繁忙，由于松江府的棉纺技术先进，

1. 〔清〕包世臣：《郡县农政》卷一《农一》。
2. 〔清〕张春华：《沪城岁事衢歌》，顾炳权编著：《上海历代竹枝词》，上海书店出版社2001年版，第112页。
3. 乾隆《上海县志》卷一《风俗》。
4. 〔清〕张春华：《沪城岁事衢歌》，顾炳权编著：《上海历代竹枝词》，上海书店出版社2001年版，第112页。
5. 〔清〕褚华：《木棉谱》。
6. 嘉庆《太仓州志》卷一七。

棉布质量好，各品种棉布都"紧细如绸"，成为达官贵人和富庶之家的追逐对象。嘉庆时期，上海人钦善描述了经营松江棉布的商人的忙碌情景："冀北巨商，挟资千亿。岱陇东西，海关内外，券驴市马，日夜奔驰。驱车冰河，泛舸长江，风餐水宿"，相继涌入江南一带。"标号监庄，非松不办"。松江一府，秋天售布，每日"十五万"，利源滚滚。[1]

这一时期，上海地区的优质棉布还远销世界各地。美国人马士（H. B. Morse）在《东印度公司对华贸易编年史》中说：公司订购了手织的南京土布，认为它们一般都要比广州出产的土布好得多。广州土布洗后褪色，而真正的南京布（the true Nankeen）则不会褪色。他在《中华帝国对外关系史》中也讲到，在鸦片战争以前中国向欧美各国出口的土布主要就是 Nankeen，即南京布。而相关学者早就指出，这里所谓的南京棉和南京布实际就是明清时期盛产于松江等地区的"紫棉花"和用这种紫棉花作原料织成的"紫花布"。乾隆《嘉定县志》记载："紫花布，以紫棉织成，纱必匀细，工必良手，价逾常布"。[2] 当时民间甚至传说"以紫花织成，曰紫花布，能养血，宜老人服"。紫花布由于价格较高，产量也比较有限，当地的一般市民百姓多服用其他较为粗糙的土布而不会问津于此。因此，它除了满足本地少部分士大夫等人的消费以外，主要就是运销

---

1. 〔清〕钦善：《松问》，〔清〕贺长龄：《清朝经世文编》卷二八《户政三》。
2. 乾隆《嘉定县志》卷十二《物产》。

南方的闽广地区。上海《法华镇志》说："紫花布专行闽广，本色者各省行之。"这些行销到闽广的布匹经过行商等中间人之手，最后大部分都由西方贸易商人所购买，然后贩运到欧美各地。据记载，在乾隆六十年至嘉庆十二年（1795—1807）、嘉庆二十二年至道光十年（1817—1830）两个时期里，"南京布"外销量每年在100万匹以上。

棉花种植及棉纺织业为何可以在以上海为中心的江南地区快速发展起来，学者赵冈[1]有非常好的总结，特引述于此：诸农村副业中，棉纺织业最能满足不需要太多资金购置生产设备、不存在显著规模经济、不需要很高生产技术与强大体力、不需要多人协同操作、生产程序可随时停止以应付其他生产工作等五个条件，棉业织机与织布结构都很简单，购置成本不太昂贵。棉花价值也极便宜，生产周期短，当时江南的农户通常一天可织布一匹，立即可以在市上出售，所积压的流动资金微少。单锭纺车老幼皆能使用，织平纹布的技术不复杂，无需专业技工。纺与织各需一名人员操作，可以分别进行，没有多人协作的必要。这些工作都没有连续性，操作之人随时可以停手。因为这些种种有利特点，棉纺织业刚传到江南地区，便变成了当地农村居民的最佳副业，十分风行。另外，与纯粹手工业工场雇人劳作相比，很多棉纺织业则利用家庭中妇孺老幼等剩余劳动力生产，这些劳动力没有机会成本，农村副业也就没有任何劳动力的下限，只要生产的

---

1. 赵冈、陈钟毅：《中国棉纺织史》，中国农业出版社1997年版，第53—55页。

云间潮涌
（751—1843）

146

成品出售后能够补偿原料费用及这些费用之外略有剩余即可，这也是江南棉花种植、轧花弹花、棉纱织布、棉织品生产与销售等产业扩展迅速、非常盛行的重要驱动力。

第三节　煮海之利

上海地区生产海盐由来已久，一度是非常重要的产盐区，盐课收入颇巨，影响广泛。晋代郭璞《盐池赋》序说："吴郡沿海之滨有盐田，相望皆赤卤。"《初学记》引《舆地志》也提到，在南朝陈时，这里"海滨广斥，盐田相望"。[1]

宋元时期是上海盐业发展的黄金时代。北宋年间，松江滨海一带置浦东、袁部、青村、下沙、南跄五处盐官廨舍，共计管理18处盐场，额定年产量为54 734 900 斤[2]。元代天台人陈椿《熬波图》曾提到：华亭东边百里，是下沙滨海，这里"枕黄浦，距大海，襟带吴松、杨子二江"，都是"斥卤之地"，所以"鬻海作盐，其来尚矣"。[3]张之翰在《浙西盐仓记》中亦云：松江一地"牢盆之赢，实百他郡"。[4]"牢盆"为汉代煎盐工具，此处代指盐业。上海地区古代产盐质量上乘，有"白若霜雪"之称。崇祯《松江府志》载：撩盐是"盐之精华"，白若霜雪。李太白诗"吴

---

1. 〔唐〕徐坚等：《初学记》卷第八。
2. 何泉达：《吴中水利与滨海盐利——兼论明清两代上海盐业衰颓的原因》，《史林》1991年第 3 期。
3. 〔元〕陈椿：《熬波图》卷上。
4. 正德《松江府志》卷一四《仓廪》。

第四章
稼穑之功

盐如花皎白雪"说的就是这个。[1]顾翰《松江竹枝词》则云："吴盐如雪久知名，场到青村辨始明。莫使郎君穷海住，可怜有水煮难成。"后面有小注：盐出下沙、青村等场，色白如雪，就是所谓"吴盐"。自宝山至九团，称之为"穷海"，"水不成盐"。但是自川沙至一团，"水咸可煮"，到了南汇沙嘴及四团，盐产"尤饶"。[2]

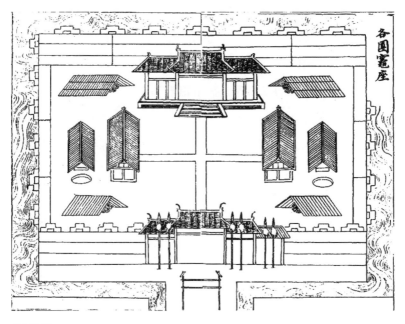

各团灶座

---

1. 崇祯《松江府志》卷六《物产》。
2. 〔明〕顾翰：《松江竹枝词》，顾炳权编著：《上海历代竹枝词》，上海书店出版社2001年版，第176页。

筑垒围墙，起盖灶舍

第四章

稼穑之功

团内便仓

　　宋代沿海居民入籍为亭户，可免除一切科敷徭役，但只能从事煎盐，按规定数额交官，由官府统一收购，被称为买纳，所付盐价，称为盐本钱。又因制盐亭户不耕种田亩，所以要缴纳的春秋二税也可以用定额之外的浮盐折价纳税。其盐业生产体制为集灶为甲的结甲法，即在盐场之下设灶，后又编灶为甲，但这一时期盐业生产实际上仍分散到户。元代，上海地区的盐场生产与管理组织开始发生了变化，采用"聚团公煎"的形式，即"归并灶座，建团立盘，或三灶合一团，或两灶为一团"。[1] 具体组织与管理形式如下：每一场分若干个团，一个团分若干户，"轮流煎办，

1.〔元〕陈椿：《熬波图》卷上。

以纳丁盐"。灶丁或者二三四人共一盘铁，或者五六人共一盘铁，每一日需要煎盐 13 斤。[1]官家管理非常严格，严控私盐，团社四周筑高墙，前后只开二门，后门运沙进场，前门运净盐进仓库。还要求每一个盘社，都由官家发给印烙长柄木牌一面，上面写着煎灶姓名、年龄、外貌，竖在盘社外面，以示区别。盐场总催、甲首、保长、伍长等衙役，还不时周围巡察，不许私煎货卖。灶户丁必须在团舍或灶盐煎，如果盐场灶丁，除了正额盐外，还夹带余盐出场，甚至私煎售卖的，要处杖一百、徒三年的刑罚。现在浦东新区南部（原南汇区）仍保留着三灶、六灶、义灶泓、大团、四团、六团等镇名，可见当时煎盐、制盐之盛。并灶设团主要是为了控制业户，防止私煎私贩，团内外还专门有官军把守，故时有诗云："东海有大利，斯民不敢争。并海立官舍，兵卫森军营。私鬻官有禁，私鬻官有刑。团厅严且肃，立法无弊生。"[2]

但与此同时，聚团公煎这种分工合作加集体生产的方式，也有着推动制盐技术发展的一面，所以整个元代盐产量得到了明显的增加，明代人顾清提到：至元时两浙盐引，大致有四万。后来增加到四十八万，其中松江一地就有十万多。[3]谯枢铭据正德《松江府志》所载上海地区五个盐场的岁办定额推算，南宋定额折合为 3 840 万斤，元代定额折合为 6 240 万斤，不过这种岁办盐额只是官府按盐丁人数计算的虚额，大致南宋时实际产量一般在

1. 〔明〕陈仁锡：《皇明世法录》卷二九《盐法·聚团煎办》。
2. 〔元〕陈椿：《自题熬波图》，《熬波图》卷首。
3. 正德《松江府志》卷八《田赋下》。

2 100 万斤左右，而元代在 3 000 万斤左右。[1]

元代在上海出现了中国历史上第一部全面系统总结当时海盐制作过程及其技术的《熬波图》。《熬波图》由出身于下沙盐业世家瞿氏的盐场提干瞿守义为让后人知道"煎盐之法"，专门找画工"绘为长卷"，然后由至顺年间（1330—1332）任下沙盐场盐司的陈椿在此基础上"略者详之，阙者补之"而成。该书将全部海盐的制作过程细化为各团灶座、筑垒围墙、起盖灶舍，一直到日收散盐、起运散盐总计 47 个片断，并以图标，配文说明，后系有诗。尤其值得注意的是，《熬波图》中记载了一种测试盐卤水浓度的工具，即"莲管秤"，在世界制盐史上有着独特的地位。中国古代盐户在唐宋之前很早就知道需要控制盐卤水的浓度，并将测定盐卤水的浓度称为试卤，而在唐人段成式《酉阳杂俎》卷十九中已经提及利用"石莲"的沉浮状况来测定盐卤水的浓度，但是并没有提供可供比较的定量标准，在实际操作中难以推广。而在《熬波图》"淋灰取卤"一段中，则记载有"莲管秤"的器具，并附有"莲管秤试"图。"莲管秤"的意义有二：一是确定了可供比较的定量规定，即以达到要求的最咸卤为标准，把它与淡水的比例按照四种情况（以达到要求的最咸卤各占 100%，75%，50%，33% 计），配成四种不同浓度的浸液，然后分别浸泡莲子，由于莲子经过浸泡后形成了不同的比重，在不同含盐浓度

---

1. 谯枢铭：《宋元两代上海地区的盐业》，《上海史研究》第二编，学林出版社 1988 年版，第 300—304 页。

的卤水中便会出现不同的浮沉现象，以此确定卤的咸淡。二是使用了竹管作为专门盛放莲子的器具，把浸泡过的四种莲子各取一个放于一头封口的竹管内，在竹管口罩以竹丝防止莲子漏出，并在竹管上安一竹柄以便手持使用。有学者认为"莲管秤"可以看作是现代液体比重计的雏形，是世界上利用浮沉子来测试盐卤水浓度的经验性器具。[1]1930年代，上海通志馆学者从上海沿海的盐民手中征集来了一个莲管秤，今保存在上海市历史博物馆中，这应该是现存的唯一一件莲管秤实物，在中国乃至世界盐业史和科技史上具有重要的价值。

淋灰取卤

---

1. 丘光明：《中国物理学史大系·计量史》，湖南教育出版社2002年版，第630页。

第四章

稼穑之功

明代上海盐业由"两浙都转运盐使司"所辖松江分司管理。松江分司下辖浦东、袁浦、青村、下沙、下沙二场、下沙三场、天赐、清浦等8个盐课司。上述八司中，浦东、袁浦、青村皆位于华亭县，下沙诸场等属上海，青浦属嘉定，天赐属崇明。[1] 原来的横浦场，入明以后已为嘉兴分司所隶，以金山卫城南青龙港为界，港东为浦东场，港西为横浦场。另外，永乐五年（1407），苏州府嘉定县设立盐课司，隶属两浙盐运司管辖。[2] 松江分司职官由上一级都转运盐使司的同知、副使、判官担任，所辖各盐课司则有大使、副使、盐仓大使、副使、批验所大使、副使及吏员、工脚等组成，建有煎盐灶台场所若干间（有前后门，衙役监督甚严，防止夹带私盐）、储藏盘铁及篾盘等用具若干间、储藏食盐的仓库若干间、灶户灶社民居若干间。盐场的草荡、卤池、灶台、灶房、盘铁及每盘均为官产，盐民不得私自置办，违者严惩。

明代实行了一系列奖励盐业生产的措施，官役民户或军士制盐给生产费。由于灶户在烈日下工作，明代时为了优恤，专门会拨"给草场以供樵采"，还允许他们开垦荒地，免除杂役；发给工本米，发引一石，甚至"灶户杂犯死罪以上"，只给杖刑，用煎盐来赎。[3] 所以，直到明万历年间，上海的制盐业始终保持一定规模。如在上海县，设有下沙、下沙二场、下沙三场，共设团11

1. 郭正忠主编：《中国盐业史》（古代编），人民出版社1997年版，第498页。
2. 《明太宗实录》卷七一，永乐五年九月丁丑。
3. 〔清〕张廷玉等：《明史》卷八○《食货志四·盐法》。

处，有荡 3 047 余顷，计灶约 15 761 丁，每丁岁办盐额 1 072 斤。另外三场还需岁支工本钞达 8 000 余锭。[1]

制盐业的发达促使一批以集散海盐为主的市镇的兴起，如下沙镇、新场镇、周浦镇、八团镇等，居民多灶丁，因为盐贾在此聚集，很多逐利者纷纷前来。如新场镇，距下沙九里，"以盐场新迁而名"，[2] 歌楼酒肆，商贾炫耀，繁华程度甚至超过县城，贩盐也成为当时最赚钱的行业。时人曾有如此议论：农业可以获利一倍，但是最辛苦；手工业也能获利一倍，劳力也多；商贾可以获利三倍，劳力较轻；至于贩盐，利润达五倍，但是不需要多么辛苦，所以只能由"豪滑之民为之"。[3] 盐是百姓的日常必需品，而盐业向来为国家专控，但贩卖私盐却有暴利可图。宋元时，上海地区的盐枭便层出不穷，朱清、张瑄便出身于此。而至明代，私盐贩卖同样无法禁止，所以说上海地区沿海一带"民情犷悍，多盐枭"，甚至有外来匪徒杂处其中，往往"聚党结盟，酿酒肆横"，作奸犯科者很多。[4]

但是入明以后，上海制盐的环境发生了重要的变化。一方面由于海岸线东移，浅海沙涨渐淤，再加上沙堤壅隔，海塘修筑，咸潮离岸日远；另一方面，由于长江口逐渐向东南方向延伸，江水的冲淡作用又使沿海海水含盐浓度下降，由此造成了上海地区

---

1. 弘治《上海志》卷三《田赋志·盐课》。
2. 弘治《上海志》卷二《镇市》。
3. 〔清〕顾炎武：《天下郡国利病书》《苏州备录上·常熟县·郊聚》。
4. 光绪《松江府续志》卷五《疆域志·风俗》。

的盐业产量逐渐下降。据估计，明中叶时盐产量在 2 000 万斤左右，而到明末已经不到 1 500 万斤。[1] 顾炎武在论及上海沿海物产时，便引《华亭县志》云：沿海皆浅滩，物产不及福建、浙江的万分之一，所以俗号"穷海"，只有"盐利为饶"，从清水湾以南到川沙以北，"水咸宜盐"，所以设置盐场。但是最近沙堤壅隔，外水越来越清淡，盐业生产下降，"煮盐之利亦微矣"。[2] 在另外一个地方，他又提到了相同的问题：以前滨海之民多煮盐获利，但是现在海水淡，而盐利大都归于崇明，但是灶户仍然要完成每年岁课输盐任务。[3] 万历《嘉定县志》也称，嘉定县境内的清浦盐场，"嘉靖以后，海潮内侵，墩荡坍洗，水不成盐，商引遂绝"。[4]1957年，在浦东滨海乡曾发现一方明万历三十一年（1607）瞿心畴夫妇合葬墓志，其铭文亦称：这里从前有"煮盐之利"，故每年盐课达千余金，后盐场南迁，"海波西啮，苇荻不复生"，煮盐者大半逃走。[5] 海水变淡的事实，给盐业生产带来了致命性的影响。加上嘉靖三十二、三十三等年因倭乱兵燹，列徙灶丁亡者过半，无疑使其雪上加霜。[6]

1. 张忠民：《上海：从开发走向开放》，云南人民出版社 1990 年版，第 125—126 页。
2. 〔清〕顾炎武：《肇域志》《松江府·水》。
3. 〔清〕顾炎武：《天下郡国利病书》《苏松备录·嘉定县志·盐课》，《顾炎武全集》第 12 册，第 585 页。
4. 万历《嘉定县志》卷六《田赋考中·贡课》。
5. 〔明〕王衡：《瞿心畴仲仁墓志铭》，张建华、陶继明主编《嘉定碑刻集》，上海古籍出版社 2012 年版，第 1802 页。
6. 〔清〕顾炎武：《天下郡国利病书》《苏松备录·嘉定县志·盐课》，《顾炎武全集》第 12 册，第 585 页。

盐产量的下降对以盐为生的灶户是个致命的打击，相当一部分灶户无法再从事盐业。早在正统三年（1438），周忱便将各盐场灶户分为"水乡灶户"和"滨海灶户"两种，规定以灶户离盐场 30 里为水乡，不及 30 里为滨海。水乡、滨海虽都摊派额办盐引，但水乡额引例由滨海灶户代煎代纳，水乡灶丁另外每名帮贴滨海灶户白米 4～6 石为补偿。水乡灶户虽名隶灶籍，但实际上已经以农为业。根据张忠民的统计，在明代正德年间，上海地区下沙等 7 个盐场名义上有灶户 27 603 丁，但其中从事产盐的滨海灶户仅占总数的 63%，其他 1/3 以上的万余名灶丁实际上已经脱离了盐业生产，[1] 而且即使是滨海灶户也非完全从事盐业。所以明代崔富便言：整个松江分司，盐丁将近三万，人非不多，盐场面积逾五千，荡也非不广。额盐每年一共七万六千八百零有六引。但是现在"灶亲煎者"只有三千一百七十五人。在这种情况下，官办盐引自然就会有大量积欠，松江、嘉兴两分司盐额共十一万四千多，但每岁只能完成四五成的额度任务。[2] 针对海水变淡的问题，徐光启在《农政全书》中曾经提出这样一个建议，海上官民军灶"垦田几二百万亩"，如果大半种棉，"当不止百万亩"。[3] 可见，由灶户、亭户跃变为棉农，从制盐到产棉，这应该是上海东部沿海地区物产结构变迁的一个趋势。

明代上海地区盐业产量虽然明显下降，但盐民们在技术方面

1. 张忠民：《上海：从开发走向开放》，云南人民出版社 1990 年版，第 125 页。
2. 崇祯《松江府志》卷一四《盐政》。
3. 〔明〕徐光启：《农政全书》卷三五《蚕桑广类·木棉》。

努力寻求突破，产盐技术得以明显进步。首先便是一灶四锅新型煎盐法的出现取代了《熬波图》中使用的大型单灶铁盘煎盐法，崇祯《松江府志》对此有详细的描绘。大致是以首锅先成盐，其余为温锅同时预热，相较原来的方法既节省了柴草，充分利用了热能，又加快了成盐的周期和产量。其次是晒盐法逐渐代替煮盐法。即利用风力和日照，令海水蒸发，使咸卤成盐的方法。用砖砌成晒盐池，铺上沙，"浇以滴卤"，再烈日曝晒，一日即可成盐，"莹如水晶"，称之为晒盐，价格要比一般煮盐高出数倍。只不过只有盛夏才能出产，不能多得。[1] 可见晒盐法不但能节省柴薪之费，而且成盐质量较高，价倍于常。只不过当时的技术还不成熟，只能夏天出产，直至清代浙江创设坦晒法，才使晒盐成为普遍采用的技术。

第四节　钱粮之困

以洪武二十六年（1393）实征米麦数计算，松江府大概以占全国 1.6% 的田地，承担了全国 14% 的税粮。可以说，上海地区经济的发展走在全国前列，但上海的赋税力役之重，在明代各府州中也数一数二，从总量上而言仅次于苏州，从单位面积的赋额而言甚至全国第一，可见上海地区民众对当时社会的贡献之大，以及明王朝对这一地区百姓的征赋之重，"重赋"成为古代上海

---

1. 崇祯《松江府志》卷七《风俗》。

面临的十分突出的问题。[1]

江南是历史上最为突出的重赋区。唐中期时韩愈说："赋出天下，而江南居十九。"[2] 可见随着江南作为全国经济中心地位的确立，这里的重赋在八九世纪之交就已初肇其端。明代时，江南赋重已经成为上下共识，明中期的经济名臣丘濬说："以今观之，（全国赋税）浙东西又居江南十九，而苏松常嘉湖五府又居两浙十九也。"[3] 嘉靖时，礼部尚书顾鼎臣也说："苏、松、常、镇、嘉、湖、杭七府，财赋甲天下。"《明史》更有如下记载：浙西官、民田有每亩税"二三石者"，大抵苏州最重，松江、嘉兴、湖州次之，常州、杭州又次之。[4] 通计有明一代，江南田地仅占全国6%强，而税粮却占全国近22%。也就是说，在明代，各地上交给朝廷的税粮，每5石就有1石多是由江南提供的，江南以1/16的田土交纳了1/5的税粮。体现在每亩平均交纳的税粮上，江南的地位也是相当突出的。明初亩均税粮，全国仅为0.038石，江南高达0.143石，是全国平均水平的近4倍，以后虽因减赋比例稍有下降，但仍为全国的3.5倍。就各府而言，太湖流域的苏松常嘉湖地区赋税最重，而苏松两府尤重。根据洪武十二年（1379）的统计，苏松二府大致以1/57的田土承担了全国将近1/7的税粮。当时全国平均亩税仅为0.035石，而苏州高达0.285石，松江高

---

1. 关于重赋问题，可参见范金民：《明清江南重赋问题述论》，《国计民生：明清社会经济研究》，福建人民出版社2008年版。
2. 〔清〕顾炎武：《日知录集释》卷十《苏松二府田赋之重》。
3. 〔清〕顾炎武：《日知录集释》卷十《苏松二府田赋之重》。
4. 〔清〕张廷玉等：《明史》卷七八《食货志二》。

达 0.238 石，苏松合计是全国的 7.5 倍。以后税粮比例和亩均税粮虽然都有所下降，但独重于全国的地位始终没有改变。以上数字仅包括赋税，除此之外，江南还要承担输送漕粮和白粮的任务。如为了供给帝王、百僚及兵丁等食米，全国每年要输送大约 400 万石的漕粮，而江南八府输送的漕粮占其中的 40% 以上。也就是说，每 5 石漕粮，就有将近 2 石是江南输纳的。

单就上海地区来看，据《诸司职掌》及《万历会典》的记录：松江府洪武二十六年（1393）所交税粮，在 18 个直属府州中，仅次于苏州而居第二位。以松江一府与全国 13 省相比，低于山西、浙江、江西、山东、湖广、河南、陕西 7 个行省，而高于北平及四川、广东、福建、广西、云南 6 个行省。另据统计，洪武二十六年松江府垦田 513 万亩，应征税粮 121 万余石，平均每亩征 23.77 升，仅次于苏州而居全国第二位。是年全国垦田 85 000 万亩，应征税粮米麦 2 900 余万石，平均每亩征收 3.46 升，相当于松江的 1/7。北方府州平均每亩征 2.01 升，相当于松江的 1/12。松江府的耕田占全国的 0.6%，税粮却占了全国的 6.5%。弘治十五年（1502），全国垦田 62 200 余万亩，应征税粮 2 600 余万石，平均每亩征 4.30 升。松江府垦田 470 余万亩，应征税 103 万余石，平均每亩征 21.78 升。而苏州府已从洪武初年平均每亩负担 28 升降为 13 升，下降了一半还多，故此后松江平均每亩征收数，在全国已跃居第一位。此时松江府的耕田占全国的 0.76%，税粮却占了全国的 6.23%。万历六年（1578）全国垦田 70 100 余万亩，应征收税租 2 663 万余石，平均每亩征

3.80 升。松江府垦田 4 247 000 余亩，应征粮 1 031 000 余石，每亩平均 24.29 升，而北直隶每府州的平均数，只相当于松江府的 1/23。[1]

由此可见，当时包括上海在内的江南地区民众对社会的贡献之大，以及传统王朝对这一地区百姓的征赋之重。入清以后，全国和江南漕粮总数虽有所下降，但江南在全国的比重仍然极为突出，大约每 3 石漕粮就有 1 石多是江南交纳的。康熙初年的江苏巡抚韩世琦说："然财赋之重，首称江南，而江南之中，惟苏松为最。"[2] 由此可见，"江南重赋"尤其是"苏松重赋"一直是明清两代十分突出的问题。

江南重赋有着复杂的历史渊源，首先，这是唐宋以来朝廷对江南财政依赖的延续。中国古代经济重心的南移，大体在唐宋时期基本确定。这一趋势在南宋、元朝以来更为稳固。元末民谣便有"贫极江南，富称塞北"之说，实际上也衬托出了国家对江南财赋的巨大依赖。明清以后，随着江南的地位越来越重要，此地财赋较重也算顺理成章。

其次，江南重赋和江南土地官田化越来越严重密切相关，这可以追溯到南宋景定四年（1263）贾似道推行的"买公田"。所谓"买公田"，是要按官职品位规定限田数额，超过限额的数目，由国家买回 1/3，其实质是将业已私有化、有产权的土地通过国

1. 梁方仲编著：《中国历代户口、田地、田赋统计》，上海人民出版社 1980 年版，第 346 页。
2. 〔清〕韩世琦：《请减浮粮疏》，《苏松历代财赋考》。

第四章
稼穑之功

家力量以掠夺的方式再度收归国有，妄图以其租赋来解决国家财政问题。公田法在浙西六郡（平江、嘉兴、常州、镇江、安吉、江阴军）开始推行。经过"买公田"，国家强行增加了大量的赋税，江南重赋开始渐露端倪。举松江府为例，绍熙时（1190—1194）秋苗米赋额仅112 300余石，买公田后增加到了158 200余石，到南宋末年已经高达422 800石。80年时间不到，赋税额就增加了30万余石。

元灭宋后，接收了大量江南的官田，并将其中大部分再赏赐给勋贵官僚，同时又大肆劫掠民田为官田，江南重赋的格局便有了日益加强的趋势，松江一府秋苗米赋额在50年间由42万石增加一倍，达到80万石，而苏州府更增加了近2倍。

明代这一情况日趋严重。苏松常嘉湖地区在元末属张士诚集团；明代开国后，这里的江南豪绅对新王朝也离心离德，另一方面他们又大肆兼并占有了大量土地，这使得朱元璋一次又一次将矛头对准他们，"籍没诸豪族及富民田以为官田，按私租簿为税额"，试图通过这一手段加强国家对江南土地和劳动力的直接控制，来保证政权获得最稳定的财政支持。与此同时，朱元璋还在政治上规定了"苏松江浙人毋得官户部"，[1] 理论上将苏、松、常、嘉、湖和江西袁、瑞、南昌等地士人通过政治途径改变其赋役负担的出路堵死。到明洪武中，仅松江府的赋税额度便又比元

---

1. 参见方志远、李晓方：《明代苏松江浙人"毋得任户部"考》，《历史研究》2004年第6期。

代增加了 40 万石左右，此后加上加耗等额外负担，这一数字还在不断增加。曾任礼部尚书的上海人顾清便言：当时总计二税，加上"折纳运耗等"总计达"平米百三十八万"，比宋增加"十二倍以上"，比实征常数要增加"三十倍而有余"。[1] 此后虽然明王朝也时有减税的政策，但总体而言重赋的问题并没有什么改变。

不过值得注意的是，虽然江南赋重，但这里往往会以"逋赋"的方式来抵消重赋的压力，使江南"徒有重赋之名，殊无征税之实"。所谓"逋赋"即逃避赋税的行为。晚明时期"吴中士大夫善逋赋"的说法非常常见，一个"善"字凸显出逋赋作为一种社会行为的特殊意味。据胡克诚的研究，明代多次在苏、松二府出现上百万石的年逋赋量，即 40% 的逋赋率，而逋赋率 20%是非常常见的，也就是说两府税粮经常只能完纳 60% 左右，最多也只有 80%。[2]

逋赋问题的典型表现就在于苏松地方官征税压力极大，地方官经常受困于逋赋问题。晚明隆万年间，坊间流传一种专供新任职官参考的《大明一统文武诸司官制》，其中附录了隆庆元年（1567）八月题准的《新定地里繁简考》，代表官方观点，介绍了江南各地府县基本情况。是书对苏松常三府的评价是："苏、松、常均称繁剧，苏为最，松次之，常又次之。"其中对松江府的评

---

1. 〔明〕顾清：《傍秋亭杂记》卷上。
2. 参见胡克诚：《明代江南逋赋治理研究》，东北师范大学博士学位论文，2011 年。

价是"粮多差重，讼繁难治"，属县华亭"滨海带河，讼繁粮多，差重民刁"，上海"滨海带河，粮多，讼繁，役重"，而当时属于苏州府的嘉定"滨海带河，辟繁，粮多，差重，难治"，崇明则是"县在海中，民顽多盗"，只有青浦当时初置，仅称"置始之初全在良有司云"。[1] 嘉靖二十七年（1548）三月，巡按直隶御史陈九德言：国家财赋，仰给东南，苏、松、常、镇四府就占一半以上。但是这里土地肥沃，民众浇薄，诡计百出，管粮同知权力太轻，不能镇压，一旦执法稍稍严格，就有豪猾的世家大姓将其挤压，所以"奸弊滋长，国赋不登"。[2] 由此可知，苏松地方逋赋严重给地方官带来巨大的压力。

　　江南逋赋难清的一个重要原因是逋赋主体并非普通小民，所谓"岁粮甲于天下，逋欠者多大家"。所谓"大家"主要指缙绅阶层。明代的缙绅阶层拥有法律规定的一系列政治经济特权，其中最重要的就是赋役优免权。明代缙绅阶层的优免权以其本人和家人免服徭役（主要是杂役）为主，中叶以后，还包括论品级免纳一定数额的田粮（承役田粮，而非正赋），可视为对官员低俸薪待遇下的一种补偿性福利。不过，缙绅往往将这种合法的权益肆意扩大，谋求法外收益，就是所谓的"优免冒滥（滥免）"之弊，包括接受"诡寄""投献"，兼并土地，荫庇人口，扩大优免田粮的数量和范围，拒绝承担优免范围之外的里甲正役，其至

---

1. 〔明〕陶永庆校正、叶时用增补：《大明一统文武诸司衙门官制》卷一《南直隶》。
2. 《明世宗实录》卷三三四，嘉靖二十七年三月丙子。

云间潮涌
（751—1843）　　　　164

上海

公然逋赋，转嫁赋役责任，造成了严重的社会、财政问题。隆庆元年，巡按直隶御史董尧奉旨查革江南诡寄、花分田粮，共查出苏、松、常、镇四府投献、诡寄田1 995 470亩，花分田3 315 560亩。[1]难怪张居正感叹，江南势豪之家田产达七万顷，税粮达二万，又不及时缴纳。春秋时大国也只有公田三万亩，今天要比古大国的田亩增加数百倍，达到几万顷，这种情况下，国家如何不贫？ [2]

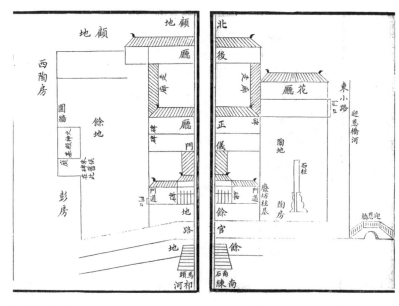

折漕报功祠图

为了限制缙绅优免冒滥，明中央或地方政府不断修订所谓

---

2. 〔明〕张居正：《张太岳文集》卷二六《答应天巡抚宋阳山论均粮足民》。

的《优免则例》，试图从制度上限定缙绅优免权的适用范围。今人研究表明，通观有明一代出台的历次优免则例，可以发现两个特点：一是伴随着赋役制度的变化经历了一个免田—免丁—免丁粮—免丁田—免田的过程；二是优免数额呈不断上升趋势。这反映出明代中后期赋役改革下，徭役不断摊入田亩，以及缙绅之家土地急剧增长的情况，可见《优免则例》并未能有效地限制住缙绅优免冒滥行为。[1]

另一方面，苏松不光是财赋之区，更是文化之乡，这里进士、举人数量在全国领先，有大量江南籍官员在朝中担任要职，可以为其个人家族乃至"乡党"庇佑。朱元璋虽然定下"苏松江浙人毋得官户部"的祖训，但并不能阻挡江南人为维护自身利益的各种努力。比如，嘉靖二十七年（1548），户部因江南等地逋赋严重，决定直接派属官到地方督逋，可当督逋使尚在路上的时候，时任礼部尚书的松江华亭人徐阶就事先给当时的应天巡抚周延写信，嘱咐其小心应对，以"纾督逋之患"。[2] 结果，在徐阶等人的内外疏通下，户部督逋使到江南各处一年有余，"完解甚寡"，只得撤回。正是因为这些江南籍贯官绅的祖护请托，使得逋赋问题无法解决。所以张居正曾谈及嘉靖末年周如斗面对江南逋赋的尴尬：周如斗巡按苏松，片面相信豪宦之言，将应征钱粮一概停免，当地士民非常高兴，为他建了生祠，一再希望他留

---

1. 张显清、林金树主编：《明代政治史》，广西师范大学出版社 2003 年版，第 651—652 页。
2. 〔明〕徐阶：《世经堂集》卷二二《与周崦山抚院》。

任，于是迅速升为苏松巡抚。等他任巡抚后，钱粮征发就成为他必须完成的使命，之前的宽贷之政当然不能再行，于是以前所有免去的逋赋再次征派，令本地士民怨声载道，将生祠毁掉，还到处刊布对其毁谤的言论，"向之称颂德美者，转而为怨怼忿恨矣"。[1] 再如，隆庆三年出任应天巡抚的名臣海瑞。他对"大户兼并"深恶痛绝，力摧豪强，抚穷弱，甚至严令徐阶等"重量级"乡官"退田"，"海青天"虽因此而名噪一时，但仅"抚吴"只有半年，就遭到"庇奸民，鱼肉缙绅，沽名乱政"的弹劾，遂被明升暗降，调离江南。[2]

由此可见，在江南地区，逋赋已经发展成一种根深蒂固的社会行为，无论身处上位的抚按还是基层临民的州县官都难以有效地清理整治。在这种情况下，如果还要对地方官严格考核，恐怕再干练的地方官也难以胜任。所以江南地区对地方官的税收考核有通融的惯例，这一点虽然没有明文规定，但可以从清人回忆中得到证明。如康熙五年（1666）江苏巡抚韩世琦便说：明代的科征税粮，能够完全缴纳的，每年不过十分之五六，就算最能干的苏松地方官，终明之世，以完成70%，就可以考核上等。[3] 同时期的太仓人陆世仪甚至说：明廷在江南征赋，成化、弘治以后，征粮到七成，基本上就停了，等着朝廷减免，岁以为常，所以明

1. 〔明〕张居正：《张太岳集》卷三三《答苏松巡按曾公士楚言抚按职掌不同》。
2. 〔清〕张廷玉等：《明史》卷二二六《海瑞传》。
3. 〔清〕韩世琦：《请减浮粮疏》，《苏松历代财赋考》。

代税粮虽然有二百余万的额度，其实经常会减 3/10 左右。[1]

　　到了清初考核更严，但逋欠量更大。顺治二年（1645）至康熙元年（1662）"动盈千万"，而自康熙元年至八年又为二百余万，通计"每年三十万之多"。按照时任江苏布政使慕天颜的说法，顺治到康熙初年的苏松钱粮，无一官曾经征足，无一县可以全完，无一岁偶能及额，全省每年报欠六七十万两银，"大半欠在苏松"。[2] 雍正三年（1725）怡亲王允祥疏称，征地丁银项，到了次年奏销之期，苏州一府民欠必达三十余万两，松江一府十五六万两。到雍正七年，苏松等处钱粮，历年已积欠达一千六百余万两。这些通欠当然不少属官吏侵蚀亏空，但逋赋是其中大头。当时苏松地丁银两为 197 万两，根据这些记载，可知顺治年间苏松逋赋率达 15%，而到康熙、雍正之际更高达 23% 左右。税额虽重，而常常征不如额，为数可观的额定赋税落了空。[3]

　　江南重赋为天下最，江南逋赋也为天下最。由于赋额不能逐年交清，旧欠新征，蒙混为一，纳粮者不知道哪些是旧欠，哪些是新征，征收者也分不清催收的究竟是旧额还是新征，因此，赋税往往在无形中失额。而且官贪吏蚀等都混在了民欠之中，重赋反为作弊弄奸者提供了方便，这是重赋制定者所料未及的。从这个角度，可能对"苏松重赋"会有一个新的认识。

1.〔清〕陆世仪：《苏松浮粮考》。
2.〔清〕韩世琦：《请减浮粮疏》，《苏松历代财赋考》。
3. 乾隆《苏州府志》卷十《田赋三》。

清军入关后，曾于顺治二年诏令削减江南赋税旧额，"一时人心翕然向风"，但清朝所减赋税是明代不急可缓之税。清初用兵频频，军饷、官俸有增无减，赋税压力必然要转到地方，同时，政治立场上，江南士绅仍暗地支持抗清活动，清廷为抑制士绅特权并从政治上制服他们，便以"抗粮"为借口发动了奏销案。顺治十八年（1661）二月，哭庙案爆发。五月，江宁巡抚朱国治疏报，将上年尚未完纳钱粮的江南苏、松、常、镇四府并溧阳一县的官绅士子全部黜革。于是鞭扑纷纷，衣冠扫地。此次奏销一案，四府一县共欠银5万余两，黜革绅衿13 000余人。昆山探花叶方蔼只欠一厘也被黜革，因而有"探花不值一文钱"的民谣。经此一役，江南士绅能够幸免的没有几个，其中上海县只留了完足钱粮秀才28名。此案因其打击面广，且击中士绅要害，给江南士绅造成了长期的心灵创痛。朝廷明知其中冤屈，但迟迟不予补救，直至康熙十四年（1675），因吴三桂起兵叛乱，朝廷急需筹饷，始开恩同意奏销案中被黜革的江南士绅可以纳银开复。但这并没有解决江南的重赋问题，反而严重摧毁了士绅的尊严和社会声望，所谓"探花不值一文钱"，实质上宣布了士绅阶层的整体性沦落。

随着清廷统治逐渐正常化，江南的逋赋现象又重新泛起。为了缓解江南地方官征收赋税的压力，朝廷和地方想了各种办法。前面说到雍正时包括松江府在内的江南分县，也是缓解措施之一，但这也只是治标不治本。

不管苏松重赋的原因如何，但是苏松地区的赋役沉重确实是不争的事实。沉重的赋役还造成了很多恶果。根据范金民的研究，[1] 首先，从奏销案就可以看出，朝廷在钱粮问题上毫不留情，连有权有势的绅衿生监都不放过，而且任意枝蔓，对那些升斗小民，剥削之残酷是可以想见的。其次，由于朝廷只顾钱粮是否足额，而不顾人民死活，不管通过什么途径征取钱粮，结果反为贪官污吏乘机侵吞需索开了方便之门。最后，豪绅地主总能千方百计逃避赋税，诡寄钱粮，将负担转嫁到无地少地的贫困下户头上，甚至和贪胥墨吏勾结起来，通同作弊。所以，重赋最终导致了江南普通百姓的负担日益沉重。应天巡抚周忱在正统年间便感慨地说：天下农民最辛苦，而苏松农民比天下农民又要辛苦几倍。天下农民固然贫困，而苏松农民比天下农民还要更加贫困。[2] 虽然这句话有夸张之处，但江南农民负担重无疑是事实，而且由此导致了一系列的恶果。

一是促进土地兼并。由于赋税的压力大半都落到了自耕农、半自耕农的身上，加之无法避免的水旱虫灾，使原本脆弱的小农不堪承受，纷纷破产。在这种情形下，土地兼并很容易重新抬头，至明中后期，上海一带豪富的占田数量已较惊人。嘉靖、隆庆时的权宦、华亭人徐阶仅在华亭的田产，每年就运米13 000石，租银达9 800余两，而且上海、青浦、平湖、长兴者还不包括在内，佃户不下万人。著名画家、书法家，华亭人董其昌"富

1. 范金民：《明清江南重赋问题述论》，《国计民生：明清社会经济研究》，福建人民出版社2008年版。
2. 〔明〕周忱：《与行在户部诸公书》，〔明〕陈子龙编：《明经世文编》卷二二。

冠三吴""田连苏、湖诸邑",总计达数千顷。[1]

二是导致人口流失。在沉重的赋役与土地兼并的双重压力下,江南人民,特别是佃种重赋官田的农民,不堪重负,"卖屋者有矣,卖田者有矣,卖牛者有矣,卖子女者有矣,脱妇人簪珥者有矣"。[2]最后只有以逃亡或者投献来逃避重赋。范金民从现存松江府的人口统计中便发现了人口直线下降的趋势,如《万历会典》的统计,洪武二十六年(1393),松江府人口为1 219 937口,弘治四年(1491)已经下降到了627 313口,而万历六年(1578)则仅剩484 414口。在没有战争的情况下,这种下降趋势极其不正常,很显然是国家统计户口与实际情况存在极大差距,而背后的实质便是重赋繁役引起的户籍逃亡。宣德初年,杜宗桓曾指出,当时天下之民咸得其所,只有苏松二府百姓因赋重而流离失所。粮税重的地方,每一里有逃去一半上下者。苏松二府的农夫蚕妇,"冻而织,绥而耕",不够缴税,就卖儿鬻女,还是不免,不得已而逃,所以田地荒芜,钱粮年年拖欠。[3]

三是影响江南地方经济和社会秩序。江南虽然富裕,但是大量的赋税和财富都被国家收走,留存于地方的所剩无几,整个江南经济以漕运为重心,随赋役而俯仰,使得地方社会经济发展后劲不足,公用事业建设落后。江南是明清时期中国最富裕的地方,但是这里的财富大部分都被国家和富户所占有,地方基本建

---

1. 〔明〕范守己:《曲洧新闻》卷二《御龙子集》。
2. 〔明〕陈继儒:《见闻录》卷一。
3. 〔明〕杜宗桓:《上巡抚侍郎周忱书》,正德《松江府志》卷七《田赋中》。

设等同虚设，水利、道路年久失修。清代无锡人钱泳认为小民之逋负，经济之凋敝，根源在水利失修。而水利失修，实际上正是个体生产者和包括地方政府在内的全社会自我维持能力不断下降的结果，更是因为中央王朝鲸吞了小民脂膏，地方毫无积蓄导致的。

赋役问题，事关国计民生，朝野上下都明白这一点。江南文人士大夫出于自身或本地区利益的驱动，亟论江南赋役沉重，吁请朝廷予以减轻。一代又一代的江南人，如明代的顾清、顾鼎臣、徐阶、袁黄，清代的顾炎武、陆世仪、沈德潜、彭绍升等人不断地陈情、请愿，而任职于苏松的官员鉴于多种因素的考虑，也屡屡上书，要求当局减赋轻役。

此外，一些地方官员还在这一地区进行了多次赋役改革的尝试。一些改革的出台，便直接影响到苏松地方社会经济的构造，有的措施还成为全国赋役改革的先导。

自明代始，谓米麦为"本色"，而用其他物品折纳税粮，谓之"折色"。明洪武三年（1370），朝廷下令在松江一府收布30万匹，代秋粮输纳。以布折纳，便是折色。此后永乐二十二年（1424），浙西苏松等地因水灾，诏粮一石输布一匹，这些尽管只是临时之举，却开了一个先例，税粮不足，可用布匹相替，这无疑给重赋压力下的苏松民众提供了一条生路。宣德六年（1431），周忱任江南巡抚时，便以在苏松地方有力地推行赋役改革而名声大噪。他先与苏州知府况钟"曲计"减免本地税粮70余万石，而后又提出让官田"依民田起科"的做法。但是，这一行为随即遭到户部的反对，指责他"变乱成法，沽名要誉"，不过明宣宗没有治罪周忱，而且户部也同意华亭、上海二县折收棉布，"起运京库"，其余折收黄豆，"存留本处军仓备用"。[1] 次年，苏州知府况钟奏请按洪武年间规定，每夏税1石2斗，折收棉布1匹，民间自织输纳。[2] 又下一年，周忱经请求在产布区嘉定县每年征布20万匹，1匹当米1石，后来虽然所收布匹被分于太仓、昆山、宜兴数县，折布额也屡经下降，但每年20万匹之数却一直没有减少。[3] 宣德末年，周忱又经奏请，将重额官田、极贫下户的两税折成银两交纳，每银一两当米四石，这种银两称为金花银，[4] 后于正统年间推广至南直隶、浙江省域。当时因官田税重，可能纳银在四斗以上，所以周忱把金花银派给官田耕种者承纳。一般来说，税粮折金花银价低于粮食的正常市场价格，官田耕种者缴纳虽名曰租，其实是租税合一。周忱所改官田征纳金花银，就是利用财政杠杆，将地租与货币税合一，减轻官田承种者负担、高效征纳租税。

弘治十七年（1504），政府令南直隶苏松两府阔白棉布以十分为率，六分征本色，四分征折色折银，"此当是棉布折银之始"。[5] 即将一部分棉布折银征收（即折色），不再征收实物，是为折色征收之始。此后，松江府从事棉布生产的民众，缴纳田赋时

1. 〔清〕顾炎武：《天下郡国利病书》《苏松备录·松江府志·里役》。
2. 〔明〕况钟：《况太守集》卷九《再请夏税折布奏》。
3. 万历《嘉定县志》卷五《田赋》。
4. 〔清〕张廷玉等：《明史》卷一五三《周忱传》。
5. 光绪《重修华亭县志》卷八《田赋志》。

不再缴纳棉布，而是代之缴纳相当于解纳棉布数额的银子。银子支付给解户等徭役承担人员，由解户人员用银两购入棉布，再解纳给政府。由此，江南地区的棉布生产不再单纯属于实物租赋的手段，而最终获得作为纯粹商品生产的性质。从这个角度来看，更为棉花种植面积的急剧扩大、棉布生产数量的剧增大开方便之门，上海本土的棉纺织业也由此被投入到明代中期以后白银流通普遍化而形成的商业市场飞速膨胀的漩涡之中，"折色"的税赋改革为此做出贡献。

继周忱之后，又有海瑞等官员在江南进行赋役革新。海瑞的赋役改革主要侧重于役法。隆庆三年（1569），海瑞在松江等地实行一条鞭法。海瑞所行之法，是以本县之田，承担该县之役，废除排甲轮役的制度，变徭役等多税制为单一税制。又按亩征银，变力役为货币税，差徭由官府自募，民众免除力差等徭役。田与丁共同负担徭役，含有摊丁入亩的因素。[1] 海瑞实施一条鞭法的另一个重要的特点，是在丈量土地、扒平田则的基础上进行的。[2] 至此，江南地区的官田和民田一同起科，官田税重的问题得到了基本解决。一条鞭法将田赋与徭役分别归入田赋之中，统一征收，折算成白银后再集中交给官府。这种将土地税、劳役税合并，统一以土地为基础征收赋税的改革措施，简化了明初以来繁琐至极、远失公平的税制，减少了赋役征收过程中各类营私舞

---

1. 嘉庆《松江府志》卷二七《田赋志役法》。
2. 〔明〕顾起元：《客座赘语》卷二。

弊、欺压百姓、挪移贪贿的现象，一定程度上减轻了底层百姓的税役负担。另外，一条鞭法的实行，已开始把一部分丁银挪向地亩征派，出现了赋役合并，役归于地的趋向。

但是，丁银从没有取消过，以至到清初，苏松地区的丁银数额还相当大。为了逃避丁银负担，豪族势家往往与胥吏勾结，将其转嫁到一般农民头上。户丁失额已成为一个严重的问题。清代立国后，延续了明代中期以来的赋役改革趋势，从康熙朝开始，逐渐改革赋役制度，方向是以粮起丁，逐步取消人头税。康熙初年开始的松江"均田均役"更成为清初赋役改革的标杆，得以载入正史。

均田均役法实现突破的重要原因是政治环境的变化。通过奏销案对士绅的严重打击，原本明末不能解决的限制士绅优免的问题得以解决。另一方面，由于实现了税粮的官收官解，税粮征收不必再依赖于里甲，革除里长，由百姓"自封投柜"等一系列政策相继展开。正是在这一背景下，松江府娄县在知县李复兴的推行下，实施了均田均役改革。

整体而言，均田均役的重点有二。其一是革除里长、甲首役及坊厢里役。这些在明代是所谓正役，而这次改革将这些人役需求都转为以银两核算、征收银两的方式，因此所有的差事与具体人户之间的关系就解除了。州县政府各种合法、非法的支出，都通过在田亩地丁税上附加征收实现。康熙二十年（1681），均田均役改革之后，又进一步明确"重编里甲"，革除征粮押差等役，都是这一改革进程的延续。其二是以直接控制人户为原则的里甲制度事实上被废除，建立了"虚都虚图"制度，这为日后进一步向图甲制以及之后的版图顺庄法转变奠定了基础。从此之后，所有地方政府的人力、钱财需求，都可以通过摊派至各图解决，而不必摊派至里甲，里甲的编制由此也就彻底废除。而此后，自封投柜代替里甲长或其他中间组织，成为赋役征派的形式，应付税粮征收的徭役基本解体。[1] 所谓自封投柜，就是在县衙设立钱粮柜，由纳税人将应缴钱粮注明姓名及田赋银数，自己封好投入柜内，并随取收据。自封投柜是纳税方式的进步，但是当时农民识字率低，离县城较远，交通不方便，加上规章法条普及不够，胥吏从中作梗等，所以由此也引发了一系列的问题。

雍正时，正式实行"摊丁入亩"，地丁合一，赋役合并，把丁税平均摊入田赋中，统一征收地丁银，从此丁粮随粮赋起征，地丁银便成为清朝的赋役制度。雍正五年（1727）十二月二十日，应两江总督范时绎奏请，从雍正六年起，苏、皖两省"摊丁入地"，每亩摊丁银一厘一毫至六分二厘九毫不等，"丁随田办"。随着人头税的取消，江南地区人丁逃亡的现象得到了基本的缓解。

同时，江南重赋的调整也出现了可能。在雍正三年，户部尚书怡亲王允祥出面请求减低苏松浮粮 45 万两银（其中苏州 30 万两，松江 15 万两），获旨允准。两年后，嘉兴和湖州二府按 1/10

---

1. 熊月之总主编，王健主编：《上海通史·第 5 卷·清代前中期 1644—1843》，上海辞书出版社 2017 年版，第 67 页。

减低额征银，减银 87 280 两。乾隆二年（1737），清廷将最为民累的苏松常嘉湖五府白粮减额共 16 638 石。同年，清廷宣布再减苏松额征银 20 万两。苏松前后两次减低的田赋银，基本上就是当时民间的逋欠数，所以自后逋欠税粮的现象不再严重，减除浮粮的呼声也停了百余年。

尽管如此，江南的赋税额在全国仍属最高，正常年景地方尚可勉力承受，一遇天灾人祸，人民仍然不堪重负。太平天国战争前后历时十余年，江南遭受了从未有过的兵燹之苦，元气大伤。清军攻占松江、太仓后的同治二年（1863），江浙地方官员和朝中官员就面对地方残破局面，奏请在江南减漕，经清廷批准，于同治四年（1865）正式实行。其中苏州、松江和太仓三府州，按减征 1/3 原则，减去米豆 486 055 石，常州、镇江二府减 1/10，减去米豆 57 072 石，杭州、嘉兴和湖州三府减 8/30，减去米 266 700 石，八府州共减额征米豆 809 827 石，"民困为之大苏"，自后江南每年征收的米豆由康熙二十年（1681）的 330 万石减少为 230 万余石，而且减去的是实际负担最重的漕粮。从此以后，江南每年提供的本色赋粮只是清初的不到 70%。江南人民在承受了至少整整五个世纪的重赋负担后，总算可以稍稍喘口气了。

值得注意的是，正是由于苏松重赋，才使得江南农民被迫改变经营方式，发展手工业，种植经济作物，从事商品性生产，以增加总体收入。而统治者为了征得重赋，又不得不将田赋折征银两或改征布匹，进而刺激了农民的商业生产，由此也使得苏松地区既成为全国赋税最重的地区，也是全国商品经济最为发达的地区，所以王士性才说这里"百货所聚"，工商之利占了民众收入的七成左右，所以虽然赋重，"不见民贫"。[1] 早在明前期的松江人顾清就称：松江一地虽然面积不大，但是物产"有名天下"，就是因为"力耕植勤纺织"。[2] 谢肇淛也说："三吴赋税之重甲于天下"，一个县等于江北一个府，为了缴税，破家身亡者往往有之，而总体来说，百姓并不贫。就是因为这里的人善于寻找获利的途径，所谓"人之射利无微不析"。[3] 深谙民情的徐光启在比较明时松江赋税十倍于宋这一事实后，则作了这样的讨论：松江这里方圆不过百里，农业收入也比其他地方高不了多少，但是每年却上供百万赋税，历经三百年，"全赖此一机一杼而已"。[4] 可见正是江南百姓摆脱了单纯从事农田耕作、米粮生产的老路，探索出一条发展多种经营与家庭手工业的新路，创造出无穷的财富，才能"上供赋税，下给俯仰"，这正是江南地区繁荣的真正奥秘。

1. 〔明〕王士性：《广志绎》卷二《两都》。
2. 正德《松江府志》卷五《土产》。
3. 〔明〕谢肇淛：《五杂俎》卷三《地部一》。
4. 〔明〕徐光启：《农政全书》卷三五《农桑广类·木棉》。

第五章　走向大港

751—1843

在上海的历史发展进程中，对外贸易扮演了重要的角色。上海最早的贸易港是吴淞江边的青龙镇。青龙镇港阔水深，逐渐发展成为"海商之所凑集"的通商大埠。这一时期，随着江南经济地位的日益提高，江南市场与国际市场联系日益加强，对出海港口的需求也日益迫切。发达的国内及国际贸易与人员往来，使青龙镇成为"人烟浩穰，海舶辐辏"的枢纽，极大地提升了上海地区的发展水平。

宋代以后，随着吴淞江的淤塞，青龙镇逐渐退出历史舞台，上海港随之崛起。至清代，特别是江海关成立之后，上海港迅速发展，成为整个长三角的海外贸易中心，由此奠定了大港的地位。

随着商业贸易的兴盛，上海地区呈现一片繁华的面貌，城市日益发展起来，人烟稠密，商贾辐集，商人群体纷纷设立同乡和同业性质的会馆、公所；市镇兴旺，明中叶以后，上海地区的市镇数目越来越多，大都具有鲜明的江南水乡的特点，发展繁荣。

第一节　从青龙镇到上海镇

唐朝在今天青浦东北吴淞江南岸设置了直属华亭县的青龙镇，这成为上海地区古代城市化进程的起点。

根据近年对青龙镇的考古发掘，发现唐代的遗存非常丰富和集中，包括了铸造作坊、水井等遗存和大量生活用品，表明当时此地人口稠密，市镇也达到一定规模。而且考古发掘中发现了大量外来瓷器，青龙镇附近并不是瓷器生产地，这些瓷器数量显然远远超出本镇的消费需求，其中就包括了很多外销瓷，如长沙窑瓷器。无疑青龙镇作为商品集散地和中转站，这些瓷器是销往其他地区的，可见在晚唐北宋时期，青龙镇作为海外贸易港口的功能已经发展起来了。从文献记载和考古发掘来看，和青龙镇有密集往来的国家大致有日本、新罗、交趾、南海诸国以及大食等。而考古发掘的大量瓷器中，有很多是唐代用作出口瓷的长沙窑的产品，尤其受到伊斯兰国家和佛教国家的欢迎。[1]

据记载，当时杭、苏、湖、常等州的商人每月都至，福、漳、泉、明、越、温、台等州商人一年"二三至"，广南、日本、新罗商人一年"或一至"。嘉祐七年（1062）时，这里"远商并来"，货物丰富，"人无馁饥"，时人说这里是"岛夷、闽、粤、交、广之途所自出，风樯浪舶，朝夕上下"，成为"富商巨贾，

---

1. 参见王辉：《青龙镇：上海最早的贸易港》，上海人民出版社 2015 年版，第 153—154 页。

云间潮涌
（751—1843）

豪宗右姓"会聚之地。[1] 到熙宁十年（1077），青龙镇上交的商税为 15 879 贯，同时华亭县为 10 618 贯，青龙镇的税额要高于本县华亭，仅次于本州秀州。[2] 可见当时的海内外贸易的繁荣。"海舶百货交集，梵宇亭台极其壮丽，龙舟嬉水冠松江南，论者比之杭州"。[3] 到北宋大观年间（1107—1110），青龙镇改名通惠镇。镇上有来远坊专供国外商人居住。[4] 政和三年（1113），朝廷在华亭县设市舶务，作为两浙市舶司下的分支机构，有专任监官一员管理海外贸易，青龙镇就处于华亭市舶务的管辖下。南宋建炎四年（1130），朝廷计划将秀州华亭县市舶务移就通惠镇，只是暂时轮差一名官员前往管理。绍兴二年（1132），将原来设在秀州的市舶司移到华亭，可见华亭地区海上贸易发展已经超越秀州。第二年，两浙提举市舶司的申奏中提到，其下有五个场务，华亭和青龙是其中之二。当时，"商贾舟船多是稍入吴淞江，取江湾浦，入秀州青龙镇"。[5] 考古发掘的结果显示，镇区面积在南宋后期扩大到 25 平方千米，是唐代的四倍。

进入宋代，随着吴淞江的淤塞，位于吴淞江下游的青龙镇逐渐衰落。南宋后期，青龙镇的市舶务撤销。但之后青龙镇商业仍很发达，依然有外国商人活动，如嘉定十年（1217），当时青龙和华亭"奸民豪户"多从事粮食海外贸易，每一条海舟容量"不

1. 绍熙《云间志》卷下。
2. 〔清〕徐松辑录：《宋会要辑稿》食货一七《商税杂录》。
3. 光绪《青浦县志》。
4. 王辉：《青龙镇：上海最早的贸易港》，上海人民出版社 2015 年版，第 126 页。
5. 〔清〕徐松辑录：《宋会要辑稿》食货一七《商税杂录》。

下一二千斛",他们航行或南或北,"利获数倍",[1]只是此时已不能和极盛时相比。

青龙镇衰败后,华亭县的外港一度转移到江湾和黄姚,黄姚税场一度是二广、福建、温、台、明、越等郡大商海船辐辏之地,"澉浦、华亭、青龙、江湾"等地牙客在此集聚,[2]是商贾进入内地的"冲要之地"。[3]但最终这一地位还是由青龙镇转到上海镇,此后上海镇在宋末设置市舶分司,直至至元二十九年(1292)立县都是这一趋势发展的结果。

今天上海港的口岸地位在宋元明时期已现雏形。关于上海之得名,有多种说法,有说是"上海者,以居海之上洋也"。[4]意思是地处海洋的上部,所以称上海。也有认为,宋初海外商舶直达青龙镇,后来吴淞江面渐渐变窄,商舶就在上海县治处登岸,所以就称为上海。即海船登陆处,所以称上海。但大部分人认为上海之名的出现,更有可能与上海浦有关。万历《上海县志》曾说,当年郏亶《水利书》中记载松江南部有大浦十八,其中就有上海、下海二浦,黄浦江,就称上海浦,上海县因此得名。[5]不过根据今天学者的研究,上海浦应该不是黄浦江的旧称,上海浦和黄浦江一样,是吴淞江两岸众多纵向的支流大浦之一,上海也应

1. 〔清〕徐松辑录:《宋会要辑稿》食货三八《互市》。
2. 〔清〕徐松辑录:《宋会要辑稿》食货一八《商税杂录》。
3. 〔元〕脱脱:《宋史》卷一八六《食货下八》。
4. 嘉靖《上海县志》卷一《总叙》。
5. 万历《上海县志》卷一《疆域》。

云间潮涌
(751—1843)

该由此得名。[1]

关于上海成为聚落的记载始于北宋，至迟在北宋熙宁十年（1077），上海浦西岸已设有酒务，但还未成镇。南宋景定、咸淳年间（1260—1274）设立了专理航海贸易的市舶司，上海镇的名称也开始见于文献。其中位于吴淞江支流上海浦近旁的上海镇，由于离吴淞江近在咫尺，所依傍的上海浦、黄浦及宋家浜等河道又皆与吴淞江相通，既便海船进出，又利海船停泊交易，因此逐渐得到了发展。

至元十四年（1277），元政府在江南设立四处市舶司，上海与庆元（宁波）、澉浦、泉州各居其一。至元二十九年（1292）上海正式建县。县城所在的上海镇已有市舶、榷场、酒库，有军隘、官署、儒塾、佛仙宫观、市场商铺，"鳞次而栉比"，是"华亭东北一巨镇"。[2]但从当时整个江南地区而言，上海的口岸地位还在毗邻的北翼浏河镇之下，而且上海南侧钱塘江北岸的澉浦，来往海船也东达泉州、潮州，西通交趾、广州，南抵会稽，北接江阴。上海位于浏河、澉浦南北之中，海船进入上海县城时必经吴淞江下游，当时又淤浅之势不减，这些都抑制了上海港的进一步发展。

上海自古以来海运发达，所谓"乘潮汐上下浦，射贵贱贸易"，驶疾数十里易如反掌，沿江濒海之民，利用这种优势，"客

---

1. 熊月之总主编，张剑光、陈磊主编：《上海通史·第3卷·华亭建县至上海建县（751—1291）》，上海辞书出版社2017年版，第68—70页。
2. 〔元〕唐时措：《县治记》；弘治《上海志》卷五《建设志》。

第五章

走向大港

贩湖襄燕赵齐鲁之区，不数年可致巨产"，当时上海人民靠着从事海上商业贸易活动，积累了大量资产，生活富足，其奢华程度甚至为府城之民所不及。[1] 陶宗仪曾经记录有"嘉定州大场沈氏"，因从事海外贸易，"致巨富"。[2] 宋元两代政府都非常重视海上贸易，对民间贸易的政策也比较宽松，所谓"听海商贸易，归征其税"。[3] 由此推动了上海海运的发展。所以顾从礼称上海在宋时"为海舶所驻之地"，所以置市舶提举司。元朝不行海禁，江南数郡民众都"私造大船"，出海至琉球、日本、满刺、交趾诸地，往来贸易，都是由上海出入，地方也"赖以富饶"。当时上海地方之人，"半是海洋贩易之辈"。[4] 而在这一时期，在海上最为活跃的人物便是崇明人朱清与嘉定人张瑄。朱清、张瑄本系宋末亡命无赖，熟识海道。宋末为抵挡蒙古入侵，于是将其招安。后元兵下江南，朱、张降于元，授金符千户。这两位著名海盗摇身一变成了官府中人。[5]

朱清后随丞相伯颜"从征闽越，功授武略将军"。朱清、张瑄不可一世，主要是因为他们直接创办了海运漕粮。他们漕运江南粮食，不到十天左右就可以到达北京。元朝认为他们有功，就给付金银牌，授权他们可根据实际情况随意"除授"。[6] 至元十九

---

1. 弘治《上海志》卷末。
2. 〔元〕陶宗仪：《南村辍耕录》卷二七《金甲》。
3. 〔明〕宋濂等：《元史》卷九四《食货志二·市舶》。
4. 〔明〕顾从礼：《奏请筑城疏略》，崇祯《松江府志》卷一九《城池》。
5. 〔元〕陶宗仪：《南村辍耕录》卷五《朱张》。
6. 〔元〕长谷真逸：《农田余话》。

年（1282），朝廷命朱清、张瑄与上海管军总管罗璧等，造平底海船60艘，运粮46 000多石，由海道至京师。自上海到扬村码头，凡13 350里。[1] 次年，立海运万户府，以朱清为中万户，张瑄为千户。其时朱清等已从崇明徙家太仓，两人因海运有功，屡受元廷封赐。至元二十八年（1291），并设二都漕运万户府，止令朱清、张瑄二人掌之。他们的部属则都当上了千户或百户，分为各翼，以督海运。[2] 这一时期，漕运数目也在成倍上升，从至元二十一年运粮29万多石，到至元二十八年运粮150万多石。[3] 就在这一年，元廷决定罢江淮漕运，完全由海道运粮。不久，朱清又以初辟海道，路途险恶，复开新线，"差为径直"，更加有利于漕运。朱清、张瑄亦因此而授官赐爵，显赫一时，"二人者，父子致位宰相，弟侄甥婿皆大官"。[4] 朱、张以海运官而至江南行省左丞、右丞。凭借政治上所获取的特权，他们又大搞海上贸易，亦官亦商。田园宅馆遍天下，到处都是他们贮藏货物和宝藏的仓库，巨艘大舶前往海外贸易，手下"舆骑塞隘门巷"。即使是左右仆从，也都"佩於菟金符，为万户、千户，累爵积赀，气意自得"。[5] 他们在上海等处曾置万户府，以张瑄长子文龙为万户，"筑第于乌泥泾"。[6] 张瑄有个小妾杨氏"美而悍"，曾在上海县乘鱼桥

1.〔明〕宋濂等：《元史》卷九三《食货志一·海运》。
2.〔明〕宋濂等：《元史》卷九三《食货志一·海运》。
3.〔明〕宋濂等：《元史》卷九三《食货志一·海运》。
4.〔元〕陶宗仪：《南村辍耕录》卷五《朱张》。
5.〔元〕陶宗仪：《南村辍耕录》卷五《朱张》。
6. 弘治《上海志》卷八《人品志·规用》。

第五章

走向大港

建别业，称为"四夫人府"[1]。崇明对岸的太仓，则因朱、张的迁居大沾其光。这里"粮艘海舶，蛮商夷贾，辐辏云集"，号称"六国码头"。[2] 后来著名的郑和下西洋，也从这里起航。但是好景不长，元大德六年（1302）冬，朱清、张瑄终因势大招摇，为权贵所嫉，遭夷戮，赀产入官。不过三年后，元成宗就命张瑄之子张文龙管理日本商船。至大三年（1310），元武宗命朱清之子朱虎与张文龙重掌海运，发还上海乌泥泾旧宅一区及田产百顷。两族积极交通士人，弃武从文，张瑄曾孙张守中成为乡贡进士，转化为文化世家。[3] 在朱、张二人的影响下，上海地区从事海外贸易的人员非常多，据统计，元至正中，上海县共计 72 502 户，其中海船、船商、稍水就有 5 675 户。

第二节 黄浦夺淞与上海港的初兴

如前所述，明初，由于吴淞江下游淤塞严重，户部尚书夏原吉提出了日后影响深远的"掣淞入浏"和"黄浦夺淞"计划。随着"掣淞入浏"的推进，刘家港的地位日益提高，更因成为郑和下西洋的出发港而名噪一时，太仓也顺利立卫建州。与此同时，黄浦江日益壮大，上海港也开始兴起。

在洪武、永乐年间，一度延续了元代的海运，上海地区所在

---

1. 〔明〕黄省曾：《吴风录》。
2. 弘治《太仓州志》卷一《沿革》。
3. 申万里：《元代张瑄及其家族初探》，《元史论丛》第十一辑，天津古籍出版社 2009 年版。

云间潮涌
（751—1843）

的吴淞口以及嘉定、崇明和太仓的刘家港皆为漕粮海运的主要基地。这些海漕船装载量一般多在千石左右，以永乐时年运漕粮49万石计，当有海船近500艘。永乐十年（1412），为方便海漕船进出长江，在往来最为冲要的吴淞口入海处岸边，筑起方广百丈，高三十余丈的烽堠土山，名曰"宝山"，"昼则举烟，夜则明火"，以利航行。[1] 郑和下西洋第三次出航，即从这里出发，许多私商海舶也利用这个"宝山"指标进出海口。然而好景不长，永乐十三年，运河北段会通河浚成，江南漕粮改为河运，上海一带喧闹了近百年的漕粮海运就此宣告沉寂。

　　明代虽然出现了像郑和下西洋这样的壮举，但国家基本的海洋政策是海禁。通过海禁，一方面确保朝廷直接控制对外海洋贸易，另一方面也可以保障边界安全，防止外敌入侵，就此实现王朝对外羁縻与对内控制的统治目的。吴元年（1367），朱元璋曾在上海所辖的黄渡镇设立市舶提举司，但主要目的是为了加强朝贡体系，而非促进海外贸易。洪武三年（1370），明廷以黄渡离京城太近，番夷不宜导入内地为由，将黄渡市舶罢废，另在明州、泉州、广州三地新设市舶，不久这三处市舶司也一并撤销。洪武四年，首颁禁海令，[2] 此后明王朝便不停地颁布海禁命令，仅明太祖便颁发过六次禁海令。[3] 正德后海禁虽曾有所松动，但并未维持多久。正德十六年（1521），葡萄牙（即佛郎机）人托

---

1. 万历《嘉定县志》卷一《疆域考上》。
2. 《明太祖实录》卷七〇，洪武四年十二月丙戌。
3. 《明太祖实录》卷一三九，洪武十四年十月己巳。

第五章
走向大港

梅·皮雷斯（Tome Pires）入华失败，[1] 海禁再度成为王朝的中心政策："佛郎机人不得进贡，并禁各国海商亦不许通市。"[2] 之后又是一系列的海禁令，由此最终导致了沿海的倭患。

这一时期上海很少有海船远洋的记载，但也有船民冒险参与海上走私。如嘉靖时，崇明南沙人秦璠、王艮，"家畜壮丁可百人"，他们开着装鱼盐的大船，到沿海近岸边一带，再用小舟分载入港。[3] 与此同时，近海运输也开始悄悄复苏。如明初对沿海民船装载吨位多有限制，最初规定沿海船只至多为平底单桅，载重约三五百石，此后由于"法度寝弛"，双桅已经习以为常，甚至有了五桅船。嘉靖间，上海及其附近地区船只数量已经不少，因此每当沿海卫所官军巡汛沿海，官船不够时，可以征调"沙耆民船二三百只"。[4]

直到嘉靖末年，统治者才最终承认现实，并于隆庆元年（1567）正式开放海禁，准许人民航海前往东洋、西洋贸易，由海防同知向商船征收引税及关税，使私人海上贸易合法化。[5] "因其势而利导去，弛其禁而重其税"[6] 成了新的贸易政策。所以，万历后，上海人开始重新参与到海上贸易中。《云间杂志》就说：

---

1. 详见万明：《中国融入世界的步履》，社会科学文献出版社 2000 年版。
2. 〔明〕严从简：《殊域周咨录》卷九《佛郎机》。
3. 雍正《崇明县志》卷一一《寇警》。
4. 〔明〕胡宗宪：《筹海图编》卷一三《沙船图说》。
5. 关于私人贸易合法化之事，《明实录》并无记载，只见于张燮的《东西洋考》及傅元初《请开禁洋疏》等。可见开放也似乎是遮遮掩掩。
6. 〔明〕谢杰：《虔台倭纂》卷上《倭原》。

近年来中国人都从事海外贸易，到吕宋地方（今菲律宾），获利丰富。松江人亦往往参与其中。在万历四十年（1612），就有松江府西东塔弄内居民陆姓"出海商贩"，出航的"同舟者一百二十人"。[1] 但是此时在海上贸易中占据主导权的已经是近水楼台的福建、广东人，史学家谈迁曾言：闽、粤人专门贩海，现在已经发展到了浙江、南直隶。[2]

这一时期长江入海口的首要港口是刘家港，而非上海港，此后整个东南沿海的海外贸易中心则是在宁波。上海县城虽然在明代发展迅猛，但是作为港口却始终不见起色，而且由于规模太小，民间船只还往往要让位于漕船。嘉靖年间，知县郜光先为了保证漕船的停泊，将其他运船全部逐出浦外，让它们排队，一船兑完，才允许下一船进兑。[3] 这种情况下，上海港自然日益萧条，所以时人称其"僻处海滨，四方之舟车不一经其地"，"内湖外海势难飞渡"。在倭乱爆发之际，人们也认为江南沿海中，浏河、吴淞两大口岸，海寇非常熟悉，而上海只是"黄浦一小港"，连海寇都闻所未闻。[4]

除了上海县城外，这时上海地区在南侧杭州湾沿海地带还有漕泾、柘林、漴阙等海口。漕泾常年聚居渔船多达数百艘，又如松人捕鱼，都从漴阙出海，在每年三月间商贾凑集，"村落若雄

1. 〔明〕佚名：《云间杂志》卷中。
2. 〔明〕谈迁：《枣林杂俎》和集《丛赘》。
3. 〔明〕何三畏：《云间志略》卷五《上海令文川部公传》。
4. 〔清〕金端表：《浏河镇纪略》卷三《开海通商》。

镇"。[1] 当时浙东、浙南以及闽粤等地的海船也有泊于其地的，所谓"淞阙为海舶辐辏之所"，[2] 但由于自然环境和倭乱等因素，均无太大发展。上海地区港口的这种状况一直到入清以后才开始逐渐发生变化。

上海市市标是以市花白玉兰、沙船和螺旋桨三者组成的

但是在这一时期，上海地区以沙船为中心的航运业却获得了显著的发展。沙船是一种平底、多桅、方艏、方艉的船只，是中国最古老而典型的江海两用船型，在宋代被称为"防沙平底船"或"平底船"，明中叶始有"沙船"之称。由于古代沙船出海回帆都以上海地区为基地，故上海有"沙船之乡"的美誉。

沙船最早始于唐代，这一时期由于崇明沙的出现和扩大，导致长江口航道状况发生变更，船出崇明后的北洋航线有一大段路程沙滩不断，吃水较深的尖底船无法前行。面对这种情况，具有行沙涉浅的优良性能的海船随即出现，这也就是后来"沙船"之名的由来。明沈犹龙便称："沙船以出崇明沙而得名，太仓、松江、通州、海门皆有。"[3]1978 年，在南汇的大治河和嘉定封浜分别出土了两艘宋代古船，分别为沙船型海船和沙船型江海两用船，说明这一时期沙船基本已经成熟，并为其后的定型发展打下

1. 嘉庆《松江府志》卷六《物产》。
2. 〔清〕曹家驹：《说梦》卷一《华亭海塘纪略》。
3. 乾隆《崇明县志》卷一九《艺文志》。

了坚实的基础。沙船一旦在浅海中突遇流沙，可借助其宽阔的平底而平稳地坐落在浅海沙滩上。另外，北洋航线常有一种滚头浪，尖底海船最怕此浪，而平底沙船却能破之。所以，沙船的发明是上海地区造船技术和航运技术的重大突破。

沙船图

第五章

走向大港

至元十二年（1275）起，元廷开创海道漕运，沙船也借此得到了发展。"至元十九年，命上海总管罗璧、朱清、张瑄等造平底海船六十艘，运粮六千余石，从海道至京师。"[1] 这里所言的"平底海船"，即为沙船型海船。梁梦龙在《海运新考》中详细描绘了这一船型：船名海鹏（一名海鹞），形制是龟身蛇首，板木坚厚，一不怕暗礁，二不畏沙，一任风浪轻浮，好像大鹏展翅，称之为"鹏"，说明船只航行迅捷，有"扶摇万里之义"。[2] 这应该是日后明清沙船的雏形。之后，朱清等又寻求新的航线，船行风信有时，加上积累经验，自上海至京师不过旬日即可到达。因海上漕运所费较内河漕运便宜得多，运粮数逐年递增，而运费下降。初行海运漕粮时，大船载重不过 1 000 石，小船不过 300 石，而到了元延祐以后，大船载重已达 8 000 ～ 9 000 石，小船则为 2 000 多石，可见这一时期沙船性能和工艺的不断发展。至元二十一年（1284）运漕粮 29 万余石；至元二十八年增至 150 万余石；到天历二年（1329）又增加到 350 万余石，但运费却由每石给价 8 两 5 钱下降至 6 两 5 钱。[3]

明代时，沙船日益成熟，《皇朝奏疏类抄》载明嘉靖八年（1529）黄绾《弭江盗疏》中第一次出现了"沙船"之名。据其记载，当时太仓、崇明、常熟、江阴、通州等地大户自造双桅沙

1. 同治《上海县志》卷七《田赋下·海运》。
2. 〔明〕梁梦龙：《海运新考》卷上。
3. 〔明〕宋濂等：《元史》卷九三《食货志一·海运》。

船，而小户则合伙备造沙船。[1] 嘉靖间南京工部主事沈苍在《南船纪》也提到了沙船：所谓沙船，就是崇明三沙船式。三沙靠近大海，人们以贩盐为业，"履险如夷，走船如马"。[2] 这一时期，沙船船型又得到进一步发展。如巡沙船、定波船、龙舡等都是沙船的发展。明代松江人李昭祥以南京工部主事身份驻龙江船厂，经其半年整顿，船厂焕然一新。他随即于嘉靖三十二年（1553）主持编纂了《龙江船厂志》八卷，包括训典志、舟楫志、官司志、建置志、敛财志、孚革志、考衷志、文献志，[3] 这是一部全面记述龙江船厂生产船舶的工艺技术和管理体制方面的专志，也是重要的沙船技术文献，被李约瑟称为"中国工艺技术文献的瑰宝"。

由于沙船"船底平阔，沙面可行可泊，稍搁无碍"，因此它适合在暗礁、沙岭较多，而且风浪险恶的北洋航线航行。明代人曾经比较了它与福船等不同类型船只的区别：沙船"便于北洋，而不便于南洋"。这是因为北洋海水浅，南洋海水深，沙船底面平，"不能破深水之大浪"。但是北洋有滚涂浪，福船、苍山船底尖，最怕这种浪，沙船却不怕，北洋可抛铁锚，但是南洋水深，只能下木碇。[4]

沙船大部分露出甲板，上层建筑少，吃水浅，轻捷，能逆风行驶，能坐滩，安全平稳是其主要特点。据相关研究分析，沙船

---

1. 参见潘君祥：《"沙船"名称最早出现的时间考证》，《都会遗踪》2015年第1期。
2. 〔明〕沈苍：《南船记》。
3. 〔明〕李昭祥：《龙江船厂志》。
4. 〔明〕范涞：《两浙海防类考续编》卷十《海船图说》。

的优势有以下几个方面：一是底平利于行沙，在风浪中航行也安全；二是顺风逆风都能行驶，甚至逆风顶水也能航行；三是船宽初稳性大，又有披水板、梗水木、太平篮，诸船唯此最稳；四是桅多篷，篷高利于使风，吃水浅，阻力小。[1]

明代虽然大部分时间里朝廷均实行海禁政策，但私人海上贸易仍然十分盛行，尤其晚明时期更是如此。比如万历四十五年（1617），应天巡抚王应麟便称："沿海民多造沙船。"[2]沙船还进而一度承担起了国家漕粮运输的任务。比如乾隆《崇明县志》所载，因隆庆四年（1570）黄河决口，隆庆六年一度恢复海运，沙船从淮抵天津，甚为便捷。明末时由于运河不通，崇明人、内阁中书沈廷扬上疏倡行海运，在获准后，自买沙船，寻元故道，"舟载千余石，率先海运"，于当年六月初一日出淮祭海，十五日即抵天津大沽，因此而得到崇祯帝的赞赏。[3]但此时明王朝已经走向末路，沙船海运只是昙花一现。

第三节　上海港崛起

上海港地位的真正确立是在清前期，其间有几个因素起了十分关键的推动作用。

1. 周世德：《中国沙船考略》，中国科学院自然科学史研究所、中国科学院传统工艺与文物科技研究中心编：《鉴古证今：传统工艺与科技考古文萃》，安徽科学技术出版社2014年版，第402页。
2. 《明神宗实录》卷五五七"万历四十五年五月己卯"条。
3. 乾隆《崇明县志》卷一五《人物志一》；乾隆《崇明县志》卷一九《艺文志》。

1. 江海关的设立

江海关的设立在清代上海历史上有着非常重要的意义。早在乾隆十年（1745）松江知府王敛福修府志时，本地人黄之隽认为康熙后地方有大政数端，亟待"载笔传后"，列入方志，其中最主要的就包括"翠华之巡幸，属邑之分析，海关之驻防，潮患之堤坊"。[1] 由此可见，当时人们将海关设立与帝皇巡幸、属县分拆、海潮防御等并列一起，意识到了海关设立对于上海的重要意义。

顺治十二年（1655），为了防范台湾郑氏集团及明末残存势力的抗清斗争，遂在东南沿海地区实行"迁海"和"禁海"措施，断绝海外交往。沿海居民不得不"迁界"，大片耕地被荒置，渔业、盐业生产完全陷入停顿状态，对外贸易也完全停顿。海禁的弊端有目共睹，为了解决国家财力问题，康熙十九年（1680）二月，江南巡抚慕天颜提出应该尽快开放海禁，他指出，"海舶通商"有益于民生。因为中国出产的丝、布、药材等货物，本来是平常之物，一到外国，价格上涨数倍，让外国的金银每年源源不断输入中国，百姓可以富裕，赋税粮饷也可以增加，这才是"生财之大原"。[2] 事实上，持此议者不止慕天颜一人，差不多与此同时，河道总督靳辅亦上奏认为已经实行数十年的海禁太严，导致"财源断绝"，民生穷困，流通的白银日益减少，货物销售渠道不畅，所以建议将"商人出洋之禁"稍稍变通，可以有利于国

---

1. 〔清〕黄之隽：《冬录》，《堂集》附录。
2. 〔清〕慕天颜：《请开海禁疏》，《皇朝经世文编》卷二六《户政一》。

计民生。他认为只有开通海禁，方能使外国番舶进来，用中国土产的货物换取别国的财富，不仅对中国有百利而无一害，而且还可以鼓励百姓加强生产，"数年之间，富强可以坐致"。[1] 此后，康熙二十二年三月，户科给事中孙蕙也建议，在当时"四方削平，海氛渐消"的情况下，应该尽快开放海禁，通过开海贸易，增加国家税收，从前海外贸易的利润只能让那些私蠹获利，如今可以全归于国家，这可是关系国计民生的大事。[2]

不过由于当时台湾未定，海警尚存，上述建议并未很快得到回应。直至康熙二十二年八月，清廷平定台湾，海禁开放的时机已经成熟。当年十月二十二日，康熙即颁旨沿海展界，下令：江南、浙江、福建、广东沿海田地可以给百姓耕种。[3] 是年十一月初九，又下旨将慕天颜题请开海贸易以及孙蕙题请海上贸易之奏疏交给钦差金世鉴"会同江浙督抚议覆"[4]。至康熙二十三年（1684）六月初五，康熙已初步决定开海贸易，宣称海洋贸易，实有益于百姓，不过相关关税，如果不确定规则，可能会连累商贾，因此要派遣各部院得力官员前往勘察，"酌定则例"。[5] 此后，清廷决定在广东、福建、浙江、江南四省各设一海关，史称四口通商时期。

上海地处南北交通要冲，腹地广阔，加上多年城镇发展的积

1. 〔清〕靳辅：《靳文襄奏疏》卷七《生财裕饷第二疏（开洋）》。
2. 〔清〕金端表：《刘河镇记略》卷三《创始·开海通商》。
3. 〔清〕杜臻：《粤闽巡视纪略》卷一。
4. 〔清〕金端表：道光《刘河镇记略》卷三《创始·开海通商》。
5. 《清圣祖实录》"康熙二十三年六月己亥条"。

累，至开海之时，上海港口条件已趋近成熟，优势明显。《刘河镇记略》中就记载，当时黄浦江越来越深广，使得上海"已成巨港"，船舶载运的"粗重之物"就可以顺利停泊上海港，无"意外之虞"。虽然浦东是一片沙滩，吴淞进口有七十余里，但是外有吴淞营参将守卫，内有兵备道，一旦有变数，也如鸟在笼，无从飞脱。所以船舶停泊在这里，"最为妥洽"。[1] 根据嘉庆《松江府志》，康熙二十四年，设江海关于上海，专司海舶税钞。[2] 清初叶梦珠曾在《阅世编》中描绘了江海关初设时的情景：海关使者初至松江，是驻扎在漴阙。后来因为当地官署窄陋，所以移驻到上海县城。往来的海舶都进入黄浦江编号。上海县城成为统辖长江入海口南北 600 余里海岸线、大小 24 处分海口的江海大关所在。此后海外百货集中于此，不过当时都会运到苏州销售，本地居民获利不多。只是本地商人想要将货物销售到海外的，相对较为便利。当时到浙江、福建及日本贸易的居多。[3]

叶梦珠所言江海关成立之初对上海居民"殊无甚利"的原因，与南北洋分别于上海和刘河两地收口有关。江海关设立之初，江苏巡抚"亲履海口，相度形势，题定章程"，明确规定，南、北洋海船分别收口于上海和刘河两地。正如《刘河镇记略》所言：福建省商船叫鸟船，熟悉浙江、台州附近水面，不入北洋，都进入上海；江苏省商船名叫沙船，熟悉奉天、东洋水面，

---

1. 〔清〕金端表：《刘河镇记略》卷三《创始·开海通商》。
2. 嘉庆《松江府志》卷二八《田赋志·关権》，嘉庆二十三年松江府学刻本。
3. 〔清〕叶梦珠《阅世编》卷三《建设》。

第五章
走向大港

不入南洋，都进入刘河口。两地各设关权收税，守口员弁也方便稽查。[1] 张忠民认为，清政府当时之所以制定南、北洋分别收口的政策，实际上是为了"便利对海船和海上贸易的控制"，而完全不顾是否对贸易有利。[2] 由此也限制了上海作为江海关驻地的影响力。

不过即使如此，仅专门收泊南洋航线船只的上海大关也发展迅猛。清初上海人姚廷遴在《历年记》中即言：当时洋货及福建、广州货物都在上海载运，小东门外成为大马（码）头，当时"市面为之一变"。[3] 雍正年间，福建人蓝鼎元也说：春夏之交，南风盛行时，南洋货船扬帆北上，经过福建，然后停留宁波、上海，然后到山花岛，过黑水洋，往来于山东登莱、辽宁关东、天津间，只要半个月左右时间。[4] 至于南船所运货物，则主要是"糖、靛、板、果、白糖、胡椒、药材、海蜇、杉方、尺版"等。[5] 乾隆初年，每年四五月间，闽、粤糖船前往刘河、川沙、吴淞、上海等地贸易，九十月间置买棉花回程。[6] 可见，当时闽粤商人主要是将南方的各类调味品（主要是糖）、鲜果、海货、洋货等运往江南，而从江南再运回丝绸、粮食、棉花、棉布、酒等。此外，当时浙北商船"赴北运货，皆进上海口，在苏销售"。[7] 在这

---

1. 〔清〕金端表：《刘河镇记略》卷三《创始·开海通商》。
2. 张忠民：《清前期上海港发展演变新探》，《中国经济史研究》1987 年第 3 期。
3. 〔清〕姚廷遴：《历年记》。
4. 〔清〕蓝鼎元：《鹿洲公案》卷上《潮州海防图说》。
5. 乾隆《镇海县志》卷二《关税》。
6. 《宫中档乾隆朝奏折》第 5 辑"乾隆十八年七月初四日"。
7. 〔清〕齐彦槐：《禀复魏元煜制军稿》，〔清〕齐学裘：《见闻续笔》卷二。

一贸易过程中，这些商人或者以上海为终点，或者以上海为中转港口，大规模从事华南与江南、华北之间的商品贸易活动。

除了闽粤地区的贸易之外，江南各地的棉花、土布，南北各省的白糖、大豆、食糖、洋货、丝绸、土货等都在以上海为中心的江海关聚散。利用中国第一历史档案馆所藏的大量关税资料，廖声丰考察了夔关、武昌关、辰关、九江关、芜湖关、淮安关、临清关、扬州关、山海关这些榷关的粮食、手工业商品等大宗商品流向后，指出从中能够清晰地看到众多商品在江海关中转的痕迹。江海关开关之初的康熙二十九年（1690），关税收入只有22 000余两，而自乾隆元年（1736）至道光二十年（1840）的100多年间，年均税收75 000余两，是康熙年间的3倍多。[1] 正如两江总督百龄所言：江南省松太道所管的上海关，征收闽、广洋船载运的红木、椒糖，奉天、山东海运的豆粮，各种货物每年税款"均系足额"。[2] 可见，早在清代前期，上海就已经具有很大的贸易潜力，是南北各地商贾的荟萃之地。

除了国内贸易外，江南与日本、琉球、安南等地的海外贸易也往往以上海为起点或终点。以日本为例，松浦章曾经根据《华夷变态》的相关记载，整理出若干艘多次往返于上海和长崎之间的所谓"南京船"的情形，其中时间最早的一个案例是在康熙二十六年（日本贞享四年，1687），可见两地在海禁初开时便已

---

1. 廖声丰：《清代前期江海关的商品流通与上海经济的发展》，《上海财经大学学报》2008年第5期。
2. 《两江总督百龄、江苏巡抚朱理折：嘉庆十八年六月十六日》。

第五章

走向大港

经展开了相互间的贸易活动。当时这些沙船"航海天数需要六天至十多天，乘员数为30名至50名前后"。[1] 此外，清初松江人董含在《三冈识略》中也描述了当时上海地区与日本之间的贸易情形：茸城（即松江）距离海洋不到百里，寇盗出没，海禁甚严。最近相关禁令废弛，于是"商贾及豪富之家"竞相装备巨舰，东至日本，如果风向顺利，"不数日可到"。[2] 根据张海英的研究，当时从上海出发，销往日本的主要是丝和各类丝织品，日本输往中国的以金、银、铜为主，其中又以铜为最多，[3] 此外还有各类海产品。比如乾隆六七年间，便有江南坐商毛正茂租上海县"上字十号李永顾船只"往东洋贸易，"六年十一月"生意结束，又购买"铜斤、海参"等货回国贸易。[4]

乾隆二十二年（1757）的独口通商政策虽然规定了广州独口通商的政策，但实际上并未禁止中国商船出洋贸易，日本等东洋船只和东南亚各地的商船仍然可以到上海、宁波等地贸易。据英人郭实腊（Charles Gutzlaff）所见，当时暹罗有专门行驶于上海和曼谷之间的大型商船，载重约在300吨左右，贩运的货物有蔗糖、苏木、海参、鱼翅、藤黄、靛青、棉花和象牙等。[5] 另外，江

1. ［日］松浦章：《清代上海沙船航运史研究》，江苏人民出版社 2012 年版，第 85 页。
2. ［清］董含：《三冈识略》卷七《日本刀》。
3. 张海英：《明清江南商品流通和市场体系》，华东师范大学出版社 2002 年版，第 291—293 页。
4. 中国第一历史档案馆：《清代中琉关系档案续编》，中华书局 1994 年版，第 91 页。
5. Charles Gutzlaff, *Journal of Three Voyages along the Coast of China, in 1831, 1832, &1833, with Notices of Siam, Corea, and the Loo-Choo Islands*, London: Frederick westley and A. H. Davis, 1834, p.82.

南的很多商品亦经上海，转运至广州口岸，再源源不断地被输往海外，其中最重要的就是松江棉布，即所谓的"南京布"。根据全汉昇的研究："早在十八世纪的三十年代，英国东印度公司已经开始购运'南京棉布'（Nankeen）。南京为清代江苏省治，两江总督驻在那里，可以说是江苏的代表，故外人称江苏出产的棉布为南京棉布。"[1] 根据相关资料，在1786—1833年间，英国、法国、荷兰、瑞典、丹麦、西班牙、意大利等国家从广州购买的"南京布"共达4 377万余匹，平均每年的出口额100万匹，最高的1819年超过了335万匹。[2] 其中相当一部分便是由上海港口转销出去的。

2. 刘家港的衰弱和运河的淤塞

刘家港即浏河，又称刘河。元廷推行漕粮海运，在青龙港之后寻找一个新的漕运出海港口是其中的重中之重。刘家港的出现正好符合这一需要，从此成为漕粮海运的重镇，太仓也随之崛起。海运豪户朱清、张瑄和其他海上豪强均以此为据点，致力漕运，令刘家港盛极一时，成为名副其实的"六国码头"。[3]

明永乐元年（1403），夏原吉疏浚刘家港，开浚昆山夏驾浦，掣吴淞江，北达刘家港，这就是所谓的"掣淞入浏"，引吴

---

1. 全汉昇：《鸦片战争前江苏的棉纺织业》，《中国经济史论丛》第2册，香港新亚研究所1972年版，第638—639页。
2. 参见范金民：《清代中外贸易中的"南京布"》，《南京大学学报（哲学社会科学版）》2017年第2期。
3. 弘治《太仓州志》卷一《沿革》。

淞江水入浏河，分流了吴淞江中游的水量。导淞入浏后，刘河水量增加，浏河镇迅速发展，成为郑和下西洋的重要出发港。太仓也顺利立卫建州，至明季，刘家港更有"天下第一码头"之称。

清初海禁重开，如前所述，刘家港成为北洋航线的起点，船舶往来日盛，刘家港自然也就受到了格外的重视。当时由北方通过海路运往江南的主要是豆货，汇聚于浏河镇的商人则主要来自山东、奉天、安徽以及青口、通州等地，他们纷纷在刘河设立豆货字号，展开商业贸易活动。最初，有安徽商人金氏带着资本到浏河，开始建造"海船"，又有通州刘姓海商、吕四赵姓海商"起而从之"，浏河镇日渐繁荣，各地"身家殷实"的商人纷纷在此设立字号，其中胶州字号有二十余家，登州字号则有十六七家，货物质量之高下，价格之贵贱，都可以由字号决定。[1] 此外，还有徽州帮德盛、诚和等字号，海宁商有金长和字号，关东商人有叶隆昌、黄颐庆等字号，上海商有唐永裕、赵泰源等字号。从事造船业的还有吕四的高、姚、包、赵诸大户，其余小户与奉天、关东各口之商贩也"如云而起"。[2]

根据范金民对太仓浏河镇天妃宫所收藏《太仓州取缔海埠以安海商碑》的研究，到乾隆十七年（1752），碑中具名的东省（即山东省）字号多达31家，江省（即江南省）字号多达59家，

---

1. 〔清〕金端表：《刘河镇记略》卷五《盛衰》。
2. 〔清〕金端表：《刘河镇记略》卷三《创始》。

共计字号 90 家。[1] 字号而外，又有保税行、牙行等中介机构，栉比鳞次，成为当时江南地区最为重要的贸易港口之一。

但是刘家港作为内陆港口，一直存在着隐患。早在明弘治年间上海县人金藻在分析夏元吉掣淞入浏时就曾警告过。[2] 此后，李充嗣进一步指出：导河入浏河以后，夏驾、新洋二河与吴淞江交汇之处，"横引江水"，斜趋娄江，导致吴淞江水势减弱，无法冲刷淤泥。而且这两条河流往往有浑潮倒流入江，"易成淤塞"。[3] 他们的话不幸言中，清代以后，浏河日趋萎缩，河形"大非昔比"。虽然康熙九年（1670）和乾隆二十九年（1764），在巡抚慕天颜和庄有恭主持下对浏河进行了疏治，但总体情形是"浅段未深，深处亦浅"，驳运货物不能流通，乾隆初期已经开始有北洋沙船逐渐"不遵旧例"，前往上海。[4] 不过，这在当时应该还只是个别现象，直至乾隆中叶，浏河镇仍然是"帆樯林立，江海流通"。[5]然而到乾隆四十四年至四十五年间（1779—1780），浏河口陡起拦门沙，淤塞日甚，商船难以进港，人们只能在其四周插签以便通行，到乾隆五十年（1785）以后，海舟已经不能通行，必须要等候潮涨时才能往来。[6] 到了乾隆末年，大型沙船已经难以再收舶

1. 范金民：《清代刘家港的豆船字号：〈太仓州取缔海埠以安海商碑〉所见》，《史林》2007 年第 3 期。
2. 〔明〕金藻：《三江水学》，〔明〕张内蕴、周大韶编：《三吴水考》卷八《水议考》。
3. 〔明〕李充嗣：《奏报开浚各项完工疏》，嘉庆《松江府志》卷十《山川志》。
4. 〔清〕金端表：《刘河镇记略》卷三《创始》。
5. 〔清〕金端表：《刘河镇记略》卷五《盛衰》。
6. 〔清〕金端表：《刘河镇记略》卷一三《奇事》。

浏河。于是苏北、胶东和关东豆船纷纷改泊至上海，浏河镇上的字号商行"仅存登、胶二三家"而已。即使是这些字号，目睹浏河衰落情状后，也都"发信往北，道及刘河衰状，亦欲迁于上海"。[1]

道光《刘河镇记略》的作者金端表在书中一再强调，浏河的衰落，是与胥吏为奸、贪图利益有关。但这并不是决定性的因素。刘家港的衰弱归根结底是因为浏河的淤塞导致港口环境的衰败。谢湜就认为"黄浦夺淞"的实质其实是反映了太湖泄水方向整体东南移的趋势，[2]可谓势所必然。而作为黄浦出海口的上海港取代刘家港同样也是势所必然。

刘家港衰弱后，昔日收舶刘家港的江南沙船、青口豆船等悉数收舶上海。嘉庆十三年（1808），苏松太兵备道公开谕示，沙船"或收浏河，或收上海"，均听"商民自便"，但此后浏河一口已经"无一船至矣"。[3]此消彼长间，上海港由此获得发展良机。

与此同时，运河航道淤塞也是影响因素。自北京成为都城之后，元明清三朝，将江南生产的粮食运往京城就成为各项政务的重中之重，其中明清两朝，均以运河为漕粮运输的主航道。但作为人工河道，运河有其天然的局限性。由于水源的不足，运河时常淤塞，因此需要定期挑浚。[4]在挑浚期间自然要阻断航运，从而

1. 〔清〕金端表：《刘河镇记略》卷五《盛衰》。
2. 谢湜：《高乡与低乡：11—16世纪江南区域历史地理研究》，生活·读书·新知三联书店2015年版，第150页。
3. 〔清〕金端表：《刘河镇纪略》卷三《创始》。
4. 李文治、江太新：《清代漕运》，中华书局1995年版，第251页。

影响到商船进出。而在更严重的情况下，运河的某些河段经常会发生断流的情况，比如黄河、淮河与运河交汇处的清口一带在乾隆年间便经常发生"经年断流，商船不通"的情形，导致淮安关关税逐年减少。[1] 于是，愈来愈多的内地商船纷纷从河运转向海运，南北海船和内地商船汇聚于上海港，大大方便了各地商货的交易。另一方面，走海运也远较内河运输成本低。从上海走海路北上天津，只需在江海关报税即可，但如果走运河的话，则在浒墅、扬州、临清、淮安等地均需缴纳关税。等到道光后，运河淤塞日益严重，形势更加急转而下，海运便利就日益凸显，上海港的重要性也日益显现。

3. 上海沙船业的繁荣

康熙二十三年开海禁后，南北洋沿海贸易快速扩张，沙船业也随之复苏，进入了蓬勃发展的阶段。这一时期，对于沙船业发展至关重要的一点是北洋航线的重新开辟。北洋航线始于元代的朱清、张瑄，完善于明代，至清代发展更加迅猛。

根据许檀的研究，所谓北洋贸易，主要是指山东半岛、天津、东北等北方地区和南方沿海地区之间的贸易。清代北洋航线最初从浏河出发，在浏河淤塞后便从吴淞口出发，从崇明南佘山向东北，驶过浅沙，再至深水洋，以登州山岛为标准，转向西行，最终抵达天津。根据谢占壬的说法，明代以前，天津、奉天一带通商未广，江南海船多到胶州贸易，不须经过登州，所以登

---

1. 许檀：《乾隆道光年间的北洋贸易与上海的崛起》，《学术月刊》2011 年第 11 期。

州海面没有商贾往来。但是江南商船到胶州，已经绕过浅沙，经过黑水大洋，海程达二千余里。如果要直上天津，不过再行千里，而且还有沿途岛屿，可以歇息守风，相对来说行路比较安全。所以康熙开海后，开始有商贾经过登州海面，直趋天津、奉天，至此"万商辐辏之盛，亘古未有"。[1]北洋贸易就是这条航线不断完善的产物。反映在关税上便是沿海贸易税的大量增长，其中增长最多的山海关在嘉道年间，每年征收税银 11 万～12 万两，90% 以上来自沿海各口。[2]其中从北方运往上海的主要是各类豆货、小麦、梨、枣等土产，经由上海运往北方的则是江南出产的棉布、茶叶、丝织品等。正是由于以豆货、花布贸易为主的北洋航线的存在，使得江南地区，特别是由上海出发的沙船络绎不绝，南来北往。

根据当时记载所述，中国无论沿海还是内河，都有适应本地区和各条航线情况的各种船只。其中江南航船，以长江口为界，分为两大类。江南一带航行至天津、关东等处，中间经过苏北沿海沙脉之上，为适应沙脉分布情况，所用之船是沙船，是北洋航线的主力船只。浙江海船名蜑船，又名三不像，形兼南北，适宜于南北洋之间的航行。而闽广海船虽然行走南洋，较为灵便，但是一旦遇到浅沙，就容易出现问题。如果这种船要前往天津，须先到江南尽山停泊，等候西风，再向东开行一日，避出浅沙，向

1. 〔清〕谢占壬：《海运提要》，〔清〕贺长龄编：《皇朝经世文编》卷四八《户政二十三·漕运下》。
2. 许檀：《乾隆道光年间的北洋贸易与上海的崛起》，《学术月刊》2011 年第 11 期。

北行驶，方保无虞。[1] 清人蓝鼎元便言，北洋航行"惟平底沙船可行"，而且沙船载货甚多，只要用一布帆，就能顺风驾驶。[2] 包世臣也说：北洋多沙洲，"水浅礁硬"，"非沙船不行"。[3] 由此可见沙船在北洋航线中的优势所在。

清雍正年间《北新关志》所录船型，沙船为主要类型之一。清代上海地区沙船的运量与形制，根据嘉庆年间青浦人高培源《海运备采》记载：按照尺寸大小的不同，当时航行于北洋航线的沙船大致可以分为三个等级，其中最大者装载量是3 000石，小型沙船则可以装载1 000石。这与当时其他人的记载大致是相吻合的，如道光中崇明举人施彦士便言："沙船大者二三千石……其余次号沙船力胜一千余石者。"[4]

清代制造沙船的技术亦有所提高，齐彦槐说，沙船船舱有夹底，距离船底较高，船的两旁都有水槽，下有水眼，水从水槽进入，就从水眼排出，这样舱中就不会沾潮水。[5] 根据樊百川的研究，沙船的中等型制，可载官斛1 800～2 000石，合为载重4 500～5 000石，应约长十二三丈，宽约二丈八九尺，梁头二丈一二尺，高九尺余，深约六尺半。其小如载1 000石官斛即载重

---

1. 〔清〕谢占壬：《海运提要》，〔清〕贺长龄编：《皇朝经世文编》卷四八《户政二十三·漕运下》。

2. 〔清〕蓝鼎元：《漕粮兼资海运疏》，〔清〕贺长龄编：《皇朝经世文编》卷四八《户政二十三·漕运下》。

3. 〔清〕包世臣：《海运南漕议》，《安吴四种》之《中衢一勺》卷上。

4. 〔清〕施彦士：《海运议》，〔清〕贺长龄编：《皇朝经世文编》卷四八《户政二十三·漕运下》。

5. 〔清〕齐彦槐：《禀复魏元煜制军稿》，〔清〕齐学裘：《见闻续笔》卷二。

2 500 石者，则应长九至十丈，宽约二丈二三尺，梁头一丈六七尺，深五六尺。[1]

当时沙船基本采用坚韧的木料制造。可装载 3 000 石（约150 吨）的大号沙船首尾长一百三四十尺，货舱很深，容积宽广，接装扶梯有两三层之高。舱顶竖风帆三至五道，中舱主桅粗大，高十余丈，用柏木或樟木包接铁箍而成。桅身极重，起落需要绞关。主桅上贴有红纸书写的"大将军八面威风"的条幅，故船工遂称主桅为"大将军"。桅顶上扯顺风旗，随风飘拂，用以觇风向。[2] 乾隆间英使乔治·马戛尔尼（George Mcartney）来华，同来的副使乔治·斯当东（George Staunton）著有《英使谒见乾隆纪实》一书，在该书中他如实描绘了于崇明附近海面上所见到的沙船航行情景："河口上的沙洲阻碍不了中国船只的往来航行。中国有三四百吨的船，但它们船底平，上部轻，可以自由地在沙洲上航过……中国的船帆制造得非常灵活．不管它对水的支配力量多小，但它可以围绕桅竿按照风的方向任意转动。"[3]

关于这时在上海一带的沙船总量，文献中有各种各样的说法。道光初年，由于运河淤塞，朝廷欲海运漕粮，齐彦槐奉命

1. 周世德：《中国沙船考略》，中国科学院自然科学史研究所、中国科学院传统工艺与文物科技研究中心编：《鉴古证今：传统工艺与科技考古文萃》，安徽科学技术出版社2014 年版，第 403 页。
2. 陈建元、沈平：《沙船与上海早期的经济》，政协上海市南市区文史委员会、南市区志编纂委员会编：《南市文史资料》第 3 辑，1991 年，第 101 页。
3. ［英］斯当东：《英使谒见乾隆纪实》，叶笃义译，上海书店出版社 1997 年版，第243 页。

前往上海调查。据其所言，当时上海沙船"自千石以上至三千石者，约不下一千二三百只"，他还进一步指出，据牙行称，向来各处沙船往来上海的，大约有三千余号，近年由于商贾利润缩减，行脚价格大跌，导致船商无力修整船舱，沙船朽坏者居多。当时宽大坚固的沙船，总计已经不到一千二三百号。[1]道光年间因船只朽坏，商人无力修补，船只数量已经有所减少，由此可知嘉庆间大型沙船的数量应该超过此数。包世臣在嘉庆九年（1804）建议海运南漕时说：沙船聚在上海，大约三千五六百号，大船可载官斛三千石，小者千五六百石。[2]与齐彦槐所言大致相符。也在与此同时，谢占壬说，船户殷实，船只坚固的，"足有一千余号"。[3]魏源在道光五年则连浙江蜑船、三不像船和天津卫船一并计算，说其中载重量在千石至三千石的，不下二千号，都是坚固可用的。[4]还有人说约有二三千只。[5]道光六年（1826）参加海运江苏漕米的施彦士却说：沙船可载一千余石者，不下千有余号。[6]樊百川指出，这些说法虽然不尽一致，主要是各自说话的语境不同导致的。比如说，谢占壬和魏源是就船只坚固者而言。施彦士

---

1. 〔清〕齐彦槐：《禀复魏元煜制军稿》，〔清〕齐学裘：《见闻续笔》卷二。
2. 〔清〕包世臣：《海运南漕议》，《安吴四种》之《中衢一勺》卷上。
3. 〔清〕谢占壬：《海运提要》，〔清〕贺长龄编：《皇朝经世文编》卷四八《户政二十三·漕运下》。
4. 〔清〕魏源：《复魏制府询海运书》，〔清〕贺长龄编：《皇朝经世文编》卷四八《户政二十三·漕运下》。
5. 〔清〕谢树楷：《改运议》，〔清〕贺长龄编：《皇朝经世文编》卷四七《户政二十二·漕运下》。
6. 〔清〕施彦士：《海运议》，〔清〕贺长龄编：《皇朝经世文编》卷四八《户政二十三·漕运下》。

所说的"一千余石",是指载重能力以七成载运漕米而言,实际已是2 000石的船只。综合这些说法,大致可推断,包世臣所言相对较为精确,即总数共约三千五六百只,其中最大型的是极少数,不过五六十只,其次2 000石左右的约1 000只,再次1 000多石的约2 500只,合计共约有500万石,即80万吨的载运能力。这与往关东、天津的沙船,"一岁三四至万",关东豆麦每年至上海者千余万石的说法,[1] 基本符合。

沙船航运技术在这一时期也有很大的发展。嘉庆间福建人谢占壬自称"海角末商",自幼航海经营,亲历多年,从福建到奉天,常年往返,近年来又在天津经商,对航海相关情况非常熟悉。他分析说:操舟航海,自古有之,基本上是今胜于古,近来更胜于前。原因很简单,就在于船工的熟练程度而已。之前天津、奉天通商不多,江南海船多往胶州贸易,不用经过登州,由于没有商贾往来,所以水手自然无从熟悉登州海面情况。而自从康熙年间大开海道,开始有商贾经过登州海面,直趋天津、奉天。从此以后,航海船工经过不断实践,"渐推渐准,愈熟愈精"。所以数十年前,江浙海船赴奉天贸易,一年只有两次,近来则一年可以往返四次。但凡北方所产粮、豆、枣、梨,运来江浙,每年不下1 000万石。[2] 正是由于船工于"水线风信,熟如指掌",驾驶技术不断提高,沙船往来于南北之间也变得越来越平

1. 〔清〕包世臣:《海运南漕议》,《安吴四种》之《中衢一勺》卷上。
2. 〔清〕谢占壬:《海运提要》,〔清〕贺长龄编:《皇朝经世文编》卷四八《户政二十三·漕运下》。

常。所以当时沙船航行的危险性大大降低，海上事故发生比率不断降低。齐彦槐便说"遭风搁浅，砍桅松舱"这种事当然有之，但概率最多是百分之一，而且往往发生在秋冬之间。至于春夏二运，从来不会发生此事。[1] 施彦士也说：商民往来海外，发生翻船沉没事故的，"百不一二"。[2] 当然，海上情况千变万化，一旦遇到大风大浪，再好的技术，也不一定能阻止海难的发生。所谓"十丈洪涛夹船立，卸帆不及力难施""此身真似轻鸿毛，满船性命悬呼吸"[3]，沙船航行始终存在一定的风险。

当时航海最重要的技术，是识别和利用风信。在这方面，从事航业的人们，不但能够顶风行船，利用季风航海，而且可以"随路进岛候风"，节节前进。像江南至天津一线，有所谓"八面风暴"，除了单面东风可能会有漂搁西岸浅处的危险以外，其他七面风暴都可以趋避和利用。与利用风信同等重要的是识别航道。相关船工都熟知"各岛门户之浅深""各门潮溜之顺逆"，可以做到"行止从容"，虽然岛屿错列，但基本不会发生疏漏。[4]

由于造船和航海技术、知识的不断积累和丰富，航行时间大大缩短，便利了航运。如从上海至天津，扬帆北上，快则六七日

---

1. 〔清〕齐彦槐：《禀复魏元煜制军稿》，〔清〕齐学裘：《见闻续笔》卷二。
2. 〔清〕施彦士：《海运议》，〔清〕贺长龄编：《皇朝经世文编》卷四八《户政二十三·漕运下》。
3. 〔清〕王庆勋：《诒安堂诗初稿》卷八《飓风行》。
4. 〔清〕谢占壬：《海运提要》，〔清〕贺长龄编：《皇朝经世文编》卷四八《户政二十三·漕运下》。

或八九日，再慢的话，月余也都可以到达。[1] 广东估船，由海道前往上海黄浦，往来也只需一个月左右的时间。[2] 这大大促进了各地区间的来往贸易和交换。由于航行时间缩短，航行次数遂相应增加。齐彦槐曾观察到：沙船从关东装载豆货回南，都在上海卸货。往返次数"初无一定"，大致来说，正月开行可以三四次。三月初旬开行，可以两次。至四五月，只能一次。[3] 还有更多的则一年可"往回四五次者"。[4]

当时如果是大、中号的沙船，每船"载豆一次，豆价总值银五六千两"[5]，再根据嘉庆中叶，关东豆麦每年到上海总额大约"千余万石"的情况，[6] 有人估计在道光二十四年（1844），沙船从华北和东北输入上海的豆麦杂粮不下 1 000 万石，贸易额在 1 000 万两以上。[7] 有学者根据沙船的规格数量，对清代中期上海地区沙船的吨位和年载货量进行了推算。根据谢占壬的记述，一个航次的航载能力约合 5 万吨，一年航运四次，年航载能力达 20 万吨，以小型沙船 1 800 艘计，1825 年前后，每一航次的航载能力约合

1. 〔清〕程祖洛：《复奏海运疏》，〔清〕贺长龄编：《皇朝经世文编》卷四八《户政二十三·漕运下》。
2. 〔清〕杨光辅：《淞南乐府》，上海古籍出版社 1989 年版，第 165 页。
3. 〔清〕齐彦槐：《乙酉二月奉委赴上海查办海运事宜通禀各宪稿》，〔清〕齐学裘：《见闻续笔》卷二。
4. 〔清〕钱泳：《履园丛话》，中华书局 1979 年版，第 108 页。
5. 〔清〕齐彦槐：《禀复魏元煜制军稿》，〔清〕齐学裘：《见闻续笔》卷二。
6. 〔清〕包世臣：《海运南漕议》，《安吴四种》之《中衢一勺》卷上。
7. J.K. Fairbank, *Trade and Diplomacy on the China Coast: The Opening of the Treaty Ports 1842—1854*, Cambridge: Harvard University Press, 1953, p. 312.

31.5 万吨，年航载能力已经发展到 120 万吨。[1]

不过，虽然北方贸易促进了沙船业的发展，但是上海传统的沙船航运"以南行为正载"，"以北行为放空"，即北方运载豆类南下上海多为满载，从上海运货向北行则往往不能满载，经常还会空行。各省商船来江海关贸易，卸货之后，必须用泥土压舱，[2]这在一定程度上成为沙船业发展的掣肘。

清道光五年（1825），在黄河决口、运河淤塞的情况下，清廷终于决定将漕运的任务交由沙船业来完成。当时清廷在上海雇用沙船 1 562 艘，运输漕粮共计 160 万石。[3] 一时之间，漕船汇集上海。道光六年正月，各地沙船集中在上海，自南到北绵延五六里，船只密集，远望桅杆如林，"几无隙处"。到了元宵节那天，万艘沙船齐齐亮灯，桅杆高出水面，"恍如晴霄星斗，回映波心，上下一色"，可谓是巨观。[4] 而且不到两个月就完成运漕任务，稻米基本没有损失，而且质坚色洁，"为都下所未见"。[5]

道光六年以沙船运载漕粮之后，沙船航运事业空前繁盛。此后，沙船又于道光三十年（1850）再度介入漕粮北运业务，但由于种种原因不久即被朝廷告停。直至咸丰三年（1853），由于太

---

1. 许涤新、吴承明主编：《中国资本主义发展史》第一卷《中国资本主义的萌芽》，人民出版社 2003 年版，第 670 页。
2. 上海博物馆图书资料室编：《上海碑刻资料选辑》，上海人民出版社 1980 年版，第 69 页。
3. 〔清〕魏源：《道光丙戌海运记》，〔清〕贺长龄编：《皇朝经世文编》卷四八《户政二十三·漕运下》。
4. 〔清〕张春华：《沪城岁事衢歌》，顾炳权编著：《上海历代竹枝词》，上海书店出版社，第 112 页。
5. 上海博物馆图书资料室编：《上海碑刻资料选辑》，上海人民出版社 1980 年版，第 45 页。

平军的军事进攻势头，漕粮不得不再次改道海运。清廷决定将苏松太道、常州府、镇江府，以及整个浙江省的漕粮，改归上海沙船承雇装卸，由沪运津。此后，承运漕粮成为沙船业北运的主要业务，正所谓"岁岁风帆欣稳利"[1]，沙船主们从中获得巨大的利润。由于漕粮运输填补了原来沙船走北洋航线时的空耗，同时承运漕粮受值厚、津贴多，并且允许附载一定数量的免税货物，这一任务为沙船业的快速发展起到相当的作用。据统计，一条载重3 000石的沙船，沙船商的商业利润在2 400两上下，加上揽载货运所获利润1 600两，总计约在4 000两上下，如以一年四航次计，获利16 000两上下，是造船费用8 000两的两倍。[2]"沪之巨商，不以积粟为富，最豪者，一家有海舶大小数十艘，驶至关东，运贩油、酒、豆饼等货，每岁往返三四次，偶失于风波，家可立匮。"[3]沙船业的兴盛，也促进了整个上海的发展，当时黄浦江沿岸是一片"帆樯辐辏，常泊沙船数千号，行栈林立，人烟稠密"[4]的盛景。

　　总之，到了嘉道年间，上海港作为江南第一大港的地位已经奠定。当时上海港以西为乍浦港，也是洋船码头，但"不如上海繁富"，浏河又"淤塞过半"，[5]只有上海港如王韬所指出的，适好

1. 〔清〕秦荣光：《上海县竹枝词》，顾炳权编著：《上海历代竹枝词》，上海书店出版社，第253页。
2. 熊月之总主编，陈正书：《上海通史》第4卷《晚清经济》，上海人民出版社1999年版，第23页。
3. 〔清〕王韬：《瀛壖杂志》卷一。
4. 〔清〕徐润：《徐愚斋自叙年谱》。
5. 〔清〕李星沅：《李星沅日记》。

介于南北之中，"最当冲要"，所以贸易繁盛，非他处所比。[1] 邹逸麟先生认为："可以肯定地说，19 世纪初，上海已经是我国东部沿海第一贸易大港。"[2] 范金民也指出，其实从 18 世纪后期开始，上海便已"正式取代苏州，成为江南最大的商品集中和转输中心"[3]。根据樊百川的估计，鸦片战争前，每年进出上海的北洋航船和闽、广、浙海船以及长江航船、江南各内河客货船，当不下300 万吨，足以比肩当时的世界性大港。[4] 上海由此最终取得江南地区一枝独秀的口岸地位。

正是这个原因，当外国人初到中国之后，立刻敏锐地发现了这个地方的独特地理优势。在 1830 年代，一位英国人来到上海，便如此记述道："我所熟悉的城市，没有其他城市具备上海那样的优点；上海已成为通往中华帝国的大门，实际上就是主要的入口港。溯（黄浦）江而上，驶向上海县城时，但见帆樯林立，即可就显示出它是一个巨大的国内贸易中心。"[5] 到了近代开埠以后，上海借助对外贸易迅速成为全国对外开放的最大通商口岸，其实是时势的必然。

在人类历史上，港口的发展和繁荣，往往是沿江沿河及沿海城市的催化剂。而城市的繁荣拓展又对腹地经济的发展形成强力

---

1. 〔清〕王韬：《瀛壖杂志》卷六。
2. 邹逸麟、茅伯科：《上海港：从青龙镇到外高桥》，上海人民出版社 1991 年版，第 29 页。
3. 范金民：《清代中期上海成为航运业中心之原因探讨》，《安徽史学》2013 年第 1 期。
4. 樊百川：《中国轮船航运业的兴起》，四川人民出版社 1985 年版，第 47—48 页。
5. Robert Fortune, *Three Years' Wanderings in the Northern Provinces of China*，转引自姚贤镐编：《中国近代对外贸易史资料》第 1 册，中华书局 1962 年版，第 516 页。

的推动效应；腹地市场经济的推进，又对作为商品集散地的港口城市的发展至关重要。唐宋以来，江南作为中国社会经济发展最快的地区之一，必须有一个相当规模及辐射能力的重要港口，并以此集聚本地市场，维系与海内外的经济贸易、对外交流来往。只不过这个港口从青龙镇到刘家港再到上海港，表现为一种游移、变迁的过程。同时，江南港口的腹地以及辐射范围，也经历着一个自长江三角洲向长江流域以及整个中国沿海逐步扩张的过程。这表明，当一个地区的社会经济发展到一定程度时，一定会在最合适的地方，形成和发展起自己的聚落或口岸，这是不以人们的意志为转移的。古代上海港口的历史发展进程其实就是这一规律的体现。此后，围绕上海港口发展的故事并未结束。21世纪后，上海开发洋山港成为这一故事的最新篇章，只不过从前是被动的应对，而今天是主动的求变，内在的逻辑依然是一脉相承。

第四节　繁华之地

上海地区自明代中期以后，随着非生产性城居人口的增多及日益广泛的经济作物的种植，棉纺织、盐业等多种手工业极其发达，商业贸易兴盛，吸引了全国各地商人前来牟利。正如前引《阅世编》所言，明代上海地区的标布生意走秦、晋、京边诸路，其运销主要由秦晋商人支配。《木棉谱》作者褚华的六世祖长史公是明代后期布行的坐商，据他回忆，当时秦晋布商都常驻他家，门下客人经常有数十人。[1] 各地商人尤以徽商的活动最为突出。成化末，曾有松江老人云：松江人民的财产"多被徽商搬去"。[2] 在嘉定南翔镇，向来便有许多徽商寓居，"百货填集，甲于诸镇"。到了万历年间，罗店镇"比间殷富"，徽商凑集，贸易之盛，几乎可以及得上南翔。[3] 还有因徽商在某一市镇采购棉布，而因镇名布的故事，外冈布就是因为徽商在钱鸣塘收买，所以叫钱鸣塘布。[4] 这些商人的活动，加速了上海地区与全国各区域之间的商品流通，直接地促进了本地经济的发展。

正是因为商业的繁荣，上海地区的城市开始日益发达。明代时，最繁荣的无疑是府城松江城。据明人记载，嘉靖倭乱之前，城中还有"荆榛草莽"，甚至有大量的农田；此后"士宦富民""竞相建造宅第"；[5] 到明末时，"朱门华屋，峻宇雕墙"以及桥梁、禅观、牌坊，都要远胜他郡。城内已经非常繁荣。如郡中府治西北原来只是贫民聚集的地方，最为荒凉，但随着各位官员在此大兴土木，不久东至南水关，西至放鹤滩，北抵元辅旧第，蔚然都是琼楼玉宇，在城头眺望，犹如"鱼鳞杂沓"。与此同时，人口也日益增加，隆庆、万历以来，生齿浩繁，民居稠密，即使是四郊外十里处，也住了不下 20 万人，因此到了明末，松江府

1. 〔清〕褚华：《木棉谱》。
2. 〔明〕李绍文：《云间杂识》卷一。
3. 万历《嘉定县志》卷一《疆域考上·市镇》。
4. 崇祯《外冈志》卷二《物产》。
5. 〔明〕范濂：《云间据目抄》卷五《纪土木》。

第五章
走向大港

中已有人倡议筑造新城。[1]

这一时期，松江城外的街区也已经十分繁荣，甚至繁华有胜过城内之势。正德年间山东乱起，江南震恐，当时松江府城四周原有集市遭地方官下令撤除，由于商民皆称不便，极力反对，方才作罢。[2] 嘉靖倭乱时，松江府城一带迭遭劫掠。嘉靖三十三年（1554）倭寇在东门外，自吊桥放火，北抵俞塘，南抵板桥，连绵七八里，烟焰烛天，三昼夜不息；三十五年又在西门外大肆劫掠，烟火七昼夜不绝。[3] 这也从侧面说明东、西门外附郭街区域的广大。据范濂所述，晚明时松江府城四郊外，比如南门、北门之外素来荒僻，近年来也是居民稍密，只不过土木工程未有大兴。至于东门、西门附近，一直是商贾辐集之地。倭寇焚掠之后，官员富民或是逐渐更新，或是次第修复，当时已经成一大都会。而且西门规模更是东门的三倍。[4] 其时松江的鞋袜制造业兴盛，鞋店广设于郡治东，蒲鞋店几达百家，"郡城西郊"则"广开袜店百家"。[5] 稍晚的陈子龙描绘谷阳门（西门）外市肆之盛，"凡仓庾囷箱之所积，鱼盐舰舶之所集，缟缯、金锡、竹木、蔬果，处焉而贩。齿革、羽毛、冶、凫、鲍、鞞之工，居肆以办民器，皆鳞次栉比于谷阳门外，凡七八里，抵于仓

---

1. 崇祯《松江府志》卷一九《城池》。
2. 正德《松江府志》卷九《坊巷》。
3. 〔明〕范濂：《云间据目抄》卷二《纪祥异》。
4. 〔明〕范濂：《云间据目抄》卷五《纪土木》。
5. 〔明〕范濂：《云间据目抄》卷二《纪风俗》。

城"。[1] "齿革、羽毛、冶、㲉、鲍、鞻"，都是周代《考工记》中记载的各种手工业部门，可见谷阳门聚集了大量的商铺和手工业作坊。也正是因为附郭尤其是西门外街区的发达，才有前述的筑城西郊之议。

申江胜景图·丹凤楼

但到了清代，根据黄敬斌的研究，随着清代以来棉布业中心逐步向苏州、上海转移，清代织染局的裁撤，松江府城作为棉纺织业中心和丝织业重要生产地的地位双双消失，再加上明末清初战争的影响，松江府城逐渐衰落，只是在区域市场中扮演着中心

1.〔明〕陈子龙:《西郭闰门台记略》，乾隆《娄县志》卷二《建置志·城池》。

第五章

走向大港

节点的角色。[1] 这一时期，上海县城取代松江府城成为上海地区最为繁华的城市。

就在开放海禁并设江海关于上海县城十余年后，紧邻港口的小东门外很快便发展起来。正如前引姚廷遴在康熙三十九年（1700）时所说的，当时上海县城小东门外已经成为大马（码）头。[2] 乾隆《上海县志》也言：自从海关设立以后，凡远近贸易，都由吴淞江进泊黄浦，县城东门外，"舳舻相衔，帆樯比栉"。[3]

由于邻近港口，在小东门外形成了各色贸易场所，久而久之也就渐渐辟为街道，其中比较有名的就有花衣街、豆市街和洋行街等。花衣街的形成自然与棉花、棉布的交易有关，当时福建、广东商人在二三月间载糖霜到上海贩卖，到了秋天并不买布，而只买花衣（去籽的原棉），要带回家乡自行纺织。当时上海港内楼船千百，都是装满了花衣的布囊。每从早晨至中午，小东门外就成了花衣市场，农民担着担子求售，"肩相摩，袂相接"。[4] 棉花交易集中于此，街道也就自然形成了。还有洋行街，也位于小东门外，北至海关大街，洋行街有里、外两条，俱在学士桥北，[5] 街上开设有洋行数百家。所谓洋行，主要应该是指闽、粤商人所开设的商号，他们贩卖的货物多被视为洋货。《上洋竹枝词》写道："阛阓居奇百货盈，遐方商旅满江城。洋行街上持筹者，多学泉

1. 黄敬斌：《郡邑之盛：明清松江城的空间形态与经济职能》，《史林》2016 年第 6 期。
2. 〔清〕姚廷遴：《历年记》。
3. 〔清〕毛祥麟：《墨余录》卷一五。
4. 〔清〕褚华：《木棉谱》。
5. 嘉庆《上海县志》卷一《志疆域·图目》。

漳欼舌声."《淞南乐府》所提到的"日本花巾胸沃香，暹罗藤管口喷烟"，这类东西大约就属于洋行街上贩卖的货品。豆市街，顾名思义则是豆业商人集中交易的地方。

到了道光年间，上海城东南隅人烟愈发稠密，"几于无隙地"，[1] "井灶密比"，稍不注意，就会发生火灾，而且坊厢间"客土杂居"，经常会发生争斗，[2] 也是一派市井喧闹繁荣的情形。

清代以后，随着商人日益聚集，商人彼此之间的交往与竞争愈来愈多，商人群体逐步开始整合，这种整合可以帮助商人在贮货、议价等方面节省交易成本，形成一个整体来应对外界特别是官府，可以让商人有一个更多保障的经商环境，进一步获得自我认同，商人组织——会馆和公所由此应运而生。会馆主要是地域性的社会团体，公所主要是行业性的社会团体。会馆在嘉道间极盛，公所在同治以后形成高峰。

随着上海港的一步步崛起并成为南北洋贸易的中心，各地商帮都向上海聚集，上海地区的商业开始活跃起来。就当时的上海县而言，正所谓"邑之喧阗，以大小东门为最"，所以各地商人都"稠集于兹"，各省栈商，如闽、粤、鲁、晋等，都在此建设会馆。[3] 那些来沪经商的外地商人也纷纷在上海县城外建立起了同乡会馆。据统计，清代前期，设立于上海县城外东南隅的会馆

---

1. 〔清〕张春华:《沪城岁事衢歌》，顾炳权编:《上海历代竹枝词》，上海书店出版社 2001 年版，第 126 页。

2. 嘉庆《上海县志》卷一《志疆域·风俗》。

3. 《创建豫章会馆劝疏碑》，上海博物馆图书资料室编:《上海碑刻资料选辑》，上海人民出版社 1980 年版，第 333 页。

组织共有 9 处，分别是关山东帮、徽宁会馆、泉漳会馆、潮州会馆、浙宁会馆、祝其会馆、建汀会馆、潮惠会馆和江西会馆等。

在上海最早建立会馆公所的可能主要是从事豆货业的关东、山东商人。据道光五年（1825）的《关山东公所义冢地四至碑》所载：早在顺治年间，关东、山东两帮商人曾经"集资于上海县城西置田地五十余亩"，作为公墓。[1] 可能当时他们已经成立了相关行业组织。

到了乾隆初，上海县城的会馆开始逐渐增多。徽州商人是在上海历史最悠久、规模最大的商帮之一。乾隆十九年（1754），在上海贸易之徽州、宁国府商人有感于当时上海为"五方贸易所聚，宣（宣城，即宁国府）、歙（歙县，即徽州）人尤多"，大多数从事传统的盐业、竹木业和典当业等，因此"置屋大南门外"，并"置买民田三十余亩"，建立会馆——思恭堂，最初只是"栖停棺枢，设立义冢"，其后又多次加以添建和扩建。[2]

这一时期，又有浙江绍兴绅商在上海地方贸易，"立有铺户"，并建立公所。道光八年（1828），绍兴商人在上海县城北门外二十五保置买旷地，设立浙绍义冢，在所有捐资者中，浙绍豆业捐洋银 600 两，浙绍炭业捐洋银 950 两，浙绍钱业司友捐洋银 560 两，为捐款最多者，由此可见以上行业应该是绍兴商人在上

---

1. 《关山东公所义冢地四至碑》，上海博物馆图书资料室编：《上海碑刻资料选辑》，上海人民出版社 1980 年版，第 194 页。
2. 《上海县为徽宁公堂冢地不得作践告示碑》《上海县为徽宁思恭堂冢地立案告示碑》，上海博物馆图书资料室编：《上海碑刻资料选辑》，上海人民出版社 1980 年版，第 230—232 页。

海主要从事的商业门类。[1]

闽粤人士是早期上海城内船帮的代表。《上洋竹枝词》曾经描述了当时闽粤商人来沪贸易及其对上海社会影响之情形："东门一带烟波阔，无数樯桅闽广船""近日上洋风俗改，市人尽效嚼槟榔"。闽粤商人当时实力非常雄厚，在上海广置田产，时人均言，上海县城小东门外，"沿濠负郭"，都有闽粤人聚居。[2]至道光二十二年（1842），两江总督耆英已将上海地区越来越多的"闽、广游民及周游各处之粮船水手"列为本地区的重大社会问题加以应对。[3]小东门外的天后宫供奉的是作为海洋保护神的天后，深受各地船商，特别是闽粤地区船商的崇奉。每年的三月二十三日，相传为天后诞辰，黄浦江边海舟纷纷张灯结彩，本地人也敬礼倍至，"灯彩辉煌，笙歌哩聑"，很多远乡僻处的百姓也赶来参观。[4]

乾隆二十二年（1757），来自泉州府同安县和漳州府龙溪、海澄三县的商人捐资置买上海县城大东门外二十五保七图滨浦房屋基地，建造泉漳会馆，供奉天后圣母。后又于北门外置买二十五保五图圩地，建造泉漳北馆，供奉观音大士。同时又置买会馆邻近房屋及田地，逐年收取租息，作为"祭祀香火及一切经费之用"。道光二十二年（1842），会馆重修，捐资者众多，其中

1. 《浙绍公所肇兴中秋会碑》《浙绍公所捐置义地姓氏碑》，上海博物馆图书资料室编：《上海碑刻资料选辑》，上海人民出版社1980年版，第210—215页。
2. 〔清〕毛祥麟：《墨余录》卷一五。
3. 同治《上海县志》卷一一《兵防》。
4. 〔清〕褚华：《木棉谱》。

可明确为船号者便有 47 家之多。[1]

乾隆二十四年（1759），包括潮阳、海阳、澄海、饶平、揭阳、普宁、丰顺、惠来等地商人在内的潮州商帮于上海小东门外姚家弄口购买了市屋一所，"初创会馆"。乾隆二十八年，又在小东门外上塘街买房，成立会馆，后来被称为"旧会馆"。乾隆三十四年至嘉庆十五年（1769—1810），又在小东门外下塘街、天后宫后等处多次置买房屋，拓建为潮州会馆、货栈等。由于会馆章程中规定船舶中的货物如果因受潮损失，就按照邻近的各县共同贴补，所以此后八县商人渐渐又分为三帮，其中潮阳、惠来为一帮，海阳、澄海、饶平为一帮，揭阳、普宁、丰顺又为一帮。道光初年，揭、普、丰帮独立出来，抽取本帮厘金"自抽自用"。潮阳、惠来一帮商人则主要从事糖、烟及鸦片贩运生意。道光十九年（1839），由于禁烟令日益森严，潮惠帮遭到谴责，于是亦分拆独立，在振武台城墙以北成立了潮惠公所，后来发展成著名的"汕头鸦片公所"。至道光年间，原来的潮州会馆就只剩下海、澄、饶三县商人了。[2]

嘉庆初年，来自福建建宁、汀州两府的商人曾、王、傅、杨诸人创设同庆堂义冢，规模初立。道光五年，又集资购买了城南

1. 《上海县为泉漳会馆地产不准盗卖告示碑》《兴建泉漳会馆碑》《重建泉漳会馆捐款碑》，上海博物馆图书资料室编：《上海碑刻资料选辑》，上海人民出版社 1980 年版，第 233—238 页。
2. 《潮州会馆祭业勒契碑》《创建潮州会馆碑》《潮州会馆众商捐金碑》，上海博物馆图书资料室编：《上海碑刻资料选辑》，上海人民出版社 1980 年版，第 251—252 页，325—330 页。

的翠微庵西南田数亩，创建会馆，供奉天后，名为建汀会馆。[1]

嘉庆之后，来自浙江的宁波商人逐渐在沪上崛起，成为继闽粤船商后另一个航运业巨头。嘉庆二年（1797），在上海为官经商的宁波人共同在北郊买地，设立义冢。嘉庆八年，"建奉关帝殿"，创设了日后非常著名的四明公所。嘉庆二十四年，在关外、山东等地从事贸易的宁波商人又在荷花池头建立了浙宁会馆，以示区分。[2]

如前文所言，乾隆末年至嘉庆年间，由于浏河淤塞，主要经营沿海豆货运输的江苏青口商人逐渐改舶上海，嘉庆十二年，青口本地字号联合徽州叶同春、长春等号，共同经营。到道光二年，又商议创建会馆。当时正是沿海沙船运输业发展的鼎盛时期，因此青口商人积累了大量财富，道光十三年，还曾经提取公积四千千钱归青口本地放账。[3]

江西商人在沪上从事贸易的时间较晚，起初没有同乡会馆，以至于每次运货到上海，价值就"参差不一"，价格竞争严重，最终令"各业难以获利"。所以，在道光二十一年（1841），袁、王、魏、郭、邱等姓商贾在小南门外购买旧屋一所，至二十九年

---

1. 《创修建汀会馆始末碑》《建汀会馆肇立龙冈会碑》，上海博物馆图书资料室编：《上海碑刻资料选辑》，上海人民出版社 1980 年版，第 275—277 页。
2. 上海博物馆图书资料室编：《上海碑刻资料选辑》，上海人民出版社 1980 年版，第 508 页。
3. 《青品客商起饼油山货积建公所碑》《上海县为祝其公所事务归南庄值年告示碑》，上海博物馆图书资料室编：《上海碑刻资料选辑》，上海人民出版社 1980 年版，第 304—307 页。

建成会馆，名为豫章，供奉旌阳许真君。从碑刻所列捐款统计来看，在沪经商的江西商人以茶帮为大宗，其余还有棕、花、杂货等业。[1]

申江胜景图·浙宁会馆

除了同乡性质的会馆公所，清代前中期上海亦建立有不少同业性质的会馆公所。道光二十年（1840）以前，可以确定在上海县城内设立的此类机构有十余所，包括青蓝布业公所、肉业公所、钱业公所、京货帽业公所、药业公所、北货行公所、饼豆业

---

1. 《创建豫章会馆捐疏碑》《江西会馆基地文据碑》《上海县为江西会馆房产立案告示碑》《新建豫章会馆始末碑》，上海博物馆图书资料室编：《上海碑刻资料选辑》，上海人民出版社 1980 年版，第 333—339 页。

公所、成衣公所、花糖洋货业公所等。

上海最早的同业公所就是由沙船商人共同建立在南市的商船会馆。根据光绪间《重修商船会馆碑》记载，商船会馆供奉天后，会馆的大殿戏台创建于康熙五十四年（1715）。到乾隆二十九年（1764），又重加修葺。到嘉庆十九年（1814），无锡、金匮（今无锡）同人出钱铸了钟鼎，崇明同人则建了两面看楼。[1] 以上可知会馆或许在康熙五十四年已经存在了。商船会馆位于今天的会馆街 38 号，占地近 20 亩，规模宏大，号称"极缔造之巨观"。会馆坐西向东，面朝黄浦江。正门额上刻"商船会馆"四个大字，两侧偏门额分别刻"海晏""河清"。大殿为歇山顶双合式建筑，神龛祀天后。两厅祀成山骠骑将军滕大神、福山太尉褚大神。殿前建两层戏台，上有八角形漆画藻井。南北设厢房看楼。殿后有集会议事的大厅。会馆侧建承善堂，办理施诊、抚恤等事务。2020 年，商船会馆修复完成，也成为目前上海保存最好的会馆建筑。

再据雍正十年（1732）《善信乐输鼓亭工食碑》，沪上从事盐业的商人在当时也已经成立有从事盐业的醝业公所，会所中人还曾捐款资助城隍庙鼓亭乐工工食，从捐款者的姓氏——汪姓看，当时从事盐业者应以徽州人为众。[2]

---

1. 《重修商船会馆碑》，上海博物馆图书资料室编：《上海碑刻资料选辑》，上海人民出版社 1980 年版，第 196 页。
2. 《善信乐输鼓亭工食碑》，上海博物馆图书资料室编：《上海碑刻资料选辑》，上海人民出版社 1980 年版，第 19—22 页。

第五章

走向大港

申江胜景图·豫园湖心亭

　　青蓝布业公所成立于乾隆三十二年（1767），当时规定各号发售，无论是本地、浏河，每包捐银三分，"始终划一"。如果新店开出，先缴纳额规银 50 两。[1] 可见这些棉布业字号的实力都是比较雄厚的。另外，乾隆三十六年（1771），沪帮肉庄业在豫园玉华堂旧址基础上建造设立公所，名为香雪堂，并建霏玉轩。[2] 钱业公所则于乾隆末年设于豫园。清代豫园内有东西二园，其中东园又名内园，就是由钱业同人购置，设立公所。根据嘉庆二年（1797）《钱业承办祭业各庄名单碑》所载，当时上海的钱庄字号

1. 《湖心亭议列规条碑》，上海博物馆图书资料室编：《上海碑刻资料选辑》，上海人民出版社 1980 年版，第 252—253 页。
2. 民国《上海县续志》卷三《建置下·会馆公所》。

已有 120 多家。[1] 此外，乾隆年间成立的同业公所还有京货帽业公所，也在豫园，别名飞丹阁。[2]

嘉庆间成立的公所主要有药业公所、北货行公所、饼豆业公所和成衣公所。药业同人早在乾隆五十三年（1788）时就筹款兴建，至嘉庆初购地建设，前厅是戏台，中间建大殿，供炎帝像，后室为和义堂，是同仁憩息之所，也是讨论公事之处。[3] 嘉庆十四年（1809），在凝和路又建有北货行公所。[4] 成衣公所则创建于嘉庆二十二年（1817），从业者主要来自浙江宁波、绍兴和江苏苏州等地，因该业崇奉轩辕黄帝，故又名轩辕殿。[5]

道光年间成立的最有影响力的公所应该是饼豆业公所，自浏河淤塞后，饼豆业商人渐渐迁至上海，相关从业者至道光年间在豫园萃秀堂建立饼豆业公所。道光十六年（1836），邑庙戏台火灾，各业商人纷纷捐款重修，其中豆业商号就有二十余家。[6]

道光初年，来自福建汀州、泉州、漳州三府的花糖洋货商人也建立公所，名点春堂，在豫园东北隅。[7] 水木业也于道光二十三年（1843）在县城内二十五保五图得字圩三十二号，捐置土地，

1. 《钱业承办祭业各庄名单碑》，上海博物馆图书资料室编：《上海碑刻资料选辑》，上海人民出版社 1980 年版，第 254—255 页。
2. 民国《上海县续志》卷三《建置下·会馆公所》。
3. 《上海药业重修药皇碑》，上海博物馆图书资料室编：《上海碑刻资料选辑》，上海人民出版社 1980 年版，第 257 页。
4. 民国《上海县续志》卷三《建置下·会馆公所》。
5. 《修理轩辕殿大殿捐钱人姓氏碑》《洋广农业重建轩辕殿碑》，上海博物馆图书资料室编：《上海碑刻资料选辑》，上海人民出版社 1980 年版，第 283—286 页。
6. 民国《上海县续志》卷三《建置下·会馆公所》。
7. 民国《上海县续志》卷三《建置下·会馆公所》。

申江胜景图·邑庙

建了鲁班先师"新殿",同业在此敬神,从事公益,处理公务。[1]

　　相较于城市的繁荣,江南更有特色的是市镇的兴旺,上海一地也不例外。

　　所谓市镇,崇祯《松江府志》云:"古曰聚,唐始曰镇。"[2]康熙《青浦县志》云:"贸易之所曰'市',市之至大者曰'镇'。"[3]市镇发展模式基本有两种:一种是从商业化的"草市"到"市

---

1. 《上海县为水木业重整旧规各匠按工抽厘谕示碑》《石作同业先后重修公输子庙乐输碑》,上海博物馆图书资料室编:《上海碑刻资料选辑》,上海人民出版社1980年版,第309页。
2. 崇祯《松江府志》卷三《镇市》。
3. 康熙《青浦县志》卷二《市镇》。

云间潮涌
（751—1843）

镇",一种是军事化的"镇"到"市镇"。[1]"草市"始见于东晋,原始形态是集、场、墟,几日一市。江南地区在唐代草市、墟市等农村集市已经有所发展。随着时间的推移,商户密集,便变成定期市,加以人烟稠密便变成了市镇,最后演变成有着举足轻重地位的大市镇。"镇"的形态自汉以来多是军事戍所,唐末五代更有发展,置镇将。唐宋起,"镇"正式与"市"相连,随着镇中的商贾聚集,最后也变成市镇。上海地区市镇设置始于唐代,青龙镇始建于唐天宝五载(746),北宋大中祥符间出现以镇将理财,景祐间以"文资监镇"。[2] 正如傅宗文所言,军镇意义至此已经削弱,经济因素开始凸显。[3] 宋代时,上海地区的草市镇主要有华亭县所属的青龙镇、魏塘镇、朱泾市、蟠龙市、北桥市、南桥市、金山、上海镇、赵屯、大盈、白牛市、顾亭林市、浦东、遮山、柘湖、横浦、袁部、六鹤、横林、蔡庙、戚漃、下沙、大门、杜浦,嘉定县所属的江湾场、顾泾市、黄姚港,[4] 以及当时属通州的崇明镇。另外在宋元时期,上海还先后设置华亭、大盈、南桥、北桥、亭林、青龙、蟠龙、赵屯、上海、风(枫)泾等商税务,此外沿海还有众多盐场之设。早期市镇的分布,和这些商

---

1. 樊树志:《市镇与乡村的城市化》,《学术月刊》1987 年第 1 期。陈学文:《明清时期湖州府市镇经济的发展》,《浙江学刊》1989 年第 4 期。王家范:《明清江南市镇的结构及历史价值初探》,《华东师范大学学报》1984 年第 1 期。方行:《清代前期农村市场的发展》,《历史研究》1987 年第 6 期。[日]斯波义信:《宋代江南的村市和庙市》,《东洋学报》1961 年第 1—2 期。
2. 嘉靖《上海县志》卷六《古迹》。
3. 傅宗文:《宋代草市镇研究》,福建人民出版社 1989 年版,第 83 页。
4. 参见傅宗文:《宋代草市镇研究》,福建人民出版社 1989 年版。

税务、盐务基本重合，由此可见这时市镇的商品经济已经有一定的发展。

从唐宋开始，至明代中叶的成化、弘治年间，这一阶段普遍被认为是市镇的萌芽与形成时期。前述上海镇到上海县的变迁便是上海地区在这一时期市镇发展的一个缩影。而到了明中叶以后，上海地区的市镇数目越来越多，也越加繁荣。根据范毅军的研究，松江地区在1550年前市镇为59个，到1722年前增加到了113个，而在1550年前，嘉定地区市镇为17个，到1722年前，增加到了29个。[1]根据当时地方志的记载，明代上海地区主要的市镇如下。

松江府地区在正德时有市镇44处，其中华亭县有16镇6市，包括风泾镇、朱泾镇、金泽镇、小蒸镇、凤凰山镇、亭林镇、沙冈镇、南桥镇、萧塘镇、张泾堰镇、小官镇、柘林镇、青村镇、陶宅镇、叶谢镇、北七宝镇和兴塔市、杨巷市、吕巷市、泗泾市、北钱市、广富林市。上海县有11镇11市，包括吴会镇、乌泥泾镇、下沙镇、新场镇、周浦镇、盘龙镇、青龙镇、唐行镇、赵屯镇、三林塘镇、八团镇，崧宅市、泰来桥市、杜村市、白鹤江市、杨林市、诸翟巷市、鹤坡市、东沟市、北蔡市、闵行市、高家行市。[2]到了崇祯间，松江府地区市镇增加到了61个，其中华亭县增加了莘庄镇、龙华镇和陈家行市；而增加最多

1. 范毅军：《明中叶以来江南市镇的成长趋势与扩张性质》，《"中研院"史语所集刊》2002年第3期。
2. 正德《松江府志》卷九《镇市》。

的则是新析置的青浦县，新增了朱家角镇、沈巷镇、刘夏镇、北竿山镇、郏店镇、重固镇、艾祁镇、古塘镇、金家桥镇、杨扇镇、天兴庄镇、双塔镇和王巷市、杜家角市。[1] 另外，万历《青浦县志》中还记载了崇祯《松江府志》所缺载的种德庄镇、古桥头镇、刘家角镇。[2]

嘉定地区在正德间有 6 镇 9 市，即罗店镇、南翔镇、大场镇、黄渡镇、江湾镇、清浦镇，州桥市、新泾市、广福市、真如市、娄塘桥市、封家浜市、纪王庙市、钱门塘市、瓦浦市。[3] 而到了万历间则有南翔镇、娄塘镇、新泾镇、罗店镇、月浦镇、外冈镇、广福镇、大场镇、真如镇、杨家行镇、江湾镇、清浦镇（一名高桥镇）、徐家行镇、安亭镇、黄渡镇、纪王镇、葛隆镇，17镇、三市、六行，有练祁市、钱门塘市、封家浜市，殷家行、陆家行、刘家行、吴家行、蒋家行、赵家行。[4] 其中正德间的真如市、娄塘桥市、新泾市、广福市、纪王庙市在万历间都升格为镇，而月浦、外冈等更是新增的市镇。

这些市镇围绕松江府城及华亭、上海、青浦、嘉定县城四散分布，松江府城府治所在地是地方城市，县城、朱泾镇、枫泾镇等棉纺织业核心市镇则属于中心市镇，另外还有各具地域特色的中间市镇与标准市镇。[5] 这些城市与市镇如星河灿烂，共同绘制出

1. 崇祯《松江府志》卷三《镇市》。
2. 万历《青浦县志》卷二《镇市》。
3. 正德《姑苏志》卷一八《市镇》。
4. 万历《嘉定县志》卷一《市镇》。
5. 王卫平：《论明清时期江南地区的市场体系》，《中国社会经济史研究》1998 年第 4 期。

明代上海地区繁荣发达、灿烂辉煌的经济景象。

从明中叶到清代以后，包括上海在内的整个江南地区的市镇数目越来越多，也越加繁荣。根据刘石吉、樊树志、范毅军等人的研究，江南各府明代的市镇为227个，其中苏州府（含太仓州，但不包括崇明，下同）为55个，松江府61个，常州府22个，杭州府44个，嘉兴府28个，湖州府17个；清中期的市镇为502个，其中苏州府121个，松江府113个，常州府108个，杭州府88个，嘉兴府29个，湖州府25个，清末光绪时市镇940个，其中苏州府249个，松江府259个，常州府191个，杭州府145个，嘉兴府39个，湖州府57个。这个数据虽然肯定有遗漏，但大致反映了江南市镇明清以来的发展方向。范毅军指出，从明中期以来一直到近代前，即1550—1850年间，在长达300年的时间里，江南市镇属于稳步增长阶段，成长率大概是一倍。而随着近代开港通商，市镇的增长率迅速加快，在短短50年间，就几乎接近了以前300年的成长速度。

江南属于河道密集区，范毅军曾称江南地区"平均每一平方千米土地上，就有超过两千米的河流通过，此外更有面积大小不等的湖泊广布其间"，所以江南的市镇往往与水结下了不解之缘。正如王家范所言，"船是基本的运输工具，河流是交通大动脉"，这成了构筑江南市镇基本格局的决定性的因素。[1] 这从很多江南

---

1. 范毅军：《明中叶以来江南市镇的成长趋势与扩张性质》，《"中研院"史语所集刊》，2022年第3期。

云间潮涌
(751—1843)

市镇的名称便可看出。江南有些市镇直接以河命名，如镇洋县的浏河镇便如此。而其他以水命名的更是指不胜屈。如泽是指潦水的洼地，临近湖泊的市镇常以泽名，如青浦县的金泽镇等；浦是指河流注入江海之处，临江海的市镇常以浦名，如宝山县的月浦镇等；塘是指沿河的堤岸，傍河的市镇常以塘名，如蒲汇塘等；泾是指一般的河沟，江南许多河沟都以泾称，故泾旁的市镇常以泾名，如嘉定县的新泾镇、华亭县的漕泾镇、上海县的乌泥泾镇等；浜是指较小的河沟或绝潢断港之处，以浜命名的市镇如嘉定县的封家浜市等。此外还有宝山县的江湾镇、娄县的沈港镇、南汇县的横沔镇、青浦县的白鹤江市等都与水有着密切的关系。还有些镇倚桥而成，并以桥命名，如奉贤县的高桥市、上海县的颛桥市、南汇县的北蔡桥镇等都是如此。因此近水而居，沿水成街，镇环四流，水在市中，构成了太湖流域市镇的典型地理、地貌特色，使它们带上了鲜明的江南水乡特点。

由于江南基本上所有市镇都临近水网河道，河流往往决定了市镇的形状，樊树志认为江南市镇的地理结构一般可分为三类：即一河二街型市镇、丁字港型市镇、十字港型市镇。其中一河二街型是中小型市镇，特别是小型市镇的常见类型，即一条河流穿越全镇，河流两旁是两条商业街，结构简单。丁字港型是中型镇或大型市镇的常见类型，两条河流在镇中心呈丁字相交，主要街道也呈丁字形分布。大型市镇或特大型市镇多为十字港类型，两条河流十字相交于镇中心，形成十字港，周围有桥梁、街道相连，形成闹市。十字港的四角是闹市，当地人称为"四嘴"。

正是受到水乡自然环境的影响，江南各市镇都呈现出相似的格局。建筑不规则的排布、建筑与河道的紧邻、狭窄的街巷以及极为少见的开敞空间等典型的江南水乡古镇形态特征都是在水网密布、用地紧缺的条件下形成的。自然环境同样对江南水乡古镇的建筑和结构产生了影响，常见于镇内的石制驳岸、桥梁，木构建筑及大多数建筑"粉墙黛瓦"的色彩风格均是适应当地环境与资源条件的结果。地理格局与建筑风貌共同组成了江南水乡古镇特有的城镇景观，包括了建筑、河道、街巷、植被、构筑物乃至人与城镇环境的精神联系等多种要素的组合。市镇内使人感到亲近的小尺度空间，建筑与河道以廊棚、水阁等亲水结构为形式的紧密联系，典型的水乡建筑色彩风格，居民与水系的和谐共处等特征都极具辨识度，这种景观风貌自形成以来历经数个时代，时至今日仍然保存于每一座古镇之中，具有极高的审美艺术价值，被视为水网地区聚落景观的典范。

江南很多市镇的集结、形成还和本地宗教场所密切相关。叶梦珠便记录了大护塘崇福庵随着香火旺盛而街市繁忙的景象：崇福庵，俗名三官堂。每当初春时节，庵内香火旺盛，来进香的人"自朝至暮，舟楫络绎不绝"，进香船"舳舻相接者三四里"。崇祯时，刚刚入蒙的叶梦珠跟着塾师到此游玩，发现崇福庵边就有街市，"摩肩挥汗，炉烟闻于里外"，非常热闹。[1] 据竺暨元的研究，仅元明时期上海地区"因寺成镇"的就包括嘉定县的南翔、真

1.〔明〕叶梦珠:《阅世编》卷三《建设》。

如、广福、江湾，上海县的龙华、法华，青浦县的商塔（双塔）、盘龙、杨林，华亭县的法华桥、西新寺（新寺镇）、七宝、兴塔、欢庵，金山卫的松隐等，总计共 15 个市镇。[1]

申江胜景图·龙华寺

　　世家大族聚居之地由于人口相对集中，也常成为市镇的发源地。由此形成的市镇常因这些大家族的姓氏、宅院得名，以上海地区为例，如萧塘，原名秦塘，后萧姓居此，渐成市集，遂改名；庄家行，居民繁稠，颇称饶乐，镇人庄姓聚族于此而得名。此外，如金山县的吕巷市、姚家廊市，上海县的三林塘镇，南汇县的杜家行市，青浦县的杜村市，川沙县的商行市等都是如此。

---

1. 竺暨元：《太湖以东地区"因寺成镇"现象研究》，复旦大学硕士学位论文，2010 年。

还有一些市镇由一姓、少姓而后逐渐发展为"众姓杂处"。如嘉定县马陆镇，系二姓合称。宋末丞相陆秀夫长子南大，自盐城避难至此，与马氏共处其地。日后子孙繁衍，遂名其村为马陆村。诸翟、叶谢镇也大致如此。市镇姓氏数目的扩大，即是移迁人口增多的体现。

一些士绅或商人为了标榜功德，聚货贸易，也常建屋拓街，招集商贾，创立市镇。这些市镇通常以创市者的姓氏命名，如上海的唐行镇，即因元时有大姓唐氏居此商贩竹木，遂成大市而命名。如嘉定县的罗店镇、杨家行镇、徐家行镇等都是类似的情况。还有些规模较大的乡里村庄和盐丁集居的团场形成的市镇常借用原有名称。如宝山县的大场镇，华亭县的莘庄市，娄县的张庄镇，川沙县的八团镇、九团镇等。另外，还有一些市镇的名称是由地方的历史传说或名人胜迹而来的。如以历史遗迹命名的市镇有南汇县的拔赐庄镇，青浦县的赵屯镇等；以地方传说命名的如青浦县的小蒸镇，金山县的干巷镇等；以名人胜迹命名的市镇中，有的是以名人所居之地得名的，如清代华亭县的亭林镇（梁顾野王），娄县的吾舍镇（明吾彦），金山县的南陆市（元陆居仁）等。总之，江南市镇形成的社会过程十分复杂，经历的历史较为悠久，各个市镇发生的具体过程和不同时代的历史因素都给这些市镇打上了鲜明的烙印。

市镇主要担负的是农村的贸易集散中心和商品供给中心的职能。而要维系市镇作为中间市场的商业繁荣，更多的是需要依靠其对周围农村保障供给的商业功能。随着四乡农村家族手工业化的专业化，基于各地地理、产业结构有所不同，各个市镇便呈现出不同的专业化色彩。明清江南市镇的繁荣发展，是棉桑经济作物大量种植、棉丝手工业大规模发展、手工业分工更加细化专业、富余劳动力逐渐转移并进而形成劳动力雇佣市场、商业与贸易不断扩大与繁荣等诸多因素共同作用的结果。

正如明人徐献忠所言，松江"邑人以布缕为业，农忙之困藉以稍济"，[1] 棉布业是明代上海地区最重要的产业，"衣被天下"局面的形成就和上海本地发达的市镇网络密切相关。这些市镇有的以棉花交易为特色，如嘉定县新泾镇是著名的棉花集散中心。每年棉花上市时节，牙行多聚集在这里，还有一帮少年作为"羽翼"，"携灯拦接"，经常发生抢劫、失物等治安问题。[2] 更多的则以棉布交易为特色，有的兼营棉布加工业，当时上海地区规模最大的市镇，大多与棉布有关。以松江府华亭县为例，朱泾镇明代已是"居民数千家，商贾辐辏"，"走两浙，达两京"的棉布中心，所产标布质地精细，有诗云："鳞比人家纺织勤，木棉花熟白于银。邻家买得尤家锭，缫出丝丝胜绮纹。"清人赵慎徽曾回忆，此地"明季多标行，有小临清之目"。[3] 枫泾镇与朱泾镇临近，明代数百家布号都在松江枫泾、朱泾等经营，而染坊、踹坊商号也跟着聚集。[4] 嘉定西乡的外冈地势高阜，广植棉花。嘉定居

---

1. 崇祯《松江府志》卷六《风俗》。
2. 万历《嘉定县志》卷二《风俗》。
3. 嘉庆《朱泾志》卷一《疆域志》。
4. 〔清〕顾公燮：《消夏闲记摘抄》卷中《芙蓉塘》。

民"家习纺织"，以外冈最著名。万历初，这里人口稠密，号称繁庶，四方之巨贾富贾，经营花布贸易的都集中于此，所以外冈"遂称雄镇"。每到春夏间这里就聚集了大量商人，到秋天花布上市时，每天夜半各个商号开张，"悬灯张火，踵接肩摩，人语杂沓，道路拥挤"，到天亮方散。[1] 此外如南翔镇，"百货填集，甲于诸镇"；罗店镇"比闾殷富，今徽商凑集，贸易之盛，几埒南翔"。[2] 娄塘镇也是当时的棉布交易中心，明人陈述曾作《练川八咏》，其中之一《娄塘晓市》便叙述当时市场交易的盛况："晓星残月入娄东，坐贾行商处处通。灯影乱明河影外，市声遥隔水声中。鱼盐近海人皆利，粟帛依时价亦间。自古四民安一业，莫教趋竞背王风。"[3] 娄塘以斜纹布为著名，明人汪价曾作《斜纹布赋》云："嘉邑布缕行于京省，斜纹花纹则又机女巧思，家常之翠毡也"，"经直纬错，织成水纹胜子，望之如绒"，"上入筐而饷客，莫不诧异绝纶"。此外还出产药斑布（即蓝印花布）；还有茧布，看起来像"茧绸"，可以以假乱真。[4] 青浦县朱家角镇在明代万历年间已"商贾凑集，贸易花布"，成为"巨镇"，其位于苏州经淀山湖抵松江府的交通要道，因而成为著名的标布贸易中心，"布肆黑夜燃灯为市"，[5] "京省标客往来不绝"。[6] 七宝镇早就是"商贾

1. 崇祯《外冈志》卷二《物产》。
2. 万历《嘉定县志》卷一《市镇》。
3. 乾隆《娄塘志》卷三《水利》。
4. 乾隆《娄塘志》卷八《杂类志·物产》。
5. 万历《青浦县志》卷二《镇市》、卷三《风俗》。
6. 崇祯《松江府志》卷三《镇市》。

必由之地"[1]，在万历间已经成为"商贾猬集，文儒辈出"的"邑之巨镇"，成为棉花、棉布产销集散地，家家户户纺织，昼夜不辍，到晚上就可以织成匹布，换钱米作为日用花销。[2]

又如上海为濒海地带，兼擅渔盐之利，加之有港口优势，由此也形成了与众不同的特色市镇。如盐业市镇新场镇距下沙五里，一名南下沙，元代初年，由于海岸线东移，下沙盐场迁于此，故称"新场"。新场"赋为两浙最"，"四时海鲜不绝，歌楼酒肆，贾街繁华，县未过也"，到明代时"镇之贾贩犹盛"。[3]又如一团镇、八团镇，团之地名，本来便是当年盐场的遗存，明代时一团镇"盐商多聚于此"，八团镇"民居率多盐丁，盐贾辐辏，逐末者多归之"。[4]渔业市镇中最有代表性的是青村镇，"有著姓陶氏家焉，俗呼陶家宅"，洪武十九年（1386）在此筑城，"立千户所于镇，以御海寇"。[5]该地由于近海，渔业兴旺，"高桥市独盛"，捕鱼的捕到鱼后都集中在此销售。[6]明清之际，全镇有渔船五六十艘，"一日两潮，大鱼则数十金计，小鱼亦以两计"，镇中居民无田可种者，都以织网为主，内河有缯网、打网，外海有稀网、长网、抢网，"为利数倍于田"。[7]此外军事性的市镇也依然存在。洪

1. 万历《嘉定县志》卷一《市镇》。
2. 道光《蒲溪小志》卷一《物产》。
3. 崇祯《松江府志》卷三《镇市》。
4. 弘治《上海市》卷二《市镇》。
5. 崇祯《松江府志》卷三《镇市》。
6. 正德《金山卫志》下卷一《镇市》。
7. 〔清〕曾羽王：《乙酉笔记》。

武二十年，明廷建金山卫，下辖数个千户所，如守御南汇嘴中后千户所、青村中前千户所等，均建堡筑城，而到了清代析分新县时，金山卫、南汇、青村便相应发展成为金山、南汇、奉贤各县的县治所在地，可见这些地方在当时的重要性。

由于市镇往往与产业有关，因此市镇人口结构的最大特点就是工商业人口比重的增大。尽管清末嘉定县盛极一时的棉纺织业（土布业）已经衰落，但是号称"银南翔"的嘉定县最大的工商业中心南翔镇，农业人口明显少于工业人口，更少于商业人口。据日本满铁上海事务所调查室关于嘉定县各市镇的人口分类统计，该镇农业人口838人，工业人口957人，商业人口1 126人，工商业人口共计2 101人，是农业人口的2.5倍。明清时期江南区的大镇，人口都在万户以上。[1]

当然对于市镇的定位，还存在着很多的争议。许多学者在讨论市镇的时候，都把市镇与城市纳入同一定义加以界说，如李学勤等就认为城市、市镇是以完全脱离或部分脱离农业，以从事手工商业活动为主体的、并拥有一定的地域、非农业人口相对集中的社会的、经济的、地理的实体。但事实上，当时人们对市镇和城市的看法有着非常清楚的认识。道光《苏州府志》便称："江南烟户业田多，而聚居城郭者什之四五，聚居市镇者什之三四，散处乡村者什之一二。"[2] 也就是说，在当时人们眼中，城市、乡

---

1. ［日］满铁上海事务所调查室：《上海特别市嘉定区农村实态调查报告书》，上海满铁调查资料第三十三编1939年版。
2. 道光《苏州府志》卷十《田赋》。

村、市镇三者间是有明显区别的。但是这个区别是什么呢？刘石吉认为，"小城镇"基本上是一个经济的范畴，也是历史与社会的范畴，它依赖于城市，尤其依赖于乡村，在性质上介于城市与乡村之间：把城乡两个不同的区域联结成一个完整而相对独立的区域；既是城市之尾，又是乡村之首；是城市在乡村的延伸，又是乡村中的雏形城市。亦城亦乡，可以说是中国小城镇的本质特征。它反映在社会结构上，是农村的政治、经济、文化、教育、科学技术、信息的中心，具有多方面的功能综合体，又有大量的亦工亦农的劳动者。简单而言，小城镇具有双重性：一旦小城镇与城市结合，即具有城市的属性；若与乡村结合，则具有乡村的属性。"[1]但是手工业市镇和商业市镇毕竟只是江南市镇的少数。江南绝大部分市镇，与其说拥有城市的属性，不如说在本质上仍是农村地区一般性的商业聚落。在大部分地区，特别是在市镇专业化不太明显、市镇周边手工业不太发达的地区，市镇主要担负的是农村贸易集散中心和商品供给中心的职能。维系市镇作为中间市场的商业繁荣，更多需要依靠其对周围农村保障供给的商业功能。

随着市镇的繁荣，市镇规模不断扩大，市镇人口日渐增多，"万民辐辏""五方杂处"的局面令市镇的社会治安隐患越来越多。万历时的嘉定知县韩浚曾指出当时嘉定各市镇面临着的种种社会

---

1. 转引自冯贤亮：《史料与史学：明清江南研究的几个面向》，《学术月刊》2008年第1期。

第五章

走向大港

问题。他说，嘉定方圆百里，境内市镇星罗棋布，无论是货物财富，还是舟车交通，都要依靠市镇。但是却有一帮"锥屠少年"，缘为奸利，扰乱治安。[1]崇祯《外冈志》更专门针对市镇周边的社会问题用"俗蠹"一节专门予以叙述。如何加强对市镇的管理便成为一个重要问题。

一方面，在市镇士绅和商人的主导下，同乡会、同业会等组织，以公所、会馆为据点，对市镇的治安、基础设施建设、工商业等方面进行监管，同时负责组织赈灾济贫等活动；另一方面，地方政府对市镇的管理也开始日益重视。仅就明代而言，上海地区的大部分市镇基本上由所属州县直接管理，如崇祯九年（1636），嘉定新泾镇出现市棍奸牙把持行市等不轨行为，便由知县、县丞和主簿专门立碑予以打击。也有部分位于交通要道、规模较大的市镇则由税课局或者巡检司管理。如据正德《松江府志》、崇祯《松江府志》，松江府有陶宅镇、叶谢镇、北七宝镇、乌泥泾镇、唐行镇等市镇设有税课局。明中叶以后，税课局相继被裁革合并，巡检司便成为县级以下基层的管理组织。根据张海英的研究，嘉定吴塘巡检司，初时以黄渡镇为驻地，管辖九墩，万历三年（1575），裁归江湾巡检司兼辖。后来，江湾巡检司合并了吴塘巡检司，共辖18墩9汛，基本上涵盖了江湾镇及周边的主要市镇及乡村。[2]当时江湾巡检司内设有弓兵40名，巡司一

---

1. 万历《嘉定县志》卷一《市镇》。
2. 张海英：《"国权"："下县"与"不下县"之间——析明清政府对江南市镇的管理》，《清华大学学报（哲学社会科学版）》2017年第1期。

员，管理形式是由"巡司督率弓兵沿乡巡缉"，[1] 主要是水陆治安巡逻，监视和盘查人口，维持治安，但不代辖市镇、村庄。各市镇及周边村庄田赋征收、日常民事则多依里甲、保甲、乡约等制度进行管理。巡检司作为县级以下的管理机构，虽然在市镇管理的层面上起到了稽查人口、维持治安的作用，但巡检司毕竟只设从九品的末等官员，司下额定编制仅吏员一名，不得随意增设，其下招募来的弓兵十余名，其职务又往往局限于擒捕盗贼，难以承担管理市镇的繁杂任务。更重要的是，巡检司等治安机构并不一定以市镇为核心，只不过市镇乃人口财赋聚集之所，治安问题远较乡村促迫，所以才在镇一级设立巡检司或者汛营，分管一定区域的治安，[2] 而且也不是所有市镇均设有巡检司。因此，要加强市镇管理，必须采取新的模式。所以韩浚才感叹，古代还有"市司之官"，但后来罢废，已经无从参考，未来市镇的管辖只能等待将来寻找解决办法。[3] 其实在明中后期开始，有些地方尝试在一些比较大的市镇直接委派府、县级别的官员驻镇管理，而真正的实施则要到市镇更加繁盛的清代。

据张海英的研究，清代开始，江南一些规模较大的市镇，会委派县级官员予以管理，如奉贤县四团镇（县丞驻），高桥镇（奉贤县丞驻此，后移驻四团镇；宝山县丞驻），金山县朱泾镇

---

1. 咸丰《黄渡镇志》卷一《建置》。
2. 吴滔：《明清江南基层区划的传统与市镇变迁——以苏州地区为中心的考察》，《历史研究》2006 年第 5 期。
3. 万历《嘉定县志》卷一《市镇》。

（金山县丞驻），青浦县七宝镇（县丞驻），青浦县南翔镇（分防县丞驻），枫泾镇（娄县巡检署、嘉善县主簿驻）等。这种县官驻镇的管理模式弥补了市镇中缺乏政府行政管理机构的不足，强化了官府对市镇的行政管理。对于一些特别重要的市镇，还会设置专官来进行治理，这都体现明清地方政府对市镇的重视，也说明当时江南市镇之重要性。[1]

1. 张海英：《"国权"："下县"与"不下县"之间——析明清政府对江南市镇的管理》，《清华大学学报（哲学社会科学版）》2017 年第 1 期。

第六章

竞慕斯文

751—1843

西晋陆氏是上海人文肇兴之始，宋元时期，北方士人大量南迁，在诗书礼乐的熏陶浸淫之下，上海地区的人文环境得到较大发展。在明中叶以后，直至清代，随着商品经济的繁荣，上海学术日渐发达，文学、诗歌、绘画等均取得了显著的成就。

　　徐光启是中国近代科学的先驱者，他以海纳百川的胸襟和超越时代的胆识，冲破世俗的非议和阻挠，较先开启了中西文明交流融会的历史。徐光启对外来文化和思想宽容吸纳的胸襟，引一代之风气。

　　此外，随着商业的发展，上海人的日常生活也发生了变化，饮食习惯和消费行为日益奢侈，岁时节令更加讲究，民间娱乐丰富多彩，丧葬习俗更加趋于奢靡。明代上海学者陆楫抽象出"奢"的意义，对其作了全面的论述，并加以充分的肯定，其影响极为深远。

第一节　文物之盛

　　上海人文传统起源于西晋陆氏，经历了宋元之世，地域人文传统渐呈燎原之势。在南宋时就有"华亭壮邑，业儒者众"[1]之称，至明清趋于极盛。教育发达、贤才辈兴，"其掇巍科跻显位，上之为名宰相，次之为台阁侍从，从文章勋业名海内者，比肩相望"，[2]上海地区人文发展进入了一个全新时期，所谓"一时文风之盛，不下邹鲁"。[3]当时，上海地区流传的民谣，称云间为"诗窠棋囤字仓场"，[4]这未免有些过誉，却多少反映了其时上海地区浓厚的人文风尚。

一、宋元之际启文风

　　清侯方域曾有诗云："云间面大海，襟带三泖滨。阴阳荡潮汐，往往生伟人。"[5]上海一地的人文历史传统，最早可以追溯到西晋一代，陆机、陆云名重一时，堪为云间人文之祖。《晋书·陆机传》谓其"弘丽妍赡，英锐漂逸，亦一代之绝乎"！[6]《晋书·陆

1. 绍熙《云间志》卷中《进士题名》。
2. 康熙《上海县志》序。
3. 〔清〕钱谦益：《列朝诗集小传》甲前集。
4. 〔清〕丁宜福：《申江棹歌》，顾炳权编著：《上海历代竹枝词》，上海书店出版社 2001 年版，第 165 页。
5. 〔清〕侯方域：《哀辞九章并序·考功员外郎华亭夏公允彝》，《侯方域诗集校笺》卷五，中州古籍出版社 2000 年版，第 284 页。
6. 《晋书》卷五四《列传第二十四·陆机》。

云传》谓其"百代文宗，一人而已"[1]。陆云更因自称"云间陆士龙"使得此后"云间"成为华亭别名。更为重要的是，陆机《文赋》提出的"诗缘情而绮靡"的诗学命题，深深影响了此后上海一代又一代的文人。所以南宋庆元年间，徐民瞻合刻二陆文为《晋二俊文集》，作序云："云间学士大夫宗之仰之有余师矣，二俊之名不朽矣。"[2]而在陆机、陆云之后，上海地区直到宋元之际才文物大盛，所以本地竹枝词有云："宋元之际启文风。"[3]

陆机像　　　　　　陆云像

1.《晋书》卷五四《列传第二十四·陆云》。

2.〔晋〕陆机：《陆机集》卷六，中华书局 1982 年版，第 216 页。

3.〔清〕秦荣光：《上海竹枝词》，顾炳权编著：《上海历代竹枝词》，上海书店出版社 2001 年版，第 269 页。

唐宋之时，北方士人大量南迁，在诗书礼乐熏陶浸淫之下，上海地区人文得到较大发展，力学之士众多，松江、嘉定等地的学校相继创建，读书习文的文化氛围得以营造。至南宋末年，上海地区崇文之风已盛，所谓"虽佃家中人衣食才足，喜教子弟以读书，秀民才士往往起家为达官，由是竞劝于学，弦歌之声相闻"。[1]

入元以后，云间地区迎来更多文人学士。明人何良俊曾作了总结：松江"文物之盛"自有其原因。当年苏州为张士诚所据，浙西诸地都成为战场，松江稍稍偏僻，峰泖之间以及海上都可以躲避战乱，所以四方名流汇萃于此，他们对松江文化产生了"薰陶渐染之功"。[2]其中如杨维桢、王逢、陶宗仪、赵孟頫、顾瑛、贝琼等文坛巨擘流寓于此，带来了外来文化的新声，丰富了本地文化，营造出上海地区独特的人文景观。这些人当中，以杨维桢对上海人文的影响尤大。钱谦益在《列朝诗集小传》中称："海内荐绅大夫，与东南才俊之士，造门纳履，殆无虚日，酒酣以往，笔墨横飞，铅粉狼藉，或戴华阳巾，披鹤氅，坐船屋上，吹铁笛作梅花弄。"杨维桢的弟子流传沿袭，号为"铁体"，蔚然成风，久而未艾。[3]杨维桢流寓上海后，一方面大批吴越名士竞相追随，如倪瓒、顾瑛都追随其后；另一方面他对后学颇多奖掖，从游于门下者众多。吕辅之召开应奎文会，重金礼聘四方能诗之

1. 正德《松江府志》卷一二《学校上》。
2. 〔明〕何良俊：《四友斋丛说》卷一六《史十二》。
3. 〔清〕钱谦益：《列朝诗集小传》甲前集《杨维桢》。

士，请杨维祯为主考，一时文士云集，"倾动三吴"，对地域文化产生了深远的影响。外籍文人的增多，使得当地的文人活动逐渐活跃，唱和亦趋频繁。袁凯、管讷、董纪、朱芾、陆居仁等本地文人相继崛起，他们和流寓的外籍文人一起形成了一个庞大的文人群体。根据绍熙《云间志》和正德、嘉庆《松江府志》等文献记载统计，松江府在明代以前就已有了116名进士。

何良俊曾如此描绘这一昌盛的气象：元代时松江的著名文化世家，在青龙镇有任仁发家，小贞有曹云西家，下沙有瞿霆发家，张堰有杨竹西家，陶宅有陶与权家，吕巷有吕璜溪家，祥泽有张家，干巷有侯家。瞿霆发的园林被方志称为"浙西园苑之盛"为最者。当时号称东吴富家的就是松江曹云西、无锡倪云林、昆山顾玉山，这三家声华文物可以并称，其余根本不得与列。杨竹西筑有不碍云山楼，他的画像是由吴绎画肖像，倪云林画景物，当时名人题赞满纸。干巷侯家亦好古，收藏甚富。张氏也有三味轩，当年松江之盛，即使苏州亦是望尘莫及。[1]

二、"诗窠棋囤字仓场"：明清上海文风的确立

到明代以后，上海地区经过了宋元两朝几百年时间的人文积累后，形成人文蔚起、科甲兴盛的局面。所谓"公卿将相由此而出，大家巨室于此处焉"，其盛不减王畿（指南京），[2]"吾松文物之

1.〔明〕何良俊：《四友斋丛说》卷一六《史十二》。
2.〔宋〕王遂：《增修华亭县学记》；绍熙《云间志》卷下。

盛，盛于胜国时"。[1]

明朝建国后，朱元璋颇为敌视那些亲近张士诚的吴地文人，对苏松所在的江南地区采取高压政策，使上海文人身心受到极大摧残，再加上杨维桢、王逢等人相继离世，使得这一地区的文化衰落，此后到明前期，这里的文化氛围较为沉寂。

一直到明代中期之前，上海地区的文化仍然属于输入型，受外来影响较多，缺乏有全国影响的学者，更少有原创性的思想，更类似于苏州的附庸。当时的苏州，为东南一大都会，商贾云集，名宦大族齐聚，文人骚客赋咏其间，夸富斗侈，奢靡之风号称天下之最，时有"吴风吴俗主天下雅俗"之说。上海近水楼台，受苏州的影响很大。如苏州有着浓厚的尚文氛围和悠久的诗词书画传统，上海地区则紧跟其后，并在书画等方面渐显其特长，"学诗学画学书，三者称苏州为盛，近来此风沿入松江"。[2]嘉定一带，当时为苏州府属，文人流动，聚会集社，与苏州保持密切联系。但是到了弘治、正德（1488—1521）以后，由于明朝政府已经脱离了初建时期的混乱，政治日趋稳定，上海地区随着商品经济的迅速发展、科举的兴盛，涌现出了一大批才华出众的文人。上海的文化能够紧随时代的潮流，走出明初沉寂的低谷，并逐渐形成了属于自己的独特风格。宋征舆在《江南风俗志》中曾言："松江，本县也，既更为府，乃与姑苏并称。"[3]这并不只是行

---

1. 〔明〕吴履震：《五茸志逸》卷一。
2. 〔明〕范濂：《云间据图抄》卷二《记风俗》。
3. 〔清〕宋征舆：《林屋文稿》卷一三。

政区划意义上的"并称"，而是在经济、文化诸方面的相提并论。所以到嘉靖以后，何良俊评价苏、松人才"亦不大相远"，[1] 王圻更认为松江面积虽"不及姑苏之半"，但人文挺秀，自二陆以来，"贤良科甲之胜"可以与之并驾齐驱。[2]

陈继儒像

上海此时有"诗窠棋囿字仓场"之说，张弼特别为之作《三事赞》："郡城东阃，俗阜且文，篇章涌雾，翰墨屯云，闲雅之戏，棋亦超群，风雅遗音，张王格力，奕秋之能，亦来赏激。"[3] 对于明代上海文坛的发展，万历中的华亭人陈继儒在《偃曝谈余》中谈道：吾乡（松江）自陶宗仪《辍耕录》及《说郛》，就形成了一种收藏气习。以陆祭酒俨山（深）最称博雅，此后徐长谷（献忠）、何柘湖（良俊）、张王屋（之象）、朱察卿（邦宪）、董紫冈（宜阳）相继涌现，又与吴门文徵仲（徵明）、王履吉（宠）交往，

1.〔明〕何良俊：《四友斋丛说》卷一六《史一二》。
2.〔明〕王圻：《云间人物志序》，李绍文：《云间人物志》卷首。
3. 嘉庆《松江府志》卷五《建置志·风俗》。

所以博极群书，研讨学问；而莫廷韩（是龙）又游于四人门下，再得其外家常熟杨梦仪藏书；朱太史文石（大韶）又广蓄宋版，所藏抄本亦可与其他人相媲美，虽然离世后藏书散落人间，但被孙汉阳（克弘）收藏。[1] 同为华亭人的何三畏在其《云间志略》中则更为清晰地勾勒出了上海文坛的发展脉络："文裕（陆深）为海上社坛之先驱，潘恭定笠江（潘恩）、朱水部邦宪（朱察卿）嗣建旗鼓，至公（张所敬）而大振厥声。"[2] 大致而言，上海文化以陆深为先导，紧随当时的复古浪潮，在嘉靖、隆庆间以陆树声、徐阶、潘恩、朱邦宪及云间四贤徐献忠、张之象、董宜阳、何良俊等为代表，在万历间以陈继儒、董其昌、徐光启、唐文献及"嘉定四先生"——唐时升、程嘉燧、娄坚、李流芳等为代表，而到明末以陈子龙、夏允彝、黄淳耀、侯峒曾等为代表。这些代表学者个个才华横溢、惊世绝伦，均能自成一家，开一代之风气，如云间画派、云间词派、嘉定文派，形成了众星拱辰的文化格局，使得上海地区的人文传统经过千年的积淀而蔚然成风，在中国文化史、思想史、艺术史、文学史上都有深远的影响。所以几社干将、晚明杨肃在《壬申文选序》中便称：（吾郡）作为滨海偏僻小邦，自诸人相继涌现，"卓然推云间之文为海内首"。另一位骨干杜麟征同样自豪地宣称："文章起江南，号多通儒，我郡为冠。"[3]

---

1. 〔明〕陈继儒：《偃曝谈余》。
2. 〔明〕何三畏：《云间志略》卷二一《张文学长舆先生传》。
3. 〔明〕陈子龙：《陈子龙诗集》附录三。

夏允彝父子像

　　至清代，上海地区继续保持了人文荟萃的特点。关于清代前中期松江地区学风之嬗变及其师承源流，嘉庆年间钦善曾经有个很好的评述："云间学派"以焦（袁焦熹）、黄（黄之隽）并称，此后又有王公延之（王永祺）、沈公学子（沈大成）等人。[1]继之而起的则是所谓"吴中七子"，包括王昶、王鸣盛、钱大昕、赵文哲、吴泰来、曹仁虎、黄文莲七人。而真正将清代前中期上海地区的学术推向新高度的则是清代乾嘉考据学派的核心人

---

1. 〔清〕钦善：《吉堂文稿》卷一一《盛先生诔辞》。

物——嘉定的王鸣盛和钱大昕。

钱大昕像

　　自元到清，在官方提倡、民间支持，上下通力合作推进下，上海地区的府学、县学系统得以建立和发展。同时，书院及民间义学、社学、私塾也得到了相当的发展，重文尚儒风气逐渐形成，为上海地区在这一时期文化的繁荣、优秀人才的培养提供了有效的保障。

"吾松自唐而为县，至宋而始有学，一方风气亦以渐而开也。"[1] 和当时周边地区相比，上海地区的官学建设稍显落后，"华亭，大县也。旁小县皆有学，独华亭无之。盖浙西善事佛而华亭尤甚，民有羡余率尽施以浮屠"。[2] 上海地区最早的官学是北宋时期建立的华亭县学。随后南宋时上海镇学、嘉兴县学相继设立。元代是上海地区教育系统建立和发展的重要时期。元代松江升府后，改原来的华亭县学为松江府学，而华亭县学则以徐进义塾新建。上海立县后，镇学也随即改为县学。崇明县学也是在元代建立的。

元世祖即位之初就下诏："管内凡有书院，亦不得令诸人骚扰、使臣安下。"[3] 中统二年（1261）开始创设地方官学，"始置诸路学校官，凡诸生进修者，严加训诲，务使成材，以备选用"，此后各地官学陆续设立。

明代正统四年（1439）增设金山卫学，后松江府分出青浦县，又于万历二年（1574）增建青浦县学。

上海地区的教育日益发达，营造出一方浓郁的读书氛围，由此造就了这里的人文之盛。这一点从上海地区参与科举考试的读书人数量便可见一斑。叶梦珠在论及松江学校时也说：早年学校最盛。即使上海县学，除了乡贤奉祠生及告老衣巾生之外，每年参加岁试的，廪、增、附生，共约六百五十余名。以一府五学计

---

1. 正德《松江府志》卷一二《学校上》。
2. 绍熙《云间志》卷下。
3. 《元典章》卷三一《礼部四》。

申江胜景图·上海学宫

之，整个松江府生员大约有三千多。当时少年子弟，如果能够援笔成文的，马上就能进入县学成为生员。"一时家弦户诵"，县试童子不下二三千人，可谓"彬彬乎文教称极隆焉"。[1] 天启四年，由于生员过多，在华亭县举行院试时甚至酿起一出惨剧，大量生员涌入县学参加考试，导致踩踏事故，"压死累累"。[2]

上海在元代出现了兴修书院的热潮，总计有松江府城的西湖书院、九峰书院，青浦县的孔宅书院、清忠书院4所。到了正德、嘉靖间，兴办书院逐渐成为一种风尚，官绅士大夫或捐资建

1.〔清〕叶梦珠：《阅世编》卷二《学校一》。
2.〔清〕曹家驹：《说梦》卷一《考童惨祸》。

院，或捐置学田，或为书院订立规章。虽然嘉靖以后，由于党争剧烈，屡次兴起废止书院的运动，但是隆庆、万历以后，书院遂成晚明时期传授知识、辩论学术、以新思想风动天下的中心。上海书院也受到了时势的影响。如万历三十二年（1604），嘉定知县韩浚建明德书院，置田 300 亩，学廪 11 区，并延学者管志道主其事。[1] 又如万历年间，松江知府孔友教在松江府东古亭桥北的邱家湾建了日新书院，由钱大复在此讲学，"一时从游之士，益蒸蒸起"。[2] 不过，和整个江南地区书院讲学风起云涌的情形相比较，上海地区似乎波澜不兴。

同时，上海学风强调务实致用，对讲学导致空谈之风大盛的状况也多有批评，相对而言，晚明兴起的东林派和上海一地的学风有共同之处，所以在上海的影响要更加显著一些。如日新书院奉孔子像于中，而将朱熹和王阳明从祀于左右，这在当时或是尊朱或是尊王的风尚下显得尤为特别，这一行为得到了顾宪成的赞赏，还专门为之作著名的《日新书院记》。[3] 至清代，上海地区的书院有了明显的增加，王健统计，仅松江府地区就有云间、景贤、求忠等书院 22 家。[4]

正是有了这样的基础，明清以降，上海地区便厚积薄发，人才辈出，群星闪耀。时人说松江府"百余年来，文物衣冠蔚为东

---

1. 万历《嘉定县志》卷二十《文苑》。
2. 崇祯《松江府志》卷四一《人物六》。
3. 〔明〕顾宪成：《泾皋藏稿》卷一一。
4. 熊月之总主编，王健主编：《上海通史·第 5 卷·清代前中期（1644—1843）》，上海辞书出版社 2017 年版，第 227—228 页。

南之望"，无论是经学词章，还是下至书法，都有师法，"各称名家"。即使是普通田野小民，只要能够温饱，都知道"教子孙读书为事"。[1]

明代时，松江府在宋元时期所营造的良好人文基础上，科甲兴盛，人才辈出。"时松郡应举者十有三人，甲科为特盛。"[2]有明一代共计开科 89 次，共录取进士 24 866 人，而据陈凌的研究，明代松江府共有进士 466 人，此外嘉定县有 77 人，崇明县有 4 人，总计进士数 547 人，占全国总数的 2.2%。其中状元 3 人，钱福、唐文献、张以诚；榜眼 2 人，丁溥、李自华；探花 1 人，徐阶；传胪 3 人，宋瑛、顾清、董其昌；另有会元多人。[3]

上海地区进士总人数在明代虽然总数不如苏州和常州，但单以县论，华亭县的进士人数却名列全国第一，上海县也在全国前十之列，可以说明明代是上海科举历史上成就最为辉煌的时期。华亭作为附郭县，其政治和经济优势自不必言说，华亭县的进士人数最多也并不令人意外。上海县历来是商贾辐辏、经济繁华之地，政治地位也日益提高，其众多的登科人数是有经济基础支撑的。嘉定"为吴名邑"，[4]"向称人文之薮，历来科第踵相接也"。[5]明代时王彝倡导古文，至归有光在此大力倡导，"士皆知务学"。

1. 正德《松江府志》卷四《风俗》。
2. 《明故足庵唐公珣墓志铭》，《新中国出土墓志》上海天津下册，文物出版社 2009 年版，第 54 页。
3. 陈凌：《明清松江府进士人群研究》，上海辞书出版社 2019 年版，第 33—45 页。
4. 万历《嘉定县志》卷二一《文苑》。
5. 康熙《嘉定县志》卷九《学校》。

直接继承归有光文章精神的，有程嘉燧、唐时升、李流芳和娄坚，其人各以诗文书画蜚声海内，人称"嘉定四先生"。至晚明天启、崇祯之际，在侯峒曾、黄淳耀提倡下，更是"奇才辈出"。[1]青浦县虽然设置时间很晚，但在当地有着深厚的人文传统，人人皆知教育子女读书，即使是"乡愚村僻"，也都会请塾师教育。[2]

清代上海地区的进士人数较之前代有明显的下降，据陈凌统计，清代松江府共 290 人，其中状元 1 人，戴有祺；榜眼 3 人，王鸿绪、张虞惇、范棫士；探花 3 人，沈荃、张翼、朱赓飏；传胪 1 人，王春煦。根据陈凌、王健的研究，这当中有改朝换代以及奏销案等政治因素的影响，也与松江棉布业中心转移，上海崛起等经济因素有关。

值得注意的是，由于明清时期上海地区的市镇繁荣发达，一些市镇也渐渐显示出科举方面的非凡实力，仅南翔一镇明代便有贡生 14 人，举人 16 人，进士 10 人，李先芳、李名芳、李流芳兄弟便为其中代表。而整个明清两朝，枫泾共有超过 40 名进士，法华镇有 16 人，朱家角镇有 12 人。

综观整个明清两代上海的人文风尚，历数无数学者所组成的上海文化星空，可以体会到这些优秀的上海人正是上海文化的体现者和发扬者。在他们身上，可以总结出当时上海文化的特征。

一是博古好收藏。

---

1. 康熙《嘉定县志》卷四《风俗》。
2. 光绪《青浦县志》卷二《疆域志》。

第六章
竞慕斯文

一地文化的发达，必定建立在地方深厚的知识储备的基础之上，而作为知识最直接的载体和传承文化最有效的途径，书籍的收藏多少则是一地文化发达与否最重要的标准。按吴晗先生的统计，宋元时期上海地区的藏书家共有庄肃、杜元芳、夏庭芝、孙道明 4 人，明代藏书家则为 17 人，清代藏书家有 48 人。[1]

在宋元时期，庄肃是整个江南最有名的藏书家，有说其聚书达 8 万卷。[2] 此外，杜元芳的翡翠碧云楼、孙道明的映雪斋等藏书都超过万卷。如果宋元时期上海地区藏书只是个别现象，并没有在整个社会中形成普遍的风尚的话，那么到了明清两代，正如吴晗所言，这里"藏书之风气盛，读书之风气亦因之而兴"，营造出一方浓郁的书香氛围。这些藏书家的藏书动辄上万卷，也有数万卷、十数万卷的，数得上名号的藏书楼则有朱大韶的横经楼、何良俊的清森阁、吴中秀的天香阁、郁文博的万卷楼、孙克宏的秋琳阁、莫是龙的城南精舍、陈继儒的宝颜堂、潘允端的天然图书楼、顾从义的玉泓馆，等等。即便是一般的士人也钟爱藏书，2001 年宝山区杨行镇苏家宅出土了成化间曾任大兴县丞的韩思聪墓，发现棺内尸体胸部两侧摆放了线装书籍《周易会通》等书 14 册，左侧书籍上还放了 1 支毛笔。根据墓志可知，韩思聪少年时便好读书，屡应乡试不第，"膺贡登胄监"方得为大兴县丞。他对书籍的热爱代表了当时上海普通士人的一般情况。[3]

---

1. 参见吴晗：《江浙藏书家史略》，中华书局 1981 年版。
2. 正德《松江府志》卷三十《人物六》。
3. 何继英主编：《上海明墓》，文物出版社 2009 年版，第 26 页。

大兴县丞韩思聪墓出土书籍

　　进入清代之后，上海地区藏书家更加出众，如著名的学者王昶、沈大成、瞿中溶、黄之隽等都是大藏书家，而影响最大的是金山守山阁钱氏。守山阁钱氏藏书大盛始于钱树本（1744—1790），此人性格严峻，喜好读书，搜罗群籍，不废寒暑，"藏书之富，甲于五茸"。此后经钱熙经（1796—1849）、钱熙载（1779—1834）、钱熙祚（1801—1844）相继收藏，从嗜书到刻书，金山钱氏慢慢将对书的爱好转变为全力投身于刻书印书的出版事业中。《中华印刷通史》一书便如此记载："金山钱氏刻书最多，延续最久。根据光绪年间《钱氏家刻书目》所载，钱氏刻书自乾隆三十六年（1771）至光绪年间从未间断。"其中《守山阁丛书》120 种 656 卷、《珠尘别录》28 种、《指海丛书》20 集 141种 404 卷、《艺海珠尘壬癸二集》42 种、《小万卷楼丛书》17 种等丛书更是收入大量孤本、秘本，成为中国丛书刻印史上的代表。[1] 钱熙祚的丛书至今仍被认为是"校勘精审的善本书",得到了很高的评价,当年甚至吸引了朝鲜使臣远道而来,重金求购。清代学者阮元说:"其书迥出诸学丛书之上。"清末重臣张之洞则评价:"其书在五百年中必不致泯灭者也。"

二是博采汇通。

正如前引陈继儒所言,上海地区自元末陶宗仪编纂《辍耕录》及《说郛》后,便有一种博雅的"气习"延续。所谓的"博雅"即博览群书,融会贯通。表现之一便是明代上海的学者往往著作宏富,涉猎广泛。如"最称博雅"的陆深有《俨山集》100卷,《续集》10卷,又有《南巡日录》《河汾燕闲录》《停骖录》《传疑录》《春雨堂杂钞》《俨山外记》《玉堂漫笔》《金台纪闻》《春风堂随笔》《知命录》《溪山余话》《愿丰堂漫书》等文字流传。内容涉及经书、理书、历史、古书、诸子、文集、诗集、类书、杂史、诸志、韵书、小学、医药、杂流等14大类,如汇编成集,则是一部不折不扣的百科全书。陆深这一博雅之风为后世上海学者所继承,如何良俊,无论是"经术、文艺、人才、治纪、边防、兵食、民风、士论",还是"先正之风献,一时之谈谑",包括字画歌曲,他都"远弋博采"。[2] 董宜阳每日读万言书,博览周秦诸子百家、小说及国家掌故、郡县文献书籍。张之象"所著书

---

1. 唐昱霄、钱基敏:《一个书香世家的千年回眸——金山钱氏家族史》,文汇出版社 2017年版,第6—8页。
2. 〔明〕朱大韶:《序》,〔明〕何良俊:《四友斋丛说》卷首。

及纂辑先代书，不下千卷"，[1] 王圻每日以著书为事，虽年逾耄耋，仍然"篝灯帐中，丙夜不辍"，一生纂著超过 800 卷。[2] 李豫亨，从经史子集，以及山川、象纬、兵农、财赋、医卜、堪舆，乃至佛道之学，"咸窥精蕴"。[3]

清代，以王鸣盛、钱大昕为代表，继承了博雅兼通的学风。清末学者李慈铭便言：乾嘉之世，"儒学极盛，能兼经史者"，只有先生（指王鸣盛）及钱先生大昕而已。其他名家如全祖望、邵晋涵、杭世骏、凌廷堪，都无法与之匹敌。

表现之二便是鸿篇巨制不断涌现。自陶宗仪的《说郛》之后，类似的大规模丛书和类书编纂在明代上海地区达至高潮，昌彼得在《〈说郛〉源流考》中便曾指出：汇辑丛书盛行，是自正德、嘉靖之后的事情。而主要"辑刻之人"，大部分来自云间、吴郡。[4] 典型代表就是由陆楫、黄标等编纂的中国第一部小说丛书《古今说海》、陈继儒的《宝颜堂秘笈》、张之象的《唐诗类苑》、王圻的《三才图会》，由此直接引发了晚明两部影响深远的巨著——徐光启的《农政全书》和陈子龙等人主编的《皇朝经世文编》的诞生。值得注意的是，从《古今说海》开始，这些巨著的编纂大多成于众手，往往集中了当时最优秀的上海学者，成为当时上海人文风尚的典型体现。如《古今说海》参与者总计 10

1.〔明〕范濂：《云间据目抄》卷一《纪人物》。
2.〔清〕张廷玉等：《明史》卷二八六《文苑二·王圻》。
3.〔明〕范濂：《云间据目抄》卷一《纪人物》。
4. 昌彼得：《〈说郛〉源流考》，应再泉、徐永明、邓小陶编：《陶宗仪研究论文集》，浙江人民出版社 2006 年版，第 389 页。

人，除了姜南为浙江仁和人之外，其余均为上海人，包括陆楫、黄标、顾定芳、董宜阳、张之象等第一流的学者。而据贾雪飞考证，除原作者张之象外，编订《唐诗类苑》的 20 人中，上海县有 13 人，华亭县有 4 人，外埠仅 3 人。上海地区参与的学者有陈继儒、张所敬、张所望、黄体仁、徐光启、朱家法、唐仲贤、杜开美、杜士基、李中立等，另外俞显卿、俞显谟等兄弟参与校订工作，上海县的 13 人中，仅有两人不是举人或者进士。[1] 到了清代，王鸣盛、钱大昕亦是通过《廿二史考异》《十驾斋养新录》《十七史商榷》等鸿篇巨制，奠定了上海学者在清代学术史上无可争议的地位。王昶的《金石萃编》160 卷、《湖海诗传》46 卷，同样是扛鼎之作。

三是经世致用。

上海士子有着强烈的历史忧患意识和现实关怀精神，倡导有用之学是上海文风的第三个特点。明代前期上海的文坛领袖陆深即是一个经世致用的实干家。他曾经对其外甥黄标说：我这些文字，大旨是为了穷经致用，与小说家不同，希望你留心着眼。在他的影响下，上海文人都以心忧天下为己任。何良俊少年时就关心经世学问，有"轸国佐王之志"；[2] 王圻学渊识博，对水利研核尤精，并在其《云间海防志》《明农稿》等著作中，对明代海防、农业的概况和发展都提出了自己独到的见解；"四贤"之一

---

1. 贾雪飞：《明中后期的上海士人与地方社会——徐光启的成长大舞台》，复旦大学博士学位论文 2012 年，第 50 页。
2. 〔明〕黄姬水：《白下集》《四友斋记》。

徐献忠，也认为文章应该"关系世教，非空疏纤细之作"。[1]

陈子龙像

晚明思想界日趋讲求实学，徐光启在这方面的践行和努力尤其突出。他在给恩师焦竑的信中曾自述：我少年时痛感倭寇蹂躏乡里，因而在读书之暇，研习兵家学问，经常感觉国事不堪，比宋末时还要衰弱十倍，所以"每为人言富强之术"。[2] 他曾写诗讥讽那些整日坐谈的士大夫们，"霏屑玄谈未终席，胡骑蹂人如乱麻"。[3] 西学传入以后，徐光启学习各种西方科学技术，包括数学、天文、兵法、水利等，并把它们运用到实践中。综观徐光启一生治学，大多实用于国计民生，学以致用是他的一贯主张，人称

1. 〔明〕袁汝是：《序》，徐献忠《长谷集》卷首。
2. 〔明〕徐光启：《徐光启集》卷十《复太史焦座师》。
3. 〔明〕徐光启：《徐光启集》卷一二《题陶士行运甓图歌》。

"其生平所学，博究天人，皆主于实用"。[1] 这些经世致用的努力对当时上海乃至整个中国的思想界有着重大的影响。在徐光启的影响下，陈子龙、夏允彝、徐孚远、周立勋及黄淳耀等人认识到"君子之学，贵于识时，时之所急，务之恐后"，[2] 他们忧国忧民，推崇实学。在为《皇明经世文编》所作序中，陈子龙谈到晚明三患时，认为其中一患便是"士无实学"。[3] 他还重订徐光启所著《农政全书》，这些都反映了陈子龙等对实学及经世致用的重视、倡导与实践。无奈陈子龙等未及一展抱负、实践其经世之学，明王朝已走到了它的尽头。

四是书画秀绝。

宋元以来，上海即是文秀之区。善书者如米芾、赵孟頫，善画者如高克恭、方从义、曹知白，都曾长期流连于上海，从而影响和推动着上海地区的书画艺术发展。到了明代，"学诗学画学书，三者称苏州为盛，近来此风沿入松江""六书八法，莫不家习而究其奥"，而且创新迭出，流派纷呈，书法的云间书派和绘画的松江派、华亭派、苏松派、云间派、嘉定派相继涌现，成为中国书画史上的一个辉煌时期。

"云间书派"，又称"松江书派"。书法史上的"云间派"这个名称，最早是在万历年间由王世贞提出来的，他在评论云间书

1.〔明〕陈子龙：《凡例》，徐光启：《农政全书》。
2.〔明〕陈子龙：《安雅堂稿》卷四《兵家言序》。
3.〔明〕陈子龙：《序》，《皇明经世文编》卷首。

家陈璧、沈度、沈粲书法时指出："盖所谓云间派也。"[1] 其后董其昌进一步论述了"云间书派"，对沈度兄弟的地位也做了进一步的发扬。他认为松江书法其实始于陆机、陆云，创立在王羲之之前，但以后"遂不复继响"。此后经沈度、沈粲兄弟及张弼、陆深、莫是龙等书家振兴，但是光芒被吴中文徵明、祝枝山二家所掩盖。不过文祝二家并不能超过"二沈"，主要原因就是"空疏无实际"。[2] 由此可知，云间书派是以云间籍书家为成员，具有自己的书法理论，成为与吴门书派相抗衡的地域文人书法流派。

云间书派对中国书法史的第一项重要贡献就是沈度、沈粲兄弟的"台阁体"书法。台阁体又称馆阁体，沈度擅长篆、隶、真、行、八分书，遂综合其风格，形成自己独特的楷体结构，综言之，结构以方正为主，各部停匀，既具晋唐古法，又更加甜熟雅正，遂为馆阁之滥觞。其弟沈粲官至大理寺少卿，同以善书得宠。沈度以婉丽胜，沈粲以遒逸胜，时称"大小学士"。当时云间书派的重要书家还有朱铨、任勉之、金钟、陆宗善、朱芾、焦伯诚、杨仁寿、章晒如、徐彦裕、邵文贞、夏宗文、夏衡、沈澡、沈潮、范鼎和陈询，以地域为特征的书法群体俨然已经颇具规模。

明代中叶，云间书派的代表人物有张弼父子、张骏和陆深。张弼是明代中期云间书派的首席书法家，擅草书、行书。其草

1.〔明〕王世贞：《弇州山人题跋》卷四《三吴楷法十册》。
2.〔明〕董其昌：《画禅室随笔》《论法书》。

第六章

竞慕斯文

书布置灵活，转换得法，书风跌宕奇伟；其行书早年峻紧，晚年萧散，有"出苏入米"的风致。张弼的草书在当时就已经名动四夷，尤其受到日本书家的推崇，至今东京国立博物馆将其所书七言绝句轴定为重要文化财产。其子张弘宜、张弘至，其孙张其湜、张孚一，也都擅长书法。尤其是季子张弘至，草书得三昧法，有父风，时人比之谓芝旭、羲献。张骏行、草、篆、隶诸体皆入妙入神，称一代狂草名手，与张弼时号"二张"。陆深家族是上海望族，素以斯文传家。陆深的楷书学颜真卿，行书学李邕，书风雍容顿挫，蕴藉醇正，一派庙堂气象。在吴门书派盛行之际，其书学思想及实践别树一帜，构成了云间书派的先导。另外，以"二张"为首的大草书，在台阁体之外开辟了一个纯艺术发展的空间，为其后文人书法的登台作了充分铺垫。

明代后期，上海地区最重要的书家是莫如忠、莫是龙父子和董其昌、陈继儒。莫如忠，其书法宗"二王"，自谓得之圣教序，行草风骨朗朗，沉着逼古。其子莫是龙善行楷、草书，小楷精工婉媚，行草豪逸有态。董其昌之前，莫是龙以一袭布衣而隐然为云间书派首领，可见其书法造诣之深。其后，董其昌出现于上海书坛，云间书派艺术地位达于登峰造极。董其昌自17岁发愤习书起，先以唐人颜真卿《多宝塔帖》为楷模，后来又改学魏、晋，临摹钟繇、王羲之的法帖，到万历十七年（1589）考中进士时，书法成就已经很高，被选为庶吉士。其书法自成一家，笔致虚灵，结构秀逸，行气疏宕，开创了董派体式，影响极大，所谓

"名闻外国，尺素短札，流布人间，争购宝之"。[1] 更难能可贵的是，董其昌一生创作了大量以题跋、识语为主要形式的理论著述，风格上"以淡为宗"，创作上则提倡汲古创新的临摹观，更从用笔、结字、章法、用墨四个方面进行知行合一的实践，"以有意成风，以无意取态。天真烂漫，而结构森然。往往有书不尽笔，笔不尽意者。龙蛇云物，飞动腕指间，此书家最上乘也"，[2] 是中国书法史上少有的理论与实践俱臻上乘的巨匠。董其昌的挚友陈继儒书法理念与其完全一致，雅爱有书卷气的文人字画，二人一朝一野，互相呼应，与邓太素、邹虎臣、倪后瞻、王双白、祁子祥等董门中佼佼者一同将云间书派推向辉煌。

明代上海地区主要的画派有松江派、华亭派、苏松派、云间派和嘉定派。其共同特点是，渊源于苏州的吴派，都师承董源、巨然和"元四家"，崇尚摹古，崇南抑北。松江派的代表人物是董其昌和陈继儒，华亭派的代表人物是顾正谊和孙克弘。顾正谊师法于本地画家马琬，后出入"元四家"，据说董其昌学画时曾受到他的影响。其子顾庆恩，其侄顾懿德、顾胤光及婿李绍箕，都是华亭派的重要画家。孙克弘以花鸟著名，晚年学马远山水、米南宫云山，其弟子则有曹文炳、陈谷。苏松派的代表人物是赵左和宋懋晋，因为其画风也受到苏州沈周的影响，故称苏松派。赵左是董其昌重要的代笔人之一，其风格与功力都可匹于董

1.〔清〕张廷玉等：《明史》卷二八八《文苑四·董其昌》。

2.〔清〕孙岳颁等：《佩文斋书画谱》卷八十。

其昌。宋懋晋与赵左同师宋旭，以宋元为根基，笔墨秀润，善于布局经营。云间派的代表人物是沈士充，他是赵左的学生，亦尝为董其昌代笔。嘉定派的代表人物是王翘和李流芳。王翘，工草虫墨戏，数笔即能勾取全神，几于化工肖物。李流芳，山水出入宋元诸家，笔墨淋漓，逸气飞动。此外，同为嘉定派的唐时升善画墨梅，程嘉燧工山水，兼写生。嘉定派诸贤亦皆诗援笔成，文艺兼长，同样是文人画的身体力行者。由此可见，上海地区的画派和重要画家，画风求简易而取清远，与董其昌有着或承前或启后的关系，都是士人画和文人画的拥戴者，精神气质一脉相通。

董其昌像

明代上海地区对于中国绘画最大的贡献在于"南北宗论"的提出，"南北宗论"的首提者，曾有莫是龙、陈继儒、董其昌等不同说法，无论是哪一位，都来自上海，可见这是明代中后期以董其昌为中心的上海画家的共识。而其首见于文献，则是董其昌的《画禅室随笔》。"南北宗论"清晰地区分了山水画的两种艺术风格，董其昌旗帜鲜明地师法南派，其好友陈继儒则毫不留情地批评北派。禅宗对董其昌美学观念的形成起到了重要作用，他把自己的画室号为"画禅室"，书画理论集名为《画禅室随笔》，并按禅宗派系将山水画流派南北分宗，提出唐代以来绘画"南北分宗"的发展史观，这是深具启发性与创造性的。他以"妙在能合，神在能离"为追求境界，提升对笔墨抽象美感与图像动势的关注，其在文人画上"集大成"的主张及风格，使"有明一代，结穴于董华亭"的评价成为公论。

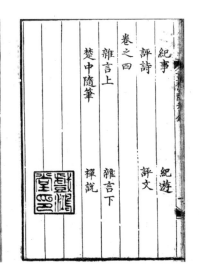

《画禅室随笔》书影

清代上海地区继续保持着书画艺术的繁荣。孙杰据俞剑华的《中国美术家人名辞典》和有关志书统计，清代上海地区画家有1 400多人，除去流寓的近300人不计，约占全国画家总数的1/5。书法家人数也超过以往任何时代，达700多人。[1] 其中沈荃、张照、何焯等更是一代大书法家。不过大部分书画家，特别是画家以因袭、模仿为主，除了张鹏翀、改琦、毛祥麟等之外，具有全国性影响的画家不多，反而是清后期以后大量书画家流寓于此，为日后海派艺术走上舞台中心奠定了重要的基础。

第二节　革故鼎新

古代上海士人往往有着强烈的历史忧患意识和现实关怀精神，徐光启在这方面的践行和努力尤其突出。

晚明之际，以利玛窦为代表的西方传教士在推行"和平传教"的同时，翻译介绍了大量的西方科学书籍，传入大量的科技知识，在中国的思想界、科技界影响颇大。"西学"的传入，拓展了当时中国人的理论视野和思维空间，而这一传播的中心便是在上海。尽管从西方科技发展的角度看，天主教传教士带到中国的科学知识并不是当时世界最先进的，但对于满脑袋四书五经的中国士大夫而言，这些知识确实是既新颖又实用。以徐光启为代表的上海士人们超越传统的"夷夏之防"，对西方传来的新文明做出了一次理性选择。

---

1. 参见孙杰：《古代上海艺术》，上海大学出版社2015年版，第二章。

在徐光启之前，明代上海地区已经涌现出众多在天文、历算等方面富有成就的学者，如松江褚颙曾随郑和下西洋，著有《天文指掌录》和《西洋览镜录》；[1]又如嘉定马轼精于占验，曾在钦天监工作；[2]上海人王圻在其大型类书《三才图会》的卷一至卷四的《天文图》中曾经介绍过利玛窦的《山海地舆图》，反映了中国天文学基本概况，对天文知识的传播和普及发挥了重要的作用。而徐光启则是明代上海科学家的最杰出代表，他是中国近代科学的先驱者，敢于突破传统观念，通过与西方耶稣会士传教士的接触，学习西方先进思想，努力寻求富国强兵之道，在科学和思想领域做出了杰出的贡献，因此被誉为"睁眼看世界的第一人""中西文化会通第一人"。

首先，在数学方面，徐光启引入以《几何原本》为代表的西方初等数学，对中国的数学思想以及中国科学的发展产生了很大的影响，并改变了中国固有的知识结构和逻辑思维方式。

徐光启曾说，在中国，"算数之学"在近数百年间日益荒废。他认为，主要原因一是宋明以来，那些"名理儒士"空谈心性之学，不务实用；二是因为那些"妖妄之术"谬言数学"有神理"，能"知来藏往，靡所不效"，将其神秘化，导致追求神秘的无一起效，致于实用的无一能存，最终往昔圣人研究数学，发扬光大的"制世利用"之法，在后世士大夫中间无法传播。[3]同时，徐

---

1. 崇祯《松江府志》卷三八《人物三》。
2. 万历《嘉定县志》卷一三《人物考下》。
3. 〔明〕徐光启：《刻同文算指序》。

光启认为中国数学不如西方数学，是因为只运用经验数据的运算方法，而没有对数学原理的逻辑论证。《九章算术》中的勾股篇与反映西方数学思想的《测量法义》的不同就在于：方法基本相同，但前者原理阐释却没有，所以研究者搞不清楚为什么。[1]

由此徐光启强调要建立一种象数之学，或称度数之学，即近代意义上的数学学科体系。这不仅仅是一门独立学科，更是制约和统率着其他自然科学的"科学之科学"。他认为象数之学，大者可以成为"历法、律吕"之学；而且其他"有形有质之物，有度有数之事"，都依赖这一学问，将这一学问应用起来，就可以"尽巧极妙"。[2] 在《条议历法修正岁差疏》中，他还用"度数旁通十事"来概括"度数之学"在其他学科中的应用，以此具体说明"度数之学"的基础地位。可见，他认为数学是一切实用科学的基础，只有建构以数学为基础的庞大的自然科学体系，科学才能在自己的领域得到应有的发展。与徐光启同时代的牛顿和笛卡尔也有相同的论述。笛卡尔说："所有那些目的在于研究顺序和度量的科学，都和数学有关。"他还说，数学"是一个知识工具，比任何其他由于人的作用而得来的知识工具更为有力，因而它是所有其他知识工具的源泉"。[3] 可见徐光启这种思想已经具有近代科学启蒙的意义。

---

1. 〔明〕徐光启：《测量异同绪言》。

2. 〔明〕徐光启：《泰西水法序》。

3. 〔美〕M. 克莱因：《古今数学思想》第 2 册，北京大学数学系数学史翻译组译，上海科学技术出版社 1979 年版，第 6 页。

为了传播数学知识，徐光启用力最深的就是《几何原本》的翻译。《几何原本》为古希腊数学家欧几里得所著，全书共 13 卷，另有两卷分别为公元前 2 世纪伊普西克利斯（Hypsicles）和 6 世纪大马萨斯（Damascius）所写，这是一本流行欧洲两千年的欧氏几何的系统著作。《几何原本》集平面几何、比例论、数论、无理量论、立体几何于大成，是用公理建立起演绎体系的最早典范。几千年以来，它被译成多国文字，成为各国学习的科学的"经典"。[1]《几何原本》最初是手抄本，以后译成了多种文字。19 世纪初，法国数学家勒让德（Adrien-Marie Legendre）把欧几里得的原作用现代语言写成了几何课本，成为现今通用的几何学教本。有史料表明，早在 13 世纪《几何原本》就曾传入我国，据元代王士点、商企翁的《秘书监志》卷七"回回书籍"记载，至元十年（1273）司天台"见合用经"中有一部名为《兀忽列的四辟算法段数十五部》的书，有人认为"兀忽列的"即"欧几里得"的另一音译。这个阿拉伯译本比徐光启的《几何原本》早了 300 年，只不过当时没造成什么影响，后来失传了。[2]

徐光启于万历二十八年（1600）在南京结识意大利耶稣会传教士利玛窦，后来两人在北京时又经常一起学习讨论科学技术。徐光启在利玛窦的指导下学习了《几何原本》，并对其中的数学

---

1. ［古希腊］欧几里得：《几何原本》，兰纪正、朱恩宽译，陕西科学技术出版社 2003 年版，第 635—671 页。
2. 张祖林：《论〈几何原本〉在中国的传播及意义》，《华中师范大学学报》（自然科学版）2000 年第 2 期。

思想和方法大为赞赏，他说：这本书用处甚广，在此时尤为急需。目前也许学习的很少，但百年之后必人人习之，不过那个时候再学习，已经有点晚了。[1] 徐光启并不只是把《几何原本》当作一般的数学知识，而是视为贯通一切学问的方法。他认为这本书的好处，是令学理者能够消除浮躁，训练精心；学事者能够了解定法，阐发巧思，所以人人都应该学习它。[2] 他认为《几何原本》向中国学者展示了一种全新的思维工具，有了这种逻辑法则，就"能以其明明他物之至晦""以其简简他物之至繁""以其易易他物之至难"。[3] 他还认为《几何原本》具有经世济用的功能，"能精此书者，无一事不可精，好学此书者，无一事不可学"，[4] 所以他认定必须翻译《几何原本》，"此书未译，则他书俱不可得论"。[5]

　　大约在万历三十三年（1605）冬或次年初，利玛窦和徐光启开始了《几何原本》的翻译，其底本是利玛窦的老师德国数学家克拉维斯（Christopher Clavius）的 15 卷拉丁文注释本。徐光启并不懂外语，但利玛窦已经可以讲一口流利的汉语，所以由利玛窦把《几何原本》用他所知道的汉语口述出来，再由徐光启笔录，然后再反复辗转，用中文多次订正，"凡三易稿"。在翻译中，他们为了选用合适的汉语表述，需要反复斟酌每个词语，颇耗费心力。完成后徐光启又反复修改润色，唯恐与原意相违悖。

1.〔明〕徐光启：《几何原本杂议》。
2.〔明〕徐光启：《几何原本杂议》。
3.〔明〕徐光启：《几何原本杂议》。
4.〔明〕徐光启：《几何原本杂议》。
5.〔明〕徐光启：《刻几何原本序》。

面对种种困难，徐光启表示，先贤曾有言，"一物不知，儒者之耻"，现在这个学问在中国已经失传，只能让求学的人暗中摸索。我能遇到此书，又有利玛窦先生倾囊相授，怎么可能因为困难而产生畏难情绪呢？遇到困难，如果躲避，那么困难自然长大；但

利玛窦与徐光启

第六章

竞慕斯文

而論矣私心自謂不意古學廢絶二千年後頓覆補綴
唐虞三代之闕典遺義蓋其禪盖當世定復不小因偕二
三同志刻而傳之先生曰是書也以當百家之用廢幾
有義和敲墨其人乎猶其小者有大用于此將以習人
之靈才令細而確也余以為小用大用實在其人如鄧
林伐材棟梁榱桷恣所取之耳顧惟先生之學略有三
種大者修身事天小者格物窮理物理之一端別為象
數一一皆精實典要洞無可疑其分解擘析亦能使人

欽定四庫全書

無疑而余乃亟傳其小者超先其易信使人繹其文
想見其意理而知先生之學可信不疑大畧如是則是
書之為用更大矣他所說幾何諸家藉此為用略具其
自欽中不備論吳淞徐光啟書

欽定四庫全書

幾何原本卷一之首

西洋利瑪竇譯

界說三十六則

凡造論先當分別解說論中所用名目故曰界說

凡歷法地理樂律算章技藝工巧諸事有度有數者
皆依賴十府中幾何府屬凡論幾何先從一點始

第一界

點者無分

無長短廣狹厚薄　如下圖

音

欽定四庫全書

第二界

線有長無廣

試如一平面光照之有光無光之間不容一物是線

《几何原本》书影

如果迎难而上，困难自然消微，所以一定可以成功。[1] 万历三十五年（1607）春，初稿（仅前六卷）终于译出，后又进行了两次修改，当年在北京刻印。《几何原本》是中国科学史上第一部系统的科学译著，也是晚明文化的一朵奇葩。梁启超在《中国近三百年学术史》中评价《几何原本》"字字精金美玉，是千古不朽之作"。[2] 在《几何原本》的翻译中，徐光启创造了一套数学术语，这些术语与其在西方数学中本来表达的意义极其相近，其中至今不变的数学专有名词有 20 多个。《几何原本》更使中国学者了解到与传统不同的另一数学体系。徐光启曾引古人"鸳鸯绣出从君看，不把金针度与人"句，他认为应该是"金针度去从君用，未把鸳鸯绣与人"。这个金针就是《几何原本》所传授的逻辑演绎方法，有了这个"金针"，就可以"教人开矿冶铁，抽线造针"，又"教人植桑饲蚕，织丝染缕"，至于"绣出鸳鸯"，那只是"等闲细事"。[3] 万历三十六年前后，为了实践自己的数学思想，实现自己的数学理想，徐光启又先后完成了《测量法义》《测量异同》和《勾股义》三部著作。

在农学方面，徐光启的《农政全书》是一部总结传统农业政策和传统农业科学的大型农学巨著，全书分为 12 目，共 60 卷，50 余万字。陈子龙曾评价该书"杂采众家，兼出独见，有

1. ［意］利玛窦：《译几何原本引》，徐宗泽编著：《明清间耶稣会士译著提要》，中华书局 1989 年版，第 262 页。
2. 梁启超：《清代学术概论》，《梁启超论清学史二种》，复旦大学出版社 1985 年版，第 99 页。
3. 〔明〕徐光启：《刻几何原本序》。

得即书，非有条贯"。[1] 该书不仅集中了中国古代农书的精华，而且还使我国古代许多散失的文献得以保存。据有关学者统计，《农政全书》征引古代农业文献共计225种，这还未包括那些没有注明出处的征引。[2] 正如有的论者所指出的那样，"《农政全书》几乎融合了所有农学传统的特点……代表了中国传统农学的最高水平，甚至可以说它是中国传统农学的集大成者"[3]，不仅对中国，还对日本近世农书、农业技术的提高和普及产生了巨大的影响。[4]

现代著名科学家竺可桢曾讨论过中国古代科学不发达的原因，他认为"一由于学者只知书本寻求知识，或则记诵古典加以注释考证，或则高谈心性，而不知付诸实验，以校正舛谬"。[5] 但是徐光启却十分重视农业生产实践，经常参加农业生产劳动，把劳动实践、调查研究和著书立说紧密结合在了一起。《农政全书》的问世，就是徐光启"尝躬执耒耜之器，亲尝草木之味，随时采集，兼之访问"[6] 的结果。

徐光启曾自述："少小游学，经行万里，随事咨询，颇有本末。"[7] 其子徐骥也曾说他："遇一人辄问，至一地辄问，问则随闻

1. 〔明〕陈子龙：《凡例》，徐光启著，石汉生校注：《农政全书校注》。
2. 康成懿：《农政全书引征文献探源》，农业出版社1960年版，第16、34页。
3. 曾雄生：《中国农学史》，福建人民出版社2008年版，第683页。
4. 韩兴勇：《农政全书在近世日本的影响和传播》，《农业考古》2003年第1期。
5. 华南农学院农业历史遗产研究室编：《徐光启生平及其学术资料选编》，华南农学院农业历史遗产研究室1983年版，第24页。
6. 〔明〕陈子龙：《凡例》，徐光启：《农政全书》。
7. 〔明〕徐光启：《农政全书》卷三八《种植》。

随笔。"[1] 友人茅元仪对他"布衣徒步"与人访谈也留有深刻印象。[2]所以，徐光启对《农书》作者王祯所说"修水利而不必别求他访"的观点极为不满。在他看来，学问"日穷不尽"，遇事必须"虚访勤求"。[3] 也正是由于踏实勤勉的作风和虚心好问的态度，徐光启获得了不少有关农业生产的鲜活经验。他进一步认为，既然"事理无穷"，所以仅靠一个人的闻见，肯定会有很多缺漏遗佚，所以应当探究无止境，不应"坐井自拘"。[4] 对于这些经验和知识，他并没有简单盲从，而是孜孜不倦地通过相关试验来反复加以验证（徐光启在上海、天津等地都建有自己的试验园地），以此来深化对研究对象及相关农业生产活动的认识。对于农业生产方面的相关争论，徐光启认为平息争议的最有效方法同样是进行试验。如当他积极向北推广番薯而遭到"嗤笑"并被斥为"固陋"之时，他始终"持论颇坚"而不轻信苟同。他建议那些嘲笑别人的人，与其闲着没事，说空话，抬杠，不如"试为之"，动手试试看。[5] 这些都充分展现了徐光启凡事都要"逐一试之"的务本求实的思维特色。

最能反映徐光启科学研究方法的是《农政全书》中关于蝗灾的研究。针对中国古代农业生产一大危害的蝗灾，徐光启遍查历史文献，运用历史统计与分析方法，并结合深入实地的调查研

1.〔明〕徐骥：《文定公行实》卷六九。
2.〔明〕茅元仪：《石民四十集》《与徐玄扈赞善书一》。
3.〔明〕徐光启：《农政全书》卷三五《蚕桑广类》。
4.〔明〕徐光启：《农政全书》卷三八《种植》。
5.〔明〕徐光启：《农政全书》卷二《农本》。

究，由此揭示出中国古代蝗灾发生的时间、地点、特点与规律。他对历史上从春秋到明代万历之前 2000 年间的 110 次蝗灾记载进行整理分析，发现蝗灾"最盛于夏秋之间，与百谷长养成熟之时，正相值也，故为害最广"，从而明确了蝗灾最盛于夏秋之间的特点与规律。他又根据文献记载和耳闻目睹的资料，将元代百年间遭受过蝗灾的 400 个路、郡、州、县作为分析对象进行统计分析，从而得出蝗虫发源并生长于沼泽地区的论断。他又在认识和掌握蝗虫发生规律的基础上，提出了从消灭虫卵入手的根治蝗灾的方法。[1] 总之，在徐光启看来，只要把握了蝗虫发生的规律，就能"先事修备，既事修救"，即预防为主，防治并举；既把握了规律，又发挥了人的主观能动性。[2] 从徐光启对蝗灾的研究中可以看到，他强调运用统计方法以求得研究结果的精确化的致思取向，的确和近代自然科学强调的实证方法有相近之处，而不只是简单的试验或实践一下而已。

正是通过这种"广咨博讯"和"细心精研"，徐光启才能做到在"杂采众家"的基础上"兼出独见"。[3] 据有关学者统计，在总共 60 余万字的《农政全书》中，大约有 6.14 万字是通过冠以"玄扈先生曰"这样的"批注""按语"方式来表达作者自己的"独见"。[4] 尽管字数都不甚长，但足以体现徐光启关于农业生产及

1. 〔明〕徐光启：《农政全书》卷四四《荒政》。
2. 〔明〕徐光启：《农政全书》卷四四《荒政》。
3. 〔明〕陈子龙：《凡例》，徐光启：《农政全书》。
4. 康成懿：《农政全书引征文献探源》，农业出版社 1960 年版，第 34 页。

相关问题的创新见解。能够对如此众多且涉及面广的植物都提出自己的独到见解与经验，是"非常令人惊异的"。[1]

有鉴于生产工具在提高生产效率上的突出功效，徐光启或指导或亲自动手制造农用器具和天文仪器。明万历四十年（1612）春，徐光启在与传教士熊三拔合作翻译《泰西水法》的过程中，结合中国古代原有的水利工具，有选择地将其中适用的部分译出，且边翻译边创制器具进行试验，并将制造器具的过程及实验的方法与结果都详尽地记录下来。

徐光启的另一个重要贡献体现在天文历法方面。在中国的传统社会里，历法问题不仅关乎"授民以时"，而且也是皇朝王权得以确立的必要条件和象征。元代起实行授时历，明代立国后，将其更名为大统历，沿用至明末，由于300多年的误差积累，致使它的预报与实际天象不符的情况经常发生。崇祯二年五月初一日（1629年6月21日）发生日食，时任礼部侍郎徐光启依据西洋历法预测结果与实际发生的情况一一相符，而明钦天监依大统历及回回历法预测误差甚大，因而朝野开始认识到采用西洋历法的必要性。崇祯帝批准了徐光启的建议，命他设局修历，负责全面工作。

为了修历成功，徐光启制定了具体的步骤和目标。首先，翻译介绍欧洲有关天文学理论、测量方法等方面的书籍。其次，安

---

1. 游修龄：《从大型农书体系的比较试论〈农政全书〉的特色和成就》，《中国农史》1983年第3期。

排节次六目、基本五目的编纂计划。节次六目是日躔历、恒星历、日离历、日月交会历、五纬星历、五星交会历，这是该历书最主要的部分；基本五目是法原、法数、法算、法器和会通。再次，他对历局的组成人员严格挑选。为使中西历法更好地结合，他亲自荐举德国人邓玉函、汤若望和意大利人龙华民、罗雅谷等参与修历事务。修历工作从崇祯二年到七年（1629—1634），用时整整 5 年完成。而徐光启自己却在修历工作接近完成之际于北京与世长辞。在修历过程中，徐光启、李天经等人曾与保守派人士冷守忠、魏文魁等反复争论，双方同意用实际观测精度（即对天体位置的推算值与实际观测值之间的吻合程度）来检验各自天文学说的优劣。《明史·历志》中保留了当时双方八次较量的记录，结果中国传统天文学方法"全军覆没"。到第七次时，崇祯帝"已深知西法之密"，最后一次较量的结果使他下了决心，下令颁行天下。可惜此时明朝的末日来临，诏令也无法实施了。[1]

《崇祯历书》是一部系统介绍西方天文学的大型丛书，共有45 种，137 卷，全书采用了丹麦天文学家第谷的宇宙体系。这是介于哥白尼的日心体系和托勒密的地心体系之间的一种调和性体系。但是，第谷体系比起中国的浑天说等宇宙模型，仍是一个进步，比最初利马窦介绍的托勒密体系在计算上也要精确；第谷体系利用本轮、均轮等一套小轮系统地解释日、月、五星视运动的种种现象，这就使得《崇祯历书》必然要用几何学的计算系统，

---

1. 参见江晓原：《天学外史》，上海人民出版社 1999 年版。

于是也就与采用内插法和经验公式的代数学计算系统的中国传统历法区别开来。此书还介绍了不少欧洲天文学成果和概念，如明确的地圆思想和地理经纬度的概念；引入了与中国古代天文学度量衡完全不同的制度，如分圆周为360°，分一日为96刻、24小时，度和时以下采用60进位制；采用了较好的天文数据和计算方法，这就使得中国天文学被纳入世界天文学共同发展的轨道之中。

徐光启特别强调天文历法工作必须要与天体运行的实际情况相符合，所以要"用表、用仪、用暑"，"昼测日，夜测星"。之所以要依赖仪器，"用表、用仪"，是因为这些仪器依据的就是天体运行情况，一切"私智谬巧，无容其间"。[1] 只有这样，才能避免主观误差而获得准确的数据。他是历史上第一次在中国使用刚刚新发明的望远镜的人，从伽利略在西方使用望远镜研究天象到徐光启在中国使用，其间不过30年左右的时间，这表明了徐光启本人对科学观察与实验手段的重视。他在两年间曾督率历局人员共进行了5次月食和1次日食的预报和观测。观测结果表明，用西法要比用大统历和回回历所推数值精确许多。在此基础上，他强调科学理论必须以经验的事实为其唯一有效的验证。他说："谚云千闻不如一见，未经目击而以口舌争、以书数传，虽唇焦笔秃，无益也。"[2] 而且仅仅有仪器观察获得的数据还不够，还必

---

1. 〔明〕徐光启：《测候日食奉旨回奏疏》。
2. 〔明〕徐光启：《日食分数非多略陈义据以待候验疏》。

须对其理论进行概括和总结，所以他曾在修历中反复说明科学本身具有内在的逻辑性和系统性。每遇到出现误差，必然要寻求出现误差的原因；每次使用一种方法，必然要讨论这种方法为什么不会出现误差的原因。上推远古，下验将来，必然要确保没有一丝一毫的误差；一切天体运行，"日月交食，五星凌犯"，必须要"事事密合"；又必须穷原极本，搞清楚原理，然后再用明白简易之说解释，使旁人一览了然。这样可以确保百世之后，人人都可以从事这项工作，即使遇到少有误差，也可以随时随事，依法修改。[1]

徐光启在修历工作中还提出了一个重要的观念："天行有恒数而无齐数"。即自然界及其运动规律是以恒数形态而存在的，所以绝不能强行纳入某种齐数的形式。《元史》不把历法的误差归咎于人们认识的误差，而归咎于天行本身失常，甚至列举了所谓"日度失行者十事"。他批评这种"己则不合而归咎于天"（即不符合自己提出的理论，就将原因归咎于上天）的反科学态度是"谬之甚也"。因此徐光启明确提出了以下的准则："一切立法定数"，"务求与天相合，又求与众共见"。[2]即要满足科学认识的要求，就必须以是否符合客观规律及其普遍有效性为验证的标准，而不能只凭主观的假定。这一论点也和西方17世纪初近代科学奠基人伽利略所要求的，科学不应该"一味编造想当然的事实，

---

1. 〔明〕徐光启：《条议历法修正岁差疏》。
2. 〔明〕徐光启：《因病再申请以完大典疏》。

使之为自己的目的服务，却不想使自己的想象去适应实际存在的事物"[1]的观念基本相同。李约瑟论及当时中西文化接触中双方的世界观时就曾提到："当16世纪末利玛窦到中国同中国学者讨论天文学时，中国天文学家的思想，今天从各方面看来，都比利玛窦自己的托勒密—亚里士多德式的世界观更为近代一些。"[2]

对于历局的天文研究工作，徐光启要求做到"一义一法"，必然要明白其所以然，"从源溯流，因枝达干"，不仅仅是编制历法，更要由此探究万物之根本。[3]科学要从精确地记录具体的现象出发，最后归结到自然世界的普遍原理。他还计划在历书编成以后继续进行"求其故"的研究，以求得天体运动的根本原理。为此他特别酝酿出一套"革"与"故"的理论，"革者，东西南北，岁月日时，靡所弗革；言法不言革，似法非法也。故者，二仪七政，参差往复，各有所以然之故；言理不言故，似理非理也"。[4]徐光启这段话中，"东南西北"指空间，"岁月日时"指时间，"靡所弗革"意思就是无时无刻不在发生变化；"二仪七政"指的是天地和日月五星，"革"的意思其实就是变化，"故"就是"变化"的原因，也就是对于事物既要看到变化，同样必须探究其中的原因，否则就是"似法非法""似理非理"，这对中国近代科学的认识论与思想方法论方面影响深远。

---

1. 〔意〕伽利略：《两大世界体系的对话录》，转引自何兆武《明清之际中国人的科学观：以徐光启为例》，《北京行政学院学报》2004年第4期。
2. 〔英〕李约瑟：《中国科学技术史》第4卷，科学出版社1992年版，第4页。
3. 〔明〕徐光启：《历书总目表》。
4. 〔明〕徐光启：《简平仪说序》。

徐光启深刻地意识到，科学并非仅仅个别科学家个人活动的结果，更为重要的是，它乃是千万人共同努力所积累的事业。他指出历代天文学进步的情形总归是"从粗入精，先迷后得"，所以他批判崇古主义者"谓古法良是，后来失传误改者，皆谬论也"。[1] 他非常推崇元代科学家郭守敬，但同时也指出科学永远是不断发展的，郭守敬之法要比前人胜出很多，但是要说一点都没有误差，也是不可能的。[2] 这些观点表明了他的社会历史进步观，即今胜于古、后胜于前。他明确指出科学研究是不断前进的，既然能够进到其一，就可以进到其十；由下品就可以进入中品，由中品就可以进入上品。[3] 但另一方面，要前进就要站在前人的基础之上，善汲取古今中外的一切成果，必须有千百年的积累，然后由后来的学者"会通立法"。[4]

徐光启曾经比较中西科学发展的现状和历史，发现人才是西方科学技术发展的主要原因，固定的科学研究机构设置，完备的知识传授制度建立，造就了西方科技的发展。[5] 因此他认为，培养大批科学人才已成为当务之急，要"博求道艺之士"，虚心培养，才能让西方科学"三千年精修渐进之业"，中国在"岁月间拱受其成"。[6] 所以徐光启对西学不是盲目崇拜，对中国传统科学也并

1. 〔明〕徐光启：《测候日食奉旨回奏疏》。
2. 〔明〕徐光启：《日食分数非多略陈义据以待候验疏》。
3. 〔明〕徐光启：《农政全书》卷三五《蚕桑广类》。
4. 〔明〕徐光启：《日食分数非多略陈义据以待候验疏》。
5. 〔明〕徐光启：《简平仪说序》。
6. 〔明〕徐光启：《简平仪说序》。

不妄自菲薄，而是主张二者取长补短。他曾提出学习"西学"的方针是"欲求超胜，必先会通"。即第一阶段先翻译西方的水利、农业、天文、数学等方面书籍；第二阶段则是在了解和掌握西学的基础上，超过西方的学术水平，从"会通"走向"超胜"。"会通"是手段，"超胜"是目的，即他的科技观是在"会通"论的基础上实现"超胜"论。徐光启等人以开明的心态反对传统封闭保守的心理，他们把学习、博采西方先进文化看作科技振兴的必由之路，这是难能可贵的。

徐光启非常重视人才的培养，无私地把知识传授给他人，因此，一个以他为中心的学术共同体就逐渐形成并拥有了一定的规模，甚至有学者称之为"松江学派"。[1]以陈子龙为代表的晚明松江地区学者经世致用的学术取向便深受徐光启的影响，而在科学领域方面则以孙元化等人为最重要的代表。

以徐光启为代表的晚明西学东渐潮流对中国科学启蒙的意义非常重大，西方科学的大量输入使得学界取向发生明显转变。学者日益对经世致用之学充满兴趣，科学的思维方法逐渐得以确立，清代的考据方法就是受此影响，"吾国古时未尝不有学问，但仅为一般之经验，非科学式的，即无系统无组织之知识，知其然而不知其所以然。自明末耶稣会士来，而我中国学问乃得其新精神，而成为科学式矣"。[2]李约瑟在评价耶稣会士在华科学活动

1.　黄海涛:《明代松江学派的开放式经济伦理》,《云南师范大学学报（哲学社会科学版）》2007年第2期。

2.　徐宗泽编著:《明清间耶稣会士译著提要》,上海书店出版社2006年版,第220页。

第六章
295
竞慕斯文

时，认为在文化交流史上，没有一件足以与 17 世纪西方传教士来华相比，因为从那以后，世界性的科学与中国科学已不复存在根本性的区别了。这一交流是人类不同的两大文明之间联系的最高典范，永垂不朽。[1] 在这一过程中，徐光启起到了最为关键的作用。竺可桢曾把徐光启与培根相比肩，而且某些方面高于培根，誉之为"中国近代科学的先驱"。孙尚扬也评价说："他在中国科学技术史中的地位和影响类似于培根在西方思想史、科学史中的地位和影响。"[2]

以徐光启为代表的优秀上海士人，相信民族文化的传统力量，立足于传统的巅峰，虚怀若谷，放眼世界，就像鲁迅先生所说的"拿来主义"，吸收一切人类文化的优秀成果。他们以博大开放的文化心态，融汇古今，横贯中西，对中国传统科技进行了全面的总结和理性的反思，取西方科技之长，舍传统科技之短，在科技哲学、农学、数学、天文等方面取得划时代的成就，并指明了中国传统科技朝着近代方向发展的道路。在这种意义上，徐光启可以说是我国历史上一位杰出的科学家、思想家、政治家，是中国历史上向西方寻找真理的先驱者，科学界开眼看世界之第一人。

正是徐光启等优秀士人构建出的这种兼容并包、海纳百川的文化特点，使得上海在近代迅速成为全国对外开放的最大通商口

---

1. ［英］李约瑟：《中国科学技术史》第四卷，第 640 页。
2. 孙尚扬：《基督教与明末儒学》，东方出版社 1994 年版，第 184 页。

岸，并成为各种文化和文明的交汇、交流与交融之地。而伴随着近代上海的崛起而兴盛的海派文化，对江南都市文化起了一种辐射和引领作用。海派文化，从江南文化的土壤中汲取了丰富的营养，完成了从承继江南文化，到熔铸江南文化，再到引领都市文化的历程，从而推动了上海文化在整个江南文化格局中中心地位的确立。正是在各种文化的相激相荡、相生相克中，江南至今仍是中国最充满魅力和活力的地区之一。

第三节　崇华黜素

明清以来，上海工商业的发展不仅造就了一批富商巨贾和数量日增的中产家庭，而且也为贫困之家凭借自己的勤劳、精明维持温饱，乃至步入小康提供了较多的机会。去朴慕异、去俭崇奢的思想逐渐发展，社会内部也滋生出一种勇于与传统决裂的历史动向。明代上海学者陆楫第一次全面地论及"奢靡"问题，并提出了与传统观念完全不同的看法。

历朝以来，对江南地区的风俗虽然有"君子尚礼""风俗澄清""道教隆洽"之类的评价，但这里浸染于宗法礼制的时日毕竟不如中原久远，所以"信鬼神，好淫祀，父子或异居"[1]的风俗一直存在。唐宋以来，随着江南经济的发展，社会生活中的奢华之风也日益兴盛，宋人对此多有记述。比如朱长文称吴人"夸豪好

---

1. 〔唐〕魏征等：《隋书》卷三一《地理志下》。

侈"，[1] 范成大亦说这里"俗多奢少俭"。[2]

明太祖为了重建礼乐制度、维护统治秩序，在位期间，就士农工商各阶层日常和社会生活的各方面均颁布了明确规定，而且相当繁琐、苛刻，蔓延到了日常生活中的每个细节，这些规定在《明史》的《礼志》《乐志》《舆服志》等文献中均有呈现。诸如衣冠服饰、房舍家具、车马乘骑、日用杂品等，物无巨细，其种类、形制、质料、样式、色彩等，皆有严格的等级差别，甚至小至门钉的数目、腰带的装饰，都有一定的规格，贵贱不能混淆。而且朱元璋"以吴俗奢僭，欲重绳以法"，[3] 对江南的控制尤其严格。严刑峻法加之历经长期战乱，经济社会尚待复苏，因此在当时人们的描绘中，社会生活风气是所谓四民"人遵画一之法"，一片各安其分的图景。明前期的正德《松江府志》对于本地的风俗就是这样描述的。[4]

但人是复杂的动物，要严格约束人的欲望不仅不近情理，也不能持久。成化、弘治以后，随着农业的复苏、工商业的日渐繁荣以及政治生态的缓和，人们不再满足于清贫的物质生活，而是期待着在日常生活中充分体验、享受物质欲望和感官刺激所带来的快乐。而这一时期工商业的发展，则又为这一目标的实现提供了客观的可能性。在这种内在生活观念蜕变和外在物质供给日渐

1. 〔宋〕朱长文：《吴郡图经续记》卷上《风俗》。
2. 〔宋〕范成大：《吴郡志》卷二《风俗》。
3. 〔清〕张廷玉等：《明史》卷一四二《姚善传》。
4. 正德《松江府志》卷四《风俗》。

充裕、精致的综合条件下，晚明人的日常生活发生了重大的变化，最终催生了一种以"奢靡"为标志的日常生活形态。在正统知识分子眼中，晚明世风人情已经"僭滥之极"。[1] 所谓"僭"，是指"奢靡"风习所引发的社会规范、伦理秩序危机。"滥"则是挥霍无度之意。华亭人范濂就说松江府"素称奢淫"而且"黠傲之俗"，已经没有了"还淳挽朴"的机会，并感叹"伦教荡然，纲常已矣"。[2] 崇祯《松江府志》风俗条开篇即说松江府自正德以来日新月异，"自俭入奢"，呈现出了即盛入衰的征兆，还深切表达了地方人士对社会风尚的担忧，"俗日多靡，民日凋敝"，已无复昔日风尚。所以专门列出风俗诸多变化的细节，盼望着"躬行节俭"，要"自士大夫始"。[3]

晚明上海地区的奢靡之风表现在日常生活中，尤其体现在衣食住行、人生礼仪等各个方面。[4] 如衣服，典型的特征就是用料日趋名贵，制作工艺也崇尚精致华美。在这一奢服华饰之潮中，有几个倾向尤值得关注。

首先是尊卑无别、贵贱混淆；突破等级限制，以下僭上。比如说瓦楞帽，是明代流行的帽子，因其帽顶折叠，形似瓦楞而得

---

1. 〔清〕龚炜：《巢林笔谈》卷四《优伶乘轩》。
2. 〔明〕范濂：《云间据目抄》卷二《纪风俗》。
3. 崇祯《松江府志》卷七《风俗》。
4. 本部分内容参考陈江《明代中后期的江南社会与社会生活》（上海社会科学院出版社2006年版），巫仁恕《品味奢华：晚明的消费社会与士大夫》（中华书局2008年版）、《奢侈的女人：明清时期江南妇女的消费文化》（商务印书馆2016年版）等相关成果，并以此为基础综合阐述而成。

名，又称方笠。士人戴的瓦楞帽制作比较精良，多用马尾，所以称之为"瓦楞鬃帽"。范濂曾说：在嘉靖初年，只有生员才能戴；而到了嘉靖二十年（1541）以后，有钱人也戴；而万历以来，不论贫富，都戴鬃帽。另外，布袍本来是儒生的常服，近年来人们觉得太过寒酸，就算贫户也一定要用"绸绢色衣"，人称为"薄华丽"。有些恶少甚至从典当行中找以前富户当掉的旧绸缎衣服，再找人翻改新制，穿着和豪华公子列坐，称之为当世一奇。士宦一般会穿一种三镶官靴，就是官靴上镶了三处玉质或其他质地的装饰物，那些豪门富户的家奴们也穿着这种靴子，士人亦喜欢看奴仆们穿，范濂对此深恶痛绝，称"此俗之最恶"。[1] 叶梦珠也记载了晚明到清初的服饰变化情况：按照规定，"命妇之服"，绣花补子都要严格按照丈夫的级别，只不过外加霞帔、环佩而已。其他便服及士庶妇女的衣服，一般是纻、丝、纱、缎、绸、绢、绫、罗等，都一概使用，颜色亦相对随时任意，没有太大的区别。当时只有大红色是礼服，不轻易使用。但是没过多久，在缙绅之家就变成了常服，甚至要用锦缎，又甚至要装珠翠。到了明末，那些富户"担石之家"非绣衣大红不穿，婢女出行非大红里衣不穿。到了清初，田家村妇也穿青衫裙布了。夏天的细葛、纱罗，原是士大夫家的常服，婢女们一般不轻易穿。但到崇祯时，妇婢出行也会穿，已是"良家日常"也。自明末之后，那些市井妇人居家都要穿罗绮，即使娼优贱婢都以为是平常服饰，大家也

---

1. 〔明〕范濂：《云间据目抄》卷二《纪风俗》。

见怪不怪。至明末清初，那些便服裘帽，只管样子是否，奴隶仆从也穿着和官员一样，"贵贱混淆，上下无别"。[1] 在地方志中，类似记载也颇常见，最初士大夫的随从都穿着青布衣，而晚明以后，那些书童仆人都穿着玄色罗绮衣服，甚至有天青、暗绿等颜色，中裙里衣有的还用红紫色。[2]《红楼梦》第七十一回曾说：婢女司棋"穿红裙子，梳鬅头"，正是叶梦珠所言明末婢女的典型穿着。考古发掘的成果也证实了这一点。2000 年出土的松江华阳桥镇明墓中发现墓主的衣物有麒麟图案的补子。[3] 根据明代制度，麒麟为公、侯、驸马、伯所用，[4] 这显属僭越，而这样的例子在考古发掘中非常常见。此种风尚显然给传统的伦理规范和等级秩序带来很大冲击，而非仅属个人喜好。故范濂感叹道：如果那些奴仆也争尚华丽，高贵就不能称之为高贵；女子穿着和娼妓一样，良家就不能称之为良家。如果"良贵不分"，怎么可以有"仁厚之俗"呢？[5] 说的正是等级秩序摧毁，良贵不分的问题。

其次服饰的式样也竞趋华美、追逐时髦。在传统纲常和等级服制的制约下，服饰颜色单调、样式呆板，装饰也有许多限制。而此时，人们开始注意到服饰的美学价值，不仅注重质料的精细昂贵，更开始追求色彩的鲜艳明丽、装饰的精巧华美和样式的丰

---

1. 〔清〕叶梦珠：《阅世编》卷八《内服》。
2. 崇祯《松江府志》卷七《风俗》。
3. 上海博物馆考古研究部：《上海市松江区华阳明代墓群发掘简报》，《上海博物馆集刊》2002 年，第 650 页。
4.《明史》卷六七《舆服志三》。
5. 〔明〕范濂：《云间据目抄》卷二《纪风俗》。

富变化，讲究服饰的多样化和时尚化。妇女服饰在这方面表现得尤为突出。明代时候流行鬏髻，就是一种用丝网编成的高高的发罩。女子先用簪子绾起发髻，然后戴上鬏髻，用两根8厘米左右的簪子插在鬏髻檐部以固定。范濂曾记述，在隆庆初年，鬏髻还崇尚圆扁，头顶用宝花，称之为"挑心"，两边则用捧鬓。根据学者的研究，"挑心"就是所谓的顶簪，即在鬏髻顶上插一大簪，这就是挑心。比鬏髻更高一级的是"冠"，基本上属于官宦人家正室夫人的特权。范濂说"满冠倒插"，满冠戴在鬏髻后方底部，外形类似山峦或笔架，中间高耸，两边逐渐降低，背面有长簪脚，插在鬏髻中。耳朵则戴"宝嵌大环"。年轻女子则用头箍，上面修饰以团花方块图案。身穿裙袄，袄用大袖圆领，裙是销金拖地裙。头饰则梳出桃尖式顶髻，或作鹅胆心长圆形的髻式，渐渐呈长圆形，又把那些饰物一并去除，开始尚"雅装"。梳头如男人直罗，不分发路，蝶鬓作后垂式，倒垂于一边，又名"堕马髻"。旁边插金玉梅花一二对，前用金绞丝灯笼簪，两边配西番莲俏簪，插两三对。发股中用犀玉大簪，横贯插一二支。后面用点翠卷荷一朵，又边上加翠花一朵，大如手掌，装饰明珠数颗，称之为"鬓边花"，插两鬓边，又叫"飘枝花"。耳朵则用珠嵌金玉丁香。衣服穿三领窄袖，长三尺余，好像男人穿的褶子裙，只露裙二三寸，款式有梅条裙拖、膝裤拖（就是裙内胫足加有膝裤），初期崇尚刻丝，后又流行本色，流行画裙、插绣、推纱，后来又流行大红绿绣，比如说藕莲裙之类。如果穿披风便服，就不穿梅条裙。还有包头，不问老幼都会用。万历十年（1582）

前，夏天流行马鬃制的头箍，现在都换成纱制的包头。春秋时则用熟湖罗，最初流行阔式，后来又越来越窄。又有江南风尘女子，因为包头不能束发，所以加上细黑鬃制成的网巾，令大家闻风效仿，都觉得方便。[1] 叶梦珠也记述：崇祯之间，流行松鬃扁髻，所谓"松鬃"，就是不止两鬃，连额发都一并包括在内，梳成疏松的高髻样式，这样看起来"发际高卷，虚朗可数，临风栩栩"，感觉非常"雅丽"。他小时还见到冠髻高过二寸，大如拳，有的是用金银丝挽成。如果用乌纱帽，则在顶上装珠翠沿口，又另外装金花衔珠，好像新月样子，抱于髻前，称之为"插梳"。后来式样又变了，髻扁而小，高不过寸，大的也只如酒杯，虽然仍然用金银丝，但"插梳"式样已经不流行了。银丝髻内则用映红绫，光彩焕发，也和素色有别。崇祯末年，冠髻越来越大而且变扁，只是都用乌纱制成，随意配上各种珠翠，不用金银。内服最美的，则刻丝、织文，其中领、袖、襟、带，都以羊皮金镶嵌。如果刺绣，就直接用彩线，粗而滞重；至于文锦，不轻易用。后来又不再用织文、刻丝等，而专以绞纱堆花刺绣，绣样则仿露香园顾家式样，染彩丝，日益精巧。[2] 仅从上述记载，已可见妇女服饰的别出心裁、花样翻新。

这样的文字记载在近年的考古发现中也得到了证实。上海明墓共发现金银丝发罩9件，包括陆深家族墓银丝发罩1件，李惠

---

1. 〔明〕范濂：《云间据目抄》卷二《纪风俗》。
2. 〔清〕叶梦珠：《阅世编》卷八《内服》。

第六章

竞慕斯文

利中学明墓银丝发罩4件，宛平南路墓鎏金银丝发罩1件，顾东川夫人银丝发罩1件，东昌路陆氏墓金丝发罩1件等。其中宛平南路墓金银丝发罩上插8件金银玉发簪和1件金仙人乘鹤发饰。李惠利中学明墓中有一墓主人发罩上前面插有山峰形人物故事"挑心簪"，后缀有条状的发箍，发髻上插满了各种发簪，可谓插满全冠，其中前顶两侧各插有金虾形簪1对，金蚱蜢簪1对，在金虾、金蚱蜢簪的外侧则各插梅花簪2件，同前文《云间据目抄》所言"旁插金玉梅花一二对"正好吻合。此外后顶上还插有金莲花形簪1对，金花片首螺旋纹颈簪1对，金耳挖簪1对。墓主耳朵上各戴有金嵌白玉镂孔葫芦形耳坠，上部用一根金丝弯成S形，似葫芦蔓，下垂金片锤打镂刻出的双层覆莲瓣，覆莲瓣盖在玉葫芦上，玉葫芦由大小两颗圆形玉珠组成，玉珠通体透雕镂空钱纹，两葫芦间为金片制成的仰覆莲瓣，葫芦底部则由单层金片仰莲瓣托起，造型精巧，工艺精湛。双手上则戴有6只金戒指，最有特点的是翻面金戒，戒心可以来回翻动。宛平南路墓主人则是手戴10枚戒指，大拇指、小拇指各戴金戒指，其余手指则戴白玉戒指，足可见当时崇奢风气之一斑。[1]

从上述的服饰趋势可以看出，人们的服饰观念发生了不小的变化，一种与市民文化相适应的、不同以往的审美情趣已悄然出现，保守、拘谨的传统服饰开始朝较为活泼、开放、美观、合体的方向转变。人们可以有稍大一些的自由度，按照自己的生活方

1. 何继英主编：《上海明墓》，文物出版社2009年版，第233—234页。

金累丝嵌宝镶白玉葫芦耳环

式和审美趣味去选择、创制自己喜爱的服饰。个人爱好及对美的追求，在长期的压抑之后，能有一定的释放和部分的实现，不能不说是社会的进步。

服饰的另一个特点是标新立异。明代中后期，不少文人才士离经叛道、恃才傲物，此风江南尤盛，赵翼还据此发了一通"明中叶才士傲诞之习"的议论。[1] 江南文人跅弛不羁的习气在服饰中也有体现。华亭名士陈继儒尤好标新立异，常常自制新样，他创"用两飘带束顶"，时人纷纷仿效，称为"眉公巾"（陈继儒号眉公）。士人的衣服时常求奇求异，范濂记载，在他少年时代，男人衣服都用细练褶，年纪大的上长下短，年轻的上短下长，后来上下就差不多长，式样就是皂隶所穿的冬暖夏凉服饰，是当年元

1.〔清〕赵翼：《廿二史劄记》卷三四《明中叶才士傲诞之习》。

人胡制。后来又流行所谓阳明衣、十八学士衣、二十四节气衣，但也不多见。隆庆、万历以后，开始穿道袍，那些好古的人还穿阳明衣，但他们不是好古，只是为了标新立异。[1]

清代，上海地区服饰僭越之风仍旧未改。乾隆《奉贤县志》称：近来民间商人以及仆役，都穿缎衣、貂帽、镶袜、皂靴，仿佛贵族一般。康熙五十二年（1713）曾下旨确定服饰规制，但根本不遵守。[2]即便是乡村集镇，一旦糊口问题解决，服饰立即向"竞效观美"方向转变。上海县淞南地区明代时土地贫瘠，收成比其他地方要少，所以衣服朴素，妇女昼夜操作纺织，衣服破旧，只能糊口。到了清代，自从吴淞江疏浚后，这里生活逐渐富裕，"习尚渐多"，中等收入者，衣服食物器用都追求美观，贫户妇女亦开始制缎服。[3]

士人衣着怪诞，求奇慕异，并不仅是个人的喜好，可看作一种以极端的方式反叛传统礼教、张扬个性的表现。而由于士人在普通人群中具有影响力，因而成为风气转移之标杆，也带动了普通人审美倾向的转移。另外，由于城市化的发展，城镇居民的数量不断增加，处于社会下层的人群也进入城镇消费经济之中，消费的主体有所扩大，而社会各阶层向更高一些的消费水准攀比，从经济社会学角度来看也是必然，由此也带动了相关商业的发展。范濂曾记载与普通人息息相关的鞋、袜的发展变化。鞋

1. 〔明〕范濂：《云间据目抄》卷二《纪风俗》。
2. 乾隆《上海县志》卷一《风俗》。
3. 康熙《淞南志》卷二《风俗》。

子开始流行的是南京轿夫营鞋，松江府内连鞋店与蒲鞋店也没有。万历以后，开始有男人制鞋。后来日益"轻俏精美"，在府治东广设店号，轿夫营鞋已经被人弃如敝帚。又有宕口蒲鞋，就是宽敞的大口蒲鞋，夏季穿着凉爽、透气，以陈桥最有名。开始大家都非常"珍异之"。做鞋主要用的是稻柴心，绝无黄草。后来有宜兴史姓人的流寓松江，专门用黄草制宕口鞋，非常精巧，贵公子争相用重价购之，大家称之为"史大蒲鞋"。于是宜兴制鞋的五六人为一群，在府城广开字号，达百余家，价格也开始下跌了，本地人亦争相从业。近年又流行凉宕口鞋，蒲鞋已经到处都是了。另外，松江以前没有暑袜店，夏天时大家都穿毡袜。万历以后，开始用尤墩布为单暑袜，非常轻美，远方客商都争相采购。所以府城西郊广设暑袜店百余家，府城男妇都开始以做袜为生。嘉靖时，民间都用镇江毡袜，后来开始穿绒袜，流行白色。穷人如果买不起，就穿旱羊绒袜，价格便宜很多，样子也可以与绒袜乱真。[1] 虽然是鞋、袜这样的小事，也可见人们生活方式和消费趋尚的变化对生产的刺激作用。商家有时会考虑到普通人的消费能力，选用次一等的材料，只要注重样式的翻新，同样能受到大众的欢迎，范濂讥此为"薄华丽"。但事实上这却是市场看不见的手在发挥作用，既推动了时尚的演变，也促进了产业的发展。

这一时期，上海地区兴起了一股讲究饮食的风气，尤其是宴

---

1. 〔明〕范濂：《云间据目抄》卷二《纪风俗》。

饮格局竞趋奢华。何良俊记载：他小时见人家请客，只是水果五种、菜肴五样而已，只有贵宾或新婚夫妇过门，再添上虾、蟹、蚬蛤三四件，一年也不到一二次。现在寻常宴会，动不动就上十个菜，而且水陆毕陈，还要找远方的珍馐，以示夸耀。之前有一士人请赵循斋客，杀鹅三十余头。近来又有一士人请袁泽门吃饭，听说菜式有百余样，鸽子、斑鸠之类都有。当时还流行将果品置于高碟架上，而且只有松江用，南京、苏、杭没有。何良俊指出，饮食日奢的原因是相互攀比。[1]在这种攀比之风影响下，即便是士庶中产之家也好奢成习。方志中记载：富室宴请经常"以饮馔相高"，中等收入者亦羡慕效仿，一次宴请的花费相当于数月的食品支出开销。[2]叶梦珠的记述更为具体：肆筵设席，本地向来丰盛。缙绅之家，如果宴请官长，一席中的水陆珍馐，常常多达数十种。即是士人及中人之家，也有多至二三十多种的，十余种菜肴算是寻常。而且这样的菜品一定用要木漆架，水果堆成一座浮屠果山，蔬菜用小瓷盘盛，小品用攒盒，都用木漆架架高，就是为了看起来好看。到崇祯初年，又不用果山碟架了，而是用碟子将水果高高堆起，称之为"高装"，正式宴席必须五色，用饭盂盛。好朋友之间宴请，则在一大瓯（碗）上摆放多种食物。而蔬菜也要用大铙碗。食器的规制越来越大。到了顺治初，又不用攒盒了，都用小瓷碟装菜，铙碗也不用了，蔬菜开始用大

---

1. 〔明〕何良俊：《四友斋丛说》卷三四《正俗一》。
2. 万历《嘉定县志》卷二《疆域考下·风俗》。

冰盘。就算是正式宴请，水果也只装两个大瓯。水果之间还摆上绢制的八仙，或者是用雕漆嵌金的小屏风作装饰点缀。到了顺治末年，蔬菜用宋式高大酱口的素白碗盛，漆案上放冰盘，而且一席之上往往摆了平时几席的菜品，菜肴经常会剩下扔掉，暴殄天物。康熙初，又开始改用宫式花素碗，或者用露茎盘、进口的洋盘盛菜。如果贵客到来，会用非常大的盘子堆放水果，水果堆得很高，几乎要到天花板。小品菜制作得非常精巧，一个厨子最多只能做上三四样。这样大型宴会需要数十个厨子同时制作，"大伤古朴之风"。[1]

这股奢侈之风也波及普通农家，明代时上海著名家族"竹冈李氏"曾说此前农家请人帮工，饮食基本上和平常一样，只有晚上才用酒肉犒劳。到后来除了早饭外，一天四餐（午餐、午后点心、晚餐、夜宵）都要上酒菜，而且菜肴不止一样，午餐与晚餐更要上四五样菜，还必须猜拳划掌，一醉方休。[2]

当时还盛行以妓乐歌舞之类伴席，表演形式则视来客而定。叶梦珠曾说，早年筵席，如果不用梨园优伶，就必须鼓吹合乐，或者要用"相礼者"（即陪酒的礼宾）。此后如果不用优伶，则直接请人用弦索弹唱，不再用鼓乐。迎宾定席时，一般是由弹唱人用鼓乐伴奏。如果是相知文人的雅集，这些陪酒演唱一概不用，就是带着女妓一二人，或用清客一二人，弹筝度曲，豪饮尽欢。

---

1. 〔清〕叶梦珠：《阅世编》卷九《宴会》。
2. 《竹冈李氏族谱》卷一，1921 年铅印本。

第六章

竞慕斯文

由于观剧的需要，许多人家又用小几代替高架放置水果，有的还以香炉焚香助气氛。[1]

对各级官员及士庶之家宴饮所使用的器皿，明廷原本也依据传统礼制作了严格的规定。然而，这些禁令在明代中后期也被置若罔闻，富贵人家用金用玉已成平常之事。何良俊记载：当时松江士大夫家所用酒器，清河（张氏）、沛国（朱氏）最为精致，沛国是用玉，清河是用金。玉酒器都是汉代古物，而金酒器也是访求良工，根据古器式样打造出来的，极为精美。每次开宴，"粲然眩目"。[2]有些器皿原先仅给士绅使用，后来人人都用。比如范濂说，摆宴用的攒盒，始于隆庆，在万历时已经普及，开始只有士宦用，近来即使是奴仆皂隶，都带着攒盒饮酒游玩，松江城内已经开始设立装攒盒店了。

饮食的讲究还表现在选料、加工不厌其精上。最有名的便是"拼死吃河豚"。范濂曾记载：此前上海最崇尚吃河豚，相反松江府城人吃得很少，淡水里的河豚鱼，渔人捕获后直接扔掉。万历以来，河豚被称为海味第一，所以大家竞相食用海河豚，然后开始也吃淡水河豚，府城中开始有煮河豚店。最初，人们还怕河豚有毒，采用比如露天煮、张盖煮、加甘蔗、用银器试等方式。鸡犬吃了河豚子的，马上就死。可近年以来，煮河豚就好像煮肉一般，已经"绝无忌惮"。[3]

1. 〔清〕叶梦珠：《阅世编》卷九《宴会》。
2. 〔明〕何良俊：《四友斋丛说》卷三四《正俗一》。
3. 〔明〕范濂：《云间据目抄》卷二《纪风俗》。

这股奢侈风气还体现在对居所宅第的营造上。这些士绅大多为了获得更多的社会资源，以及为了享受更多奢华热闹的生活，多入城市和市镇居住，这样使得城市和市镇的房地产业发展迅速，很多豪宅集聚于城市之中。崇祯《松江府志》记载：开始时士人只营造厅事堂楼，乡大夫甚至还有很多居住在城外的，而如今缙绅必城居。以前旧宦的宅第不断转卖，一旦买来，一定要营造曲房回廊，栏楯台砌，点缀花石，几榻书画，以奢华相尚。[1]范濂的《云间据目抄》也称：土木营造，以松江府独盛。当年他15岁时，为了避倭寇入城，府城中还多"荆榛草莽"。此后40多年，士宦富民竞相营造朱门华屋，峻宇雕墙，甚至桥梁、禅观、牌坊，华丽美观，也远胜他处。[2]这些豪富所居大多占地极广，并多数修建园林。虽然明初对官员士庶营造住宅时的面积以及能否修建园林，均有严格的禁令，但事实上，这些禁令在此时早成一纸空文。据刘新静的统计，明代上海地区有记载的园林达到了129个。[3]范濂在书中不厌其烦地介绍松江府城中各处权贵富豪的居所，展示了一幅繁华热闹的场景。如徐阶将原济农仓改为"元辅三第"，兴工之日，参加营建的匠役以千计，要听金鼓统一作息。其弟徐陟又在西边捐金罗致其址，建"司空三第"。此前这里最号荒凉，等到"六第"建成后，徐氏奴仆也有相当积蓄，争相起造精舍，最后东至南水关，西至放鹤滩都是徐阶家族的私

1. 崇祯《松江府志》卷七《风俗》。
2. 〔明〕范濂：《云间据目抄》卷五《纪土木》。
3. 刘新静：《上海地区明代私家园林研究》附表，上海师范大学硕士学位论文，2003年。

第六章

竞慕斯文

宅，"蔚然皆琼楼玉宇"，在城头一望，如"鱼鳞杂沓"，即使当年陈、隋的宫院也比不上。又比如太仆林景阳宅第东北抵普济寺基，西至陆侯神路，面积达数十亩，前后都是"壮丽之居"。举人倪甫英购买民宅建大宅院，不只屋宇壮丽，而且气象广爽，堪称"豪士之居"。顾正伦、顾正心兄弟扩址"数十亩"，华屋朱楼，如书云阁、红霞阁之类"不能殚述"。[1] 凡此种种，均可见当时松江城富豪宅第的面积与规模早已逾越了政府的规定。

徐阶像

住宅的日趋豪华需要屋内的家具和摆设与之相配，因此，家具的质料、样式和制作工艺也越来越讲究。范濂曾记载：细木家伙，比如书桌、禅椅之类，他少年时很少能见到，民间只用银杏

1.〔明〕范濂：《云间据目抄》卷五《纪土木》。

金漆方桌。即使莫廷韩与顾氏、宋氏两家公子，用细木数件，也是从苏州买来的。隆庆、万历以后，就算是奴仆皂隶之家，也都用细木器。徽州小木匠竞相在府城中开木器行，嫁妆杂器都用细木器，纨绔豪奢。又觉得椐木便宜，所以床厨几桌都要用花梨、瘿木、乌木、相思木与黄杨木，动辄要费万钱。那些官府的皂隶捕快偶然买房装修，就算是平时小憩之所，也要用木板装铺，庭院中蓄养盆鱼杂卉，房间内排列细桌拂尘，也号称书房。[1]崇祯《松江府志》也记载所谓"几案之变"，开始士人家中最多只使用官桌，另外还有叫"并春"的桌子，就是小副桌，只有盛大筵席才添设。此后开始有宴几，有天然几，书桌往往是用花梨、瘿柏、铁力、榆木等制成的。椅子开始有太师及栲栳圈、折叠等形制，此后品种日益繁多，甚至有用奇崛的蟠根当成座椅或者座榻的。[2]清初某一天，姚廷遴进了他二伯家的一间房间，发现了一大堆"好家伙"，包括花梨凉床一只，椐榆凉床一只，董字插屏六扇，金漆椐榆大椅六把，花梨椅六把，黄杨小桌四只，水磨椐榆长书桌两只，椐榆书架四个，椐榆官桌六只，小副桌二只，还有其他家具，"件件皆有"。[3]

家具的摆设也日益精致，在今宝山顾村朱家巷发掘有明代朱守城墓，墓中出土有 14 件文房用具，是目前全国考古发掘明代墓葬中最精致完整的一套，较之山东明鲁荒王朱檀墓出土用具也

1. 〔明〕范濂：《云间据目抄》卷二《纪风俗》。
2. 崇祯《松江府志》卷七《风俗》。
3. 〔清〕姚廷遴：《历年记》。

更胜一筹。文房用具包括紫檀木嵌大理石笔插屏1件，紫檀木瓶1件，紫檀木笔筒1件，紫檀木素面文房盒1件，红木砚匣端石风字砚1件，红木砚匣青玉长方形砚1件，镇纸3件，红木嵌螺钿椭圆形印盒1件，紫檀木嵌螺钿松鹤延年圆形印盒1件，红木素面圆盒1件，竹雕香熏1件。其中竹雕"刘阮入天台"香熏出于嘉定竹刻名家朱缨之手，乃不可多得的稀世珍宝。其他用具也各有千秋，使用的材料如紫檀、红木、白玉、青玉等，都是当时文人最为珍爱的物品。《云间杂志》言："吾松紫檀器皿，向偶有之，孙雪居始仿古式，刻为杯、斝、尊、彝，嵌以金银丝，系之以铭，极古雅，人争效之。"[1]如紫檀木嵌大理石笔插屏，用紫檀木做笔架和插屏插架，内镶嵌一块显自然山水色的大理石。2件直尺式红木镇纸上，1件中部卧一只白玉犬，1件中间嵌一块素面桥形白玉饰，两种不同的材质和谐搭配，相得益彰。其他如紫檀木的笔筒、文房盒、红木砚匣、圆盒都充分地利用了木质的自然纹理，精工巧作、朴实无华。这些用具还采用了浮雕、镶银丝、嵌螺钿等先进工艺，绚丽奇目，极为名贵。此外还出土了15把折扇，多出于当时名家之手，如严纳翟的钟玉书扇、吴舜卿的真金巧扇、有周琳（天球）和陆治题款的漆骨洒金人物花卉扇、漆骨洒金花鸟扇、金笺几何纹扇等。墓主朱守城生平不详，只是根据地方志的记录，他可能是宋代桂林宣抚使朱存仁之后，李流芳曾为其家族墓书额。朱守城只是名门之后，并无高爵显位，因此

---

1. 佚名:《云间杂志》卷中。

他墓葬中发掘的文房用具可能反映的是当时上海地区文人日常生活的一般状况，应该颇具代表性。[1]

嘉定竹雕·透雕高士图笔筒（朱稚征）

　　古人出行时所用的交通工具以及相应的排场，是显示其等级身份的重要标志，因而礼制对此也有颇多限制。然而这些禁令到明代中后期已被打破，不仅官员违例乘轿的情况很多，一些并非

---

1. 何继英主编：《上海明墓》，文物出版社 2009 年版，第 240—242 页。

年老患病的民间士庶也纷纷乘轿。何良俊很看不惯苏松一带乘轿不顾忌身份的现象，他说以前就算是乡宦现任回家，也只是步行；明宪宗时，士大夫始骑马；到了弘治、正德间，皆乘轿矣。而此后即使举人、监生也没有一个不乘轿的，秀才至少有1/3乘轿；甚至隆庆四年之后，新进学秀才也乘轿。这些人不是士大夫子弟，就是出自富豪之家。[1]

与乘轿之风相应的，是出行时的排场也打破了原来的规矩。叶梦珠记载晚明的情况：乡试和会试的两榜乡绅，出入乘大轿，并有门下皂隶跟随，轿伞夫五名，都穿红背心，头戴红毡笠，和现任官一样。中举没有出仕的，则乘肩舆。贡生、监生、生员新贵拜客也一样。[2]何良俊也记载，现在那些衣冠士绅，喜欢出行时多带仆从。有一天偶然见到一个举人，轿边随从约有二十余人，都穿新青布衣，气势赫奕。而为官的他只带着村仆三四人，根本不敢和举人争道，只能避在路旁等候他过去。即使徐阶老先生轿边最多不过十人。[3]再以出行的伞盖为例，朝廷规定庶民不得用罗绢凉伞，只许用油纸雨伞。[4]文武百官所用伞盖，质料、颜色等也按品级，各有等差。但崇祯《松江府志》却提到有"舆盖之变"，士大夫开始用青绢伞，此后一律用蓝色。黄伞则用金红黄色，伞檐加深，这是此前未曾有的。嫁娶时，只有先世是仕族的，偶尔

1. 〔明〕何良俊：《四友斋丛说》卷三五《正俗二》。
2. 〔清〕叶梦珠：《阅世编》卷四《士风》。
3. 〔明〕何良俊：《四友斋丛说》卷三五《正俗二》。
4. 〔清〕张廷玉等：《明史》卷六五《舆服志一》。

用伞盖前导，或青或黄，都是由官品决定。而近来平民、小厮、皂隶为了美观，都用黄盖。[1] 这种"庶民厮隶率用黄盖"的现象，在明初是不可想象的，恰好反映了当时社会所发生的变化。

这种奢侈风气还体现在婚丧嫁娶等人生礼仪中。当时，迎娶、送嫁之际的穷奢极侈、大肆炫耀，在江南蔚然成风。崇祯《松江府志》曾记载当地的"婚娶之变"：结婚前一天送嫁妆到男方，后来称之为"迎妆"，嫁妆包括首饰、帏帐、卧具、枕席，在街上游行，鼓乐前导，妇女们乘着肩舆四处巡行，称之为"送嫁妆"，金珠璀璨，士大夫家亦是如此，就是为了夸耀嫁妆的丰盛。另外，新娘饮交杯酒时头戴的花髻，剪的彩纸，都是男方预先送来的，也要由至亲用竹箩装好挑过去，称之为"挑方巾"，然后才能喝交杯酒。[2] 此后除了明清易代之时一度因社会动荡而有所收敛外，婚嫁仪式的豪奢之风始终盛行。如光绪《奉贤县志》载：本地结婚都是"以华赡相尚"。[3] 青浦练塘大小蒸的乡镇志《蒸里志略》也说：本地婚嫁宴请都"尚虚文"，而且乐手、喜媪等又往往增加各种花样，浪费钱财。行聘礼以前，女方往往会索要聘礼，媒人往返，送嫁妆时，经常会用鼓乐。男方迎娶时，宴席也往往持续数日。成书于道光末年的《蒲溪小志》，生动记叙了当时上海县七宝镇服婚嫁制情状："俗尚骄奢"，结婚宴会都崇尚"靡丽"。殷实的富户衣着华丽，小户人家也经常效仿。那些乡村

---

1. 崇祯《松江府志》卷七《风俗》。
2. 崇祯《松江府志》卷七《风俗》。
3. 光绪《奉贤县志》卷一九《风俗志》。

农妇，发簪一定要金的，衣服要求锦绣。嫁娶时，笙歌细乐，宴饮数日。只不过是一个生员、监生，婚娶之时，也要鸣锣开道。甚至没有功名但是有点钱的也要效仿，不仅奢侈，而且也逾制僭越了。[1]

　　丧礼大肆铺张、竞趋奢华的现象也日益普遍，治丧过程中使用优伶鼓吹，请僧道作道场等现象蔚为风气。这些现象其实反映的是当时丧葬礼仪与丧葬观念的世俗化，悼亡已经成为民间聚会的机会，成为人际关系缔结的仪式，丧葬日已经演变成了特定社会群体的社会活动日。崇祯《松江府志》记当地"丧祭之变"，吊丧的都要用降真香，丧家专门设一个木架，香放在木架中，香的价格天天涨。妇女聚在一起哭号，但并不哀伤。铭旌，就是书写死者生前身份地位的旗帜要用绯帛制成，长幅大书，还有用银箔装饰的。像拈香一炷，束马为人马之类的传统祭品，相对来说比较简单。出殡的时候，亲戚朋友要迎祭，罗列各种陈设，摆上香案，称之为"九煎"。还要剪彩制成人物、花果、纸俑、舆从式样，都是数以百计。伶优还要表演故事，奏鼓乐，骑马迎于丧所。[2] 嘉定县则流行丧家置酒留客，如果有嘉宾，丧车之前往往"彩亭绣帷""炫耀道途"。[3] 清代上海地区的丧葬习俗亦十分铺张，如乾隆《青浦县志》载：士大夫之家，葬事都要听风水师，或者

---

1. 道光《浦溪小志》卷一《风俗》。
2. 崇祯《松江府志》卷七《风俗》。
3. 万历《嘉定县志》卷二《疆域考下·风俗》。

因为择葬地或葬费浩大，往往有数十年也不下葬的情况。[1] 前述《蒲溪小志》中记叙七宝镇，丧事经常费用浩繁，入敛时一定要用鼓吹、炮手、僧道，出殡和下葬时亦是如此，死后如果七日回殃，有钱人家还建置道场。[2]

古时，人家遭丧，亲友乡邻有赠送财物相助的习俗惯例，这一习俗此时也出现很大变化。崇祯《松江府志》记"赠赙之变"，古代有所谓的"赠赙之仪"，就是给丧家助丧的赙物，主要是祭祀用品，以表哀悼。今天无论是士大夫还是贫家都已经没有这种仪式，只是备好金钱或者食物，署上姓名，一拜而退。[3] 可见，原先的赙赠之仪，如今变成一种出于礼节而不得已的应付。

上海博物馆藏有徐尚贤自撰墓志一方，从中可以看出当时葬俗的一般状况。根据墓志，徐尚贤生平多遭磨难，曾经"被火七次，烧屋百间，亡奴四十，逃婢十余，走京连次，劳苦多端，役讼叠遭，厄难多经"，最后"拼死痛累，止荒田四顷，若告作荒弃，卖肥熟田活人口，以偿荒税，央借重利银以垦荒田"，但是他仍然心心念念为百年之后做打算，"先备杉木棺，厚四寸，内外生漆"，又于万历元年"造墓在生圹第六十号内，东长二十五步，西长二十五步，南阔十八步二尺，北阔十八步二尺，积田一亩九分，前基高一尺五寸，后基高二尺五寸，东西山高五尺，后山高九尺，照山同明堂方五丈，吉门碑顶俱全，千工始完"，62

---

1. 乾隆《青浦县志》卷一《风俗》。
2. 道光《蒲溪小志》卷一《风俗》。
3. 崇祯《松江府志》卷七《风俗》。

岁时，"又打圹一座，用灰九十担，酒八百斤，用工三百，盖石一块，价银四两，又用百工，总食肉千斤，共计银百两"。[1] 根据前文所述，当时物价大约一亩良田三两白银，一个奴仆价格不过四五两，可知建墓耗资巨大，也由此可见当时厚葬习俗之一斑。

上层社会穷奢极欲的生活习气造就繁华的都市景观并不足为奇，不过这大多数都集中在京城之中，而从明末开始一直延续到清代的这股奢华之风却是从政权控制力相对薄弱的江南商业城市和市镇中兴起，正如张瀚所言，"俗尚日奢"，"人情以放荡为快，世风以奢靡相高"。[2] 这股"奢靡"之风不仅弥漫于京城或江南的少数商业重镇，而且扩散到大江南北，几乎席卷了士农工商各阶层，这和传统社会的一般情况已经有明显的不同。如前所述，江南工商业的发展不仅造就了一批富商巨贾和数量日增的中产家庭，而且也为贫困之家凭借自己的勤劳、精明维持温饱，乃至步入小康提供了较多的机会。所以尽管江南有众多的乡村小农仍在贫困线上挣扎，但处在温饱水平及其之上的人家毕竟较其他地区更多一些，而这恰恰正是这股奢靡成"风"的重要前提。范濂曾感叹说："风俗自淳而趋于薄也，犹江河之走下而不可返也，自古慨之矣。吾松素称奢淫黠傲之俗，已无还淳挽朴之机。"[3] 然而他没有意识到"鲜衣美馔、肥马轻车"之流行，实则奠基于时代整体物质生活水平的提升。但当时一些有识之士已经意识到了这

1. 何继英主编：《上海明墓》，文物出版社 2009 年版，第 196—197 页。
2. 〔明〕张瀚：《松窗梦语》卷七《风俗纪》。
3. 〔明〕范濂：《云间据目抄》卷二《纪风俗》。

个问题，于慎行曾经比较当时朝堂上几位权臣的富裕情况，认为"华亭（徐阶）之富埒于分宜（严嵩），吴门（申时行）之富过于江陵（张居正）"，这并非是前者贪得无厌，恰恰是因为"苏、松财赋之地，易为经营，江、楚旷莽之墟，止知积聚耳"，所以才导致"彼以之败，此以之存"。[1]

由于一些人开始积极思考个中因由，传统的观念也随之发生变化。比如说，江南士人多认为本地富户对维持一方生计起了重要作用，故对其放债、兼并之类的行为持谅解、宽容的态度。上海士人陆深有一段议论颇可玩味：他说江南有放债一事，容易让豪门富户加速兼并，也加重贫民的负担，弊端极大。但是可以一律禁止吗？并不能。为什么呢？他认为，"富者贫之母"，贫苦人如果有缓急之需，只能向富家告贷，富家也可以赚取利息，关键是政府要加以约束，让其合法合规合道，而且这也是"救荒一策"。正如人有两手，贫富也好像左右手，养右手以助左手，可以方便行事。有那些好功名的官员，往往严禁放债，这就譬如要把右手裁掉，匀给左手，最终得到的只是一个废人。[2] 即使是那些提出反对奢侈言论的人，本人的观念其实也在潜移默化地发生变化。何良俊虽然对由朴入奢的现象痛心疾首，但对海瑞在江南实行打击豪富、禁奢倡俭的政策却颇为不满。他批评海瑞不知体，做了巡抚，确保钱粮征收是其本职，而做这种事纯粹是管闲事。

---

1. 〔明〕于慎行：《谷山笔麈》卷一一《筹边》。
2. 〔明〕陆深：《俨山外集》卷四《河汾燕闲录下》。

海瑞本意无非为民，为民就是为朝廷，但殊不知天下最容易变动难安的，就是人心。他的这种政策只是纵容那些刁恶之人，并不能帮到善良百姓半分。而且此风一起，士大夫家不肯买田，不肯放债，善良百姓只能坐而待毙，虽然看起来是爱百姓，其实就是陷百姓于死地。[1]

正是在这些思想不断发展的基础上，陆深之子陆楫在其著作中第一次全面地论及"奢靡"问题，并提出了与传统观念完全不同的看法。

简而言之，陆楫提出的是"均天下而富之"的思想。首先，他提出了"富奢贫俭"的观点。陆楫认为，所谓"奢"，不过"富商大贾，豪家巨族，自侈其宫室车马，饮食衣服之奉而已"，由于富豪的"奢"也能使其他人从中获利。虽然粱肉美食奢侈，但是农民、饮食业者可以分其利；虽然纨绮绣服奢侈，则销售者、纺织者也可以分其利，这就是《孟子》所谓"通功易事，羡补不足者"的观点。陆楫还明确地将奢侈消费与"若使倾财而委之沟壑"式的浪费严格区分开来。他认为，从本质上讲，奢侈属于消费的范畴，与浪费是截然不同的概念。至于贫者，陆楫认定必须节俭，一则是其本身不具备奢侈的条件；二来贫者凭借节俭，可以将劳动所得积累起来而走上致富之路。"富奢贫俭""彼有所损，则此有所益"，这种消费方式无疑可以促成天下财富的良性循环，实现社会总资产的二次分配，进而使得社会趋于和谐

---

1. 〔明〕何良俊：《四友斋丛说》卷一三《史九》。

稳定。

陆楫还明确指出财富的获取往往受多种因素制约，并就劳动方式也作了区分，肯定服务行业的合理价值。他认为天下之势大抵是，一个地方奢侈之风盛行，那么这里的人民必然容易谋生；如果一个地方崇尚节俭，那么这里的人民必然谋生艰难，"势使然也"。他举吴俗之奢为何盛于苏杭之民，便是因为"盖俗奢而逐末者众"，苏、杭人游玩湖山，看起来似乎是"奢"，但其实养活了众多的"舆夫舟子，歌童舞妓"。陆楫以"宁、绍、金、衢"的例子进行反证，这些地方"最号为俭"，结果"彼诸郡之民，至不能自给，半游食于四方"，是因为"其俗俭而民不能以相济"。奢侈的消费风气促成了市场繁荣，繁荣市场也是奢侈生活的必要条件。陆楫还以他的家乡上海县为例来论证，上海僻处海滨，"四方之舟车不一经其地"，然后"谚号为小苏州，游贾之仰给于邑中者，无虑数十万人"，究其原因，就是因为"俗尚甚奢，其民颇易为生尔"。[1]

陆楫的观念在当时并非个案。他的同乡、明万历松江府医士李豫亨在《推篷寤语》中很认同陆楫的观点，并获得了清人法式善的支持，他认为今天讨论国家治理，经常要"禁奢崇俭"，认为这才是富民之术，可不知道天地生财，都有定数，彼亏此盈，彼益则此损。富商大贾、豪家巨室，如果宫室、车马、饮食、衣服比较奢侈，那么就能让从事这些行业的人从中分得一些利益，

---

1. 〔明〕陆楫：《蒹葭堂杂著摘抄》。

相对改变不均的情况。如果禁奢，富者不会受到影响，只会越来越富，可贫者却愈来愈贫穷。[1]

其实，管子早在《侈靡》篇中就有"莫善于侈靡"之说，这从字面上说，就是要把扩大消费放在第一位。不过这里仍然认为"侈靡"要以搞好农业生产为基础，"辩于地利而民可富"，富民还得靠农业。他还指出扩大消费的基础在于有充足的粮食贮备："积者立余日而侈，美车马而驰，多酒醴而靡，千岁毋出食，此谓本事。"[2] 其观点和陆楫相比尚有很大不同。宋代范仲淹通过兴奢的方式，包括鼓励竞渡，推动寺庙兴修，大量建设公共工程以解决灾荒问题，当朝廷上有异议时，他为自己辩护道：宴游和工程兴造，都是为了将那些富人"有余之财"去惠及贫民。贫民中从事贸易饮食、工技服力行业的人，都是依靠这些谋生，所以"荒政之施，莫此为大"。[3] 这一观点和陆楫的言论非常相近，而且其做法也收到了良好的效果。但是真正抽象出"奢"的意义，对其作全面的论述并充分肯定的，陆楫可谓中国历史上的第一人。因此，这段言论在中国思想史、经济学史、政治学史等方面均有着相当重要的价值，即便是四五百年后的今天，依然具有振聋发聩的时代意义。

消费拉动经济增长，现在早已成为经济学上显而易见的常识。现代经济学也早就证明，奢侈品会产生强烈的社会需求，客

1. 〔清〕法式善：《陶庐杂忆》卷五。
2. 《管子》卷十二《侈靡》。
3. 〔宋〕沈括：《梦溪笔谈》卷一一《官政一》。

观上要求行业技术进步，降低成本，促成其惠及全社会。前述范濂的记载中便已经举出了因为普通百姓爱好"薄华丽"，而推动了松江地区制鞋业、制袜业的发展，婚丧仪礼中的好奢成风，也推进了相关行业的发展，这都是奢侈推进经济发展的鲜活事例。

其实，即使是那些反对奢侈之风的人自身并不一定就会排斥奢侈，甚至本人亦极奢侈。如徐阶曾经写过"请禁奢侈疏"，旗帜鲜明地反对奢侈，但事实上如前所述，当时关于徐阶孜孜于利，穷奢极欲的记载屡见不鲜。又如前所述，反对奢靡的人如董含、何良俊等人其实也有某些观点接近于陆楫，而范濂在书中不厌其烦地描绘当时的服饰、饮食等诸多时尚的细节，其实也多多少少流露出一些艳羡的情绪。他们这些人之所以反对奢侈，并不一定是表里不一，很大程度上是因为奢侈虽然有助于社会进步，却挑战了传统社会的基本秩序。传统社会国家的目的是为了保证统治者可以掌握和支配绝对的财富以确保统治的延续性，并不是推进整个社会的经济发展。奢侈性消费虽然可以推进经济的发展，却必然会破坏统治秩序，所以历代统治者才会一直提倡禁奢崇俭，重本抑末。

布罗代尔认为，15 至 18 世纪欧洲社会兴起的生活"时尚"反映出一种"勇于与传统决裂"的社会动向，代表了"该文明的活力、潜力和要求，以及人生的欢乐"[1]，正是这种"除旧布新"的

---

1. ［法］费尔南·布罗代尔：《15 至 18 世纪的物质文明、经济和资本主义》，顾良、施康强译，生活·读书·新知三联书店 2002 年版，第 215 页。

冲动成为资本主义滋生的温床。但值得注意的是，布罗代尔还说："在19世纪的众多发明问世以前，千姿万态的奢侈风尚与其说是一种增长因素，不如说表明发动机经常空转，因为当时的经济不能有效地使用积累起来的资金。"[1] 有些学者认为，欧洲国家在社会转型的过程中，宗教伦理和法律制度仍具有较大的制约力量，而在明代中后期，由于政治控制的削弱和伦理规范的动摇，江南社会出现了如前所述的失范和失控，由此引发了严重的道德问题和社会问题。更重要的是，由于没有法律制度的保障，也没有出现经济体制的转型，这种奢侈风尚并不一定能够真正推进社会的转型，明末清初以后的历史进程也恰恰证明了这一点。王家范认为："明清江南的高消费仍具有传统的贵族奢侈消费性质，它与宫廷消费相互激荡，形成病态的畸形消费。这种病态的高消费，实际上只能导致商品经济的虚假繁荣，无益于社会经济的健康发展。"[2]

包括上海在内的江南各地，明清以后，由于市场扩大，手工业发展，经济迅速发展，整个社会日益富裕，积累了大量财富。但问题是这一时期，士大夫自己的命运也如浮萍一般，自身难保。明代皇帝或是拒不上朝，或是不务正业，或是疑神疑鬼、政局波谲云诡，或是宦官当道，或是党争不断；到了清代，皇帝虽然看似非常勤勉，个个都很精明，但是却专制霸道，文网

---

1. ［法］布罗代尔：《十五至十八世纪的物质文明、经济与资本主义》第1卷，顾良、施康强译，生活·读书·新知三联书店2002年版，第215页。
2. 王家范：《百年颠沛与千年往复》，上海远东出版社2001年版，第225—258页。

严密，更视官员如奴仆，好恶随心，士大夫仍然是朝不保夕，奏销案"探花不值一文钱"就是最好的前车之鉴。即使经商，也是必须仰赖政治的鼻息，随时面临覆灭的命运，更不用考虑扩大再生产，技术创新的可能性。而在传统社会，如果不投资，金钱流向无非三条：买田、窖藏、消费。买田会遇到重赋，窖藏也不能保证安全，在这种情况下，无论是上层的士人，有钱的富商，还是普通的民众，似乎只有将赚来的钱用于消费一途了。不过也正是这越来越奢华的消费，在那个帝王专制的长夜里划出了一道裂纹，为不久即将到来的大变局作了一定的准备。

第六章
竞慕斯文

图书在版编目（CIP）数据

上海简史.云间潮涌：751-1843 / 叶舟著；熊月
之主编.—上海：上海教育出版社，2024.8.— ISBN
978-7-5720-2900-4

Ⅰ.K295.1

中国国家版本馆CIP数据核字第202400WD40号

责任编辑　戴燕玲

封面设计　陆　弦

上海简史·云间潮涌（751-1843）
熊月之　主编
叶　舟　著

出版发行	上海教育出版社有限公司
官　　网	www.seph.com.cn
地　　址	上海市闵行区号景路159弄C座
邮　　编	201101
印　　刷	上海颛辉印刷厂有限公司
开　　本	889×1194　1/32　印张10.75
字　　数	225千字
版　　次	2024年8月第1版
印　　次	2024年8月第1次印刷
书　　号	ISBN 978-7-5720-2900-4/K·0032
定　　价	78.00元

如发现质量问题，读者可向本社调换　电话：021-64373213